國家社科基金重大委托項目“《子海》整理與研究”成果
山東省社科規劃重大委托項目成果

子海精華編

主編　王承略　聶濟冬

演繁露

［宋］程大昌　撰　周翠英　點校

山東人民出版社·濟南
國家一級出版社　全國百佳圖書出版單位

圖書在版編目（CIP）數據

演繁露/（宋）程大昌撰；周翠英點校．--濟南：山東人民出版社，2018.9
（子海精華編/王承略，聶濟冬主編）
ISBN 978-7-209-11531-5

Ⅰ．①演… Ⅱ．①程… ②周… Ⅲ．①筆記—中國—宋代—選集 Ⅳ．①Z429.44

中國版本圖書館CIP數據核字（2018）第179970號

責任編輯：劉嬌嬌
封面設計：武　斌

演繁露
YANFANLU
［宋］程大昌 撰　周翠英 點校

主管部門　山東出版傳媒股份有限公司
出版發行　山東人民出版社
出 版 人　胡長青
社　　址　濟南市英雄山路165號
郵　　編　250002
電　　話　總編室（0531）82098914
　　　　　市場部（0531）82098027
網　　址　http://www.sd-book.com.cn
印　　裝　山東臨沂新華印刷物流集團有限責任公司
經　　銷　新華書店

規　　格　32開（148mm×210mm）
印　　張　15
字　　數　270千字
版　　次　2018年9月第1版
印　　次　2018年9月第1次
ISBN 978-7-209-11531-5
定　　價　88.00圓

國家社科基金重大委托項目“《子海》整理與研究”成果之一

《子海精華編》

審稿專家：周立昇　鄭慶篤　王洲明　吴慶峰　林開甲　張崇琛

徐有富　鄭傑文　唐子恒　晁岳佩

執行主編：王承略　聶濟冬

執行編纂（按姓氏筆畫排列）：

王成厚　王　娜　尹思琦　曲娟娟　李　兵　宋恩來

苗　露　柏　雲　柳湘瑜　張雨霏　賈　兵　蘇運蕾

編　　務：張　櫻　劉　端　孫紅苑　沈　虎

本書審稿專家：唐子恒

《子海精華編》出版説明

“子海”,即“子書淵海”的簡稱。“《子海》整理與研究”課題係國家社科基金重大委托項目、山東省社科規劃重大委托項目。該課題分《珍本編》《精華編》《研究編》《翻譯編》四個版塊,力圖把子部珍稀文獻、精華文獻進行深層次的整理、研究和譯介,挖掘子部文獻的價值,促進子學研究的發展。

山東大學向來以文史見長。古籍整理與子學研究,是其中的傳統研究方向。“《子海》整理與研究”,是在山東大學前輩學者高亨先生積三十年之力陸續做成的《先秦諸子研究文獻目録》的基础上,由已故著名古籍整理與研究專家董治安先生參與策劃、設計的大型綜合研究課題。課題立項後,得到了宣传部、教育部、財政部、山東省政府和山東大學的大力支持,學界同仁踴躍參與。《精華編》的整理研究團隊近两百人,來自海内外四十八所高校和研究機構。在組織管理上,《精華編》努力探索傳統文化研究協同創新的新體制、新機制,現已呈現出活力和實效。

華夏文明是由多元文化構築而成的。中國古代子部典籍,以歷代士人個性化作品的形式，系統性地展示了華夏民族的世界觀和方法論，立體性地反映了中華民族對世界文明發展的貢獻。其中，無論是宏篇大論，還是叢殘小語，都激蕩着歷史的聲音，閃爍着智慧的光芒，構成中國古代思想、藝術、科技和生活方式的主體内容。《精華編》通過對子部最優秀的典籍的整理，一方面擷英取粹，爲華夏文明的傳播提供可靠的資源和文本；另一方面以古鑒今，爲當下社會的發展提供智力支持和精神支撑。並希望進而梳理中華傳統文化的多元結構，繼承中華優秀傳統文化的一貫文脈。

根據漢代以後子學發展和子部典籍的實際情況，參照官私目録的分類與著録，《精華編》選取先秦諸子、儒學、兵家、法家、農家、醫家、曆算、術數、藝術、雜家、小説家、譜録、釋道、類書等十四個類目的要籍幾百種，編爲目録，作爲整理的依據，而在成果展現上則不出現具體的類目。爲統一體例，便於工作，《精華編》編有詳細的《整理細則》，并有簡明的《整理要則》，供整理者遵循使用。

《精華編》整理原則是，對每種子書的整理，突出學術性、資料性和創新性，力求吸納已有的整理成果，推出更具參考價值、更方便閲讀的整理文本。所采用的整理方式，大體有三種：一、部頭較大且前人未曾整理者，采用標點、校勘的方式整理；二、前人曾經標點、校勘者，或采用抽换更好或别具學術特色底本的方式整理，或采用集校、集注的方式整理，或采用校箋、疏證的方式整理,或綜合使用以上方式;三、前人已有較好的注本者,則采用集注、彙評、補正等方式整理。

《精華編》采用五次校審、遞進推動的管理程式,即:一、初校全稿。子海編纂中心組織碩、博研究生,修改文稿錯别字,規範異體字,調整格式,發現並標明校點中的不妥之處。二、初審文稿。子海編纂中心的編纂人員根據情況,解決初校時發現的問題,並判斷書稿的整體質量。三、匿名評審。聘請資深教授通審全稿,全面進行學術把關,消滅硬傷,寫出審稿意見。四、修改文稿。子海編纂中心及時把專家審稿意見反饋给整理者。整理者根據審稿意見修改,做出新文稿。五、終審文稿。待新文稿返回子海編纂中心後,總編纂做最後的學術質量把關。五步程序完成後,將文稿交付出版社。

五次校審的目的是爲了保證學術質量,提高整理水平,減少錯訛硬傷。但校書如掃塵埃落葉,隨掃隨有,《精華編》雖經多道程序嚴加把關,仍難免有錯,懇請方家不吝指教。子海編纂中心將及時總結經驗,吸取教訓,把工作做得更好,以實現課題設計的初衷。

目　録

整理説明

一、作者生平和主要著述

程大昌（1123—1195），字泰之，南宋徽州休寧（今安徽省黄山市休寧縣）人。徽州古稱新安，因此陳振孫《直齋書録解題》等又稱其爲“新安人”。紹興二十一年（1151）登進士第一，歷官太學正、著作佐郎、兵部郎官、國子司業、禮部侍郎、浙東提點刑獄、秘書少監、中書舍人、刑部侍郎、國子祭酒、給事中、吏部尚書、知泉州等。以龍圖閣學士致仕，慶元元年（1195）卒，年七十三，謚文簡。觀文殿大學士、益國公周必大爲之撰《程公神道碑》，《宋史·儒林傳》有傳。繁忙政事之餘，程大昌醉心於學術文化研究，並與周必大、朱熹等交誼深厚。有文集若干卷，除《演繁露》外，有《禹貢論》《山川地理圖》《考古編》《易老通言》《易原》《雍録》《北邊備對》《書譜》等著作。

二、本書内容與主要學術價值

《演繁露》因《春秋繁露》而作，據《四庫全書總目》載，南宋紹興年間《春秋繁露》初出，其本不完，程大昌以爲僞書，故“乃自爲一編擬之，而名之以《演繁露》”。宋人陈塏《刻〈演繁露〉序》中稱《演繁露》“天人事物無復遺論，洞識周而精”“是可以謂之見道，周益公稱其篤志，汪文定遜其博，陳定宇尚其窮經考古之高，蓋皆心服之矣”。宋人高似孫《緯略》自序云：“嘉定壬申（五年，1212）春，程氏準新刊尚書公《演繁露》成，以寄先公。先公得書，晝夜看不休。雖行野中，必與俱。對賓客飯，亦不舍。似孫從旁問曰：‘書何爲奇古，而耽視若此?’先公曰：‘是皆吾所欲志者，筆不及耳。’”（楊守敬：《日本訪書志》卷七。）高似孫之《緯略》亦直接引用《演繁露》多條。宋人俞鼎孫之《儒學警悟》是中國叢書之濫觴，該叢書匯集了當時著名學術著作七種，程大昌占兩種，其中之一便是《演繁露》。《演繁露》爲時人所重，由此略見一斑。明人編纂的《永樂大典》對《演繁露》也有大量引用。《四庫全書總目》稱此書“名物典故考證詳明，實有資於小學”，視《演繁露》體例爲一種特定風格，在收録的著作中，至少有五種以上以《演繁露》作標準進行評價，如評價清陳厚耀撰《春秋戰國異辭》

曰“所引諸書，多著某篇某卷，蓋仿程大昌《演繁露》之例，令觀者易於檢核，亦無明人杜撰炫博之弊”。從宋到清爲此書作跋的有十五人之多，也從一個側面反映了本書的價值。

《演繁露》正編不分類，續編分制度、文類、詩事、談助四類，全書七百二十四條。其條目，少則數行，多則上千言，皆簡要切題。“宋末言博學者，以王伯厚、程泰之並稱”①，《演繁露》徵引之文内容博雜，遍及四部，且皆詳明出處，比之兩宋數百部筆記著作，更爲嚴謹規範。從現代學科分類角度看，有天文、地理、名物制度、物理光学、度量衡、工藝技術、音樂樂器、動植物、飲食、服飾、民風民俗等，涵蓋了政治、經濟、文化、生活等各個領域，堪稱百科全書式辭典。《漢語大辭典》有二百一十七處引用《演繁露》釋義；世界著名科技史家李約瑟撰寫的《中國科學技術史》頻頻引録《演繁露》中的科技内容；“花信風”“梅雨”等條則被《中國氣象學史》等著作引用；“博”“樗蒲”“投”“采”“盧雉”等條成爲今人研究古代博弈史的重要參考資料；“餛飩”條、“村”條曾分别爲梁實秋《饞非罪》、錢鍾書《管錐編·毛詩正義導讀》所引。其他天文、歷史、飲食、家具、音樂等領域論著也頻頻引用《演繁露》中相關條目作爲論據。

① ［清］彭元瑞:《知聖道齋讀書跋尾》,《演繁露跋》,清乾隆刻本。

考據訓詁、辯疑解惑、訂訛糾謬是作者用力所在，亦是《演繁露》的價值所在。據程氏《自序》云："間因閱古有見，不問經史、稗説、諧戲，苟從疑得釋，則遂隨所遇縑簡，亟疏録，以備忽忘。"如卷一"徐吕皮"條，程氏引用宋代武珪撰《燕北雜禮》證明"徐吕皮"就是少數民族所謂的"黑斜喝里皮"，認爲"徐吕也者，'斜喝里'聲之轉者也"，並運用古聲通轉知識揭示名稱之間的演變關係。卷六"大宅"條、續卷五"將毋同""從孫甥""婿之父爲姻"等條分别解釋了這些詞語的意義和來源，如"大宅"條説明古人稱臉爲宅，因臉是"眉目口之所居，故爲宅"。

程大昌不僅在中央各部擔任過要職，也曾多次外放任地方官吏，熟悉宋代的政治經濟、民生民風，並且有機會觀看宋代秘閣中的藏書和重要史料文獻，因此《演繁露》記載的大量史實真實可信，成爲《宋史》之外研究兩宋政治經濟文化的重要史料，可彌補正史之不足。如續集卷一"政和官制"條記載了政和年間官制改革的情況，而《宋史·職官志》中對此的記載則很粗略。

尤爲可貴的是程大昌勇於對權威的觀點、定案的史實提出質疑，書中有很多條體現了這一點。《漢書·于定國傳》稱于定國"爲廷尉，天下無冤民"，但大昌在卷九"于定國無冤民"條舉楊惲之死以反駁班固的觀點：楊惲兩次下獄，第二次被判以"大逆不道"罪而腰斬致死，主審官就是廷尉于定國。楊惲是司馬遷的外孫——丞相楊敞之次子，他廉潔無私，雖因好告發人短招致人怨，但罪不至死。程氏以此説明于定國“爲廷尉，天下無冤民”的説法不完全屬實。

然是書並非全無缺點，彭元瑞認爲程大昌“學博而寡要，其議論廣而不堅，於考證中時墮類書窠臼”[①]。前人亦指出其偶疏者，如陳塏在《刻〈演繁露〉序》言“周公謹議其（程大昌）六么、羽調之不協爲未考，王厚伯議其潘尼《太僕箴》之誤、搏黍爲鶯之未詳所出”。另外本次整理亦校出訛誤百餘條（有些錯誤或屬刻工），但這僅僅是《演繁露》之“千百之一二”[②]，“其他實多精確，足爲典據”（《四庫全書總目》），不足爲文簡公病也！

三、版本源流以及底本與校本的確定情況[③]

據刻書題跋知，《演繁露》在宋朝有多次刊刻，僅筆者可知的即有：淳熙八年（1181），泉州州學刊刻本；嘉定五年（1212）春，程氏準新刊尚書公《演繁露》本[④]；嘉定十三年

① ［清］彭元瑞：《知聖道齋讀書跋尾》，《演繁露跋》，清乾隆刻本。

② 《演繁露》嘉靖本，陳塏《刻〈演繁露〉序》。

③ 《演繁露》的版本源流可參考李紅英《〈演繁露〉版本源流考》，《中國典籍與文化》，2009年第1期，第53—60頁。

④ 余嘉锡：《四庫提要辨證》，科學出版社，1958年，第879頁。

（1220），其子程覃刊本。至明嘉靖辛亥年（1551），程大昌族裔孫程煦因“舊本歲久湮没、抄録又皆訛舛多失”而重刻《演繁露》①，是爲嘉靖本。《明代版刻綜録》和盧文弨《抱經樓藏書志》收録其版本題跋情況。今以宋本（國家圖書館藏宋刻本《演蕃露》，下同）十卷勘正嘉靖本，各卷次第悉符，文字極少訛誤，“是其源出宋刻可斷言也”②。嘉靖本流傳極罕，至萬曆年間鄧渼又重刻之，版本情況丁丙《善本書室藏書志》和瞿鏞《鐵琴銅劍樓藏書目録》有收録。然萬曆本因輾轉傳抄，脱誤滋甚，“視嘉靖本乃大不如”③，脱文十七條。及至《學津討原》（又稱照曠閣本），张海鵬“又依鄧本覆刊，而漏失差訛益失其真”④。四庫全書本以兩淮馬裕藏本爲底本，此底本從條目順序、缺目位置及其訛錯情況看當是萬曆本。

關於卷數，程大昌、陳應行、程覃等人的刻書題跋均未提及。明抄儒學警悟本六卷，相當嘉靖本十一至十六卷，除卷三條目與嘉靖本卷十三完全相同外，其餘條目都有出入，

---

① ［宋］程大昌:《演繁露續集》,嘉靖本,程煦“程氏演繁露跋”。

② 傅增湘:《明嘉靖本演繁露跋》,《藏園群書題記》,上海古籍出版社,1989年,第409頁。

③ 傅增湘:《明萬曆鄧渼刻演繁露跋》,《藏園群書題記》,上海古籍出版社,1989年,第410頁。

④ 傅增湘:《明萬曆鄧渼刻演繁露跋》,《藏園群書題記》,上海古籍出版社,1989年,第410頁。

較之嘉靖本相應卷目共缺二十六條。儒學警悟本與宋本合起來正相當於嘉靖本的正集十六卷，《儒學警悟》之宋刻本題《程大昌泰之演蕃露》，題下有小注云“元計六卷，别録十卷刊於乙集”，與之吻合。其餘版本都是正集十六卷、續集六卷。嘉靖本條目最全，與嘉靖本相比，萬曆本、學津本缺十七條半,① 四庫本缺六條②。

對於以上幾個版本的優劣，傅增湘在《宋本演蕃露跋》中有過中肯的評價③，他説宋本“字體方整，鐫工精雅，在宋本中可推爲上駟，惜只存十卷”“嘉靖本視宋刻爲近，萬曆本則奪失弘多”“至《學津討源》本，則從鄧氏本出，沿訛襲謬，更不足言矣”。

本次校注，前十卷使用宋本爲底本，正集十一至十六卷及續集六卷以嘉靖本爲底本，用儒學警悟本、學津本、四庫本等進行校勘。

---

① 卷之四缺“旌節”“梅雨”“佛骨”;卷之十少“揖(此條脱後半)”“笄”“時臺”“臺榭”“吴牛喘月”“韋弦”“養和”等條;卷十六少“嶓塚”“立仗馬”“銅柱”“兩漢闕”“玉食”等條,這些條目在嘉靖本中雖爲重複條目,然内容有詳略之差異;續卷一缺“永厚陵方中”“臺諫官許與不許言事”等條,續卷二少“唐世疆境”條。

② 卷之四缺“旌節”“梅雨”“佛骨”,續卷一缺“永厚陵方中”“臺諫官許與不許言事”等條,續卷二少“唐世疆境”條。

③ [清]彭元瑞:《知聖道齋讀書跋尾》,清乾隆刻本。

四、本次整理主要内容和創獲

本次整理整合諸本内容共得七百二十五條，其中條目相同、内容相近篇目十八條[①]，條目相近，内容相近條目九條。關於本書目録及内容順序前十卷從宋本，十一至十六卷及續集六卷從嘉靖本。正集前十卷嘉靖本和宋本基本相同，只是卷九的“浯”條、卷十“天鹿辟邪”條，分别放到卷十四和卷十六，内容完全相同，當是漏刻補救，此次整理依宋本仍放在卷九、卷十。至於宋本卷十的“嘉慶李”條，嘉靖本、四庫本、學津本放在卷十五，但内容稍有不同，故兩存之以互相參看。“蒲盧”條嘉靖本在卷十一和卷十五目録里重出，但正文未重出，依正文放至卷十五。

本次整理主要做了以下幾個方面的工作。

（一）標點全書

筆者在前人的基礎上，廣泛查閲有關資料，運用現代標點符號，爲全書做了標點，改正了以前點校版本中的數百個錯誤。《演繁露》引文居多，本次整理一一查對有關文獻，對引文部分加了引號，對於出入較大的引文在校勘中給出原

① 卷七有“堨”條，卷十五有“遏”内容近似，“遏”“堨”二字相通，故亦可視爲同名條目。

典内容以助讀者理解。

（二）校勘避諱字

宋諱“空前絶後”①，達到了“極盛”②，完成了避諱的法制化、禮俗化。宋刻本與嘉靖本均避宋諱，諸本避諱方式複雜，有缺筆法、空字法、改字法、省字法，學津本、四庫本除避宋諱外還避清諱，如寧、儀等。本次整理回改避諱百餘處。程大昌（1123—1195）一生經歷了宋高宗趙構（1127—1162）、宋孝宗趙昚（1162—1189）、宋光宗趙惇（1189—1194）、宋寧宗趙擴（1194—1224）四個時代，故《演繁露》中的避諱止於宋寧宗趙擴。本書避諱的字有玄、朗、殷、匡、恒、貞、征、署、桓、弘、丸、構、慎、敦、廓等，主要是聖祖和14帝御名及與之相關的嫌名：如避宋仁宗正名“禎”字，也避“貞”“征”字；避宋英宗正名“曙”字，也避“署”“樞”字；避宋欽宗正名“桓”字，也避“丸”字；避宋孝宗正名“昚”字，也避“慎”字；避南宋寧宗正名“擴”字，也避“廓”字。另外連賜名也避諱，如“瑋”字爲宋孝宗趙昚的賜名，宋孝宗初名伯琮，後改名瑗，賜名瑋。續卷二“黜責帥臣亦降召命”條，“曹偉任真定都部轄”，“曹偉”下自注“本字該避”，正指“瑋”

① 陳垣:《史諱舉例》,中華書局,2004年,第124頁。
② 陳垣:《史諱舉例》,中華書局,2004年,第1頁。

字，避的正是賜名。

（三）校勘錯訛字

本次點校校出訛誤百餘條，就訛誤内容來説有人名、書名、時間、數量、文字等種類。就訛誤原因來説有張冠李戴、字體訛誤、音同音近訛誤等原因。根據整理要求只是對錯誤確鑿且他本已改或有據可依者予以改正。雖有錯誤但其他版本未回改，按照整理要求本次整理衹出校，未輕易回改。詳見正文。

（四）補漏缺文

本書脱文二十餘條，本次整理時出校並補上。如卷一“秘書省書繁露後”所引“劍之在左，蒼龍之象也；冠之在首，玄武之象也。四者，人之盛飾也”原脱，據儒學警悟本、《春秋繁露》《通典·天子諸侯玉佩劍綬璽印》補。續卷四“佛師老子”條脱“弟子號各有二十九”八個字，據學津本、《通典·邊防典·天竺門》卷一百九十三補。其他單個字的脱落亦有四十餘處，詳見正文。

程大昌在南宋的學術地位僅次於朱熹，然今人知朱熹者多，知大昌者少。程大昌著作豐碩，在衆多著作中，《演繁露》的地位非常突出，起着承上啓下的作用。因而這次的整理工作對學界瞭解程大昌及其學術貢獻是非常有意義的。

《演繁露》自序[1]

《大學》致知必始格物，聖人之教，初學亦期其多識鳥獸草木之名也。麟、雎、騶、鵲、苻、蘋、棠、樸，[2] 豈遽是道？若未明八者之爲何物、八物之爲何似，而曰吾能得《周南》《召南》之所以言，蓋望而知其爲罔也。是學也，先秦則《爾雅》，入漢則《繁露》，其後轉而爲《釋名》《廣雅》，正謬刊誤，皆小學也。而論事談理者必稽焉，如辨方正位之不容不仗土圭也。五三而上，制器備物，人以爲道，故《爾雅》得與經比。《繁露》以下，既雜載後世之制，則其書往往晦伏不揚，此貴耳賤目之失也。對道而言，則有迹者爲器；本事而論，則有質者爲物，何可限古今而論深淺也？以仲舒之識，精通天人性命，而《繁露》之書，事物名義，悉所研極，苟其未及，仲舒顧可忽而不竟歟？予常有意於是，

① 本條宋本無名稱，據學津本加。“演繁露”，宋刻本亦作“演蕃露”，嘉靖本、儒學警悟本、學津本皆作“演繁露”。本書亦均作“演繁露”。

② “樸”，儒學警悟本作“棣”。

而聞見不博，且日力窮於應物,① 未能極欲。間因閲古有見，不問經史、稗説、諧戲，苟從疑得釋，則遂隨所遇縑簡，亟疏録以備忽忘。雖不皆關涉治道，而會心賢己，棄之可惜，因加凡最而并輯之，題其帙曰《演繁露》，以便尋繹。非敢自列於董氏，以其董出而董名之，自識其意焉耳。韓退之曰："《爾雅》注蟲魚，定非磊落人。"誠可恧矣。然有退之之學則可，無退之之學而遺迹談虚，恐援據所及，"金根""金銀"或相貿易，益可赧矣。淳熙庚子正月，新安程大昌泰之寓吴興書。

① "日",嘉靖本、學津本皆作"目"。

卷之一[1]

秘書省書繁露後[2]

右《繁露》十七卷，紹興間董□所進。臣觀其書，辭意淺薄，間掇取董仲舒策語雜置其中，輒不相倫比，臣固疑非董氏本書矣。又班固記其説《春秋》凡數十篇，《玉杯》《繁露》《清明》《竹林》各爲之名，似非一書。今董□進本，通以《繁露》冠書，而《玉杯》《清明》《竹林》特各居其篇卷之一，愈益可疑。他日讀《太平寰宇記》及杜佑《通典》，頗見所引《繁露》語言，顧董氏今書無之。《寰宇記》曰：

---

① 關於卷目，宋本爲"程氏演蕃露卷第××"形式，嘉靖本爲"卷之××"形式，爲兼顧行文統一，整理本采用"卷之××"形式。

② 此條嘉靖本在全書後，四庫本、學津本無此條。傅增湘《藏園群書題記》卷八《雜家類·雜考》云："惟宋本最異於今本者一事，爲前人所未發。卷一首題爲'秘書省書繁露後'，後有淳熙乙未跋，言《太平御覽》引《春秋繁露》各條。此乃作者撰述此書之第一條，以辨證今本《繁露》之非真。因與本書之名相關，故取以冠首。後人摘出，别列於序後，以爲是書之跋，而更取第二條'牛車'爲首。此大非程氏之本旨，然自嘉靖刊本已然，萬曆以後遂沿而不改，若非親見宋刻，又烏能知之耶！"

"三皇驅車抵谷口。"《通典》曰:"劍之在左,蒼龍之象也;刀之在右,白虎之象也;皷之在前,朱雀之象也;[①] 冠之在首,玄武之象也。[②] 四者,人之盛飾也。"此數語者,不獨今書所無,且其體致全不相似,臣然後敢言今書之非本真也。牛享問崔豹:"冕旒以繁露者何?"答曰:"綴玉而下垂,如繁露也。"則繁露也者,古之冕旒似露而垂,是其所從假以名書也。以杜、樂所引,推想其書,皆句用一物以發己意,有垂旒凝露之象焉。則"玉杯""竹林"同爲托物,又可想見也。漢魏間人所爲文,有名連珠者,其聯貫物象,以達己意,略與杜、樂所引同。如曰"物勝權則衡殆,形過鏡則影窮"者,是其凡最也。以連珠而方古體,其殆"繁露"之所自出歟?其名其體,皆契合無殊矣。

淳熙乙未,予佐蓬監,館本有《春秋繁露》,既嘗書所見於卷末,而正定其爲非古矣。後又因讀《太平御覽》,凡其部彙,列叙古《繁露》語特多,如曰:"禾實於野,粟缺於倉,皆奇怪,非人所意,此可畏也。"又曰:"金干土則五穀傷,土干金則五穀不成。""張湯欲以鶩當鳧,祠祀宗廟,仲舒曰:鶩非鳧,鳧非鶩,愚以爲不可。"又曰:"以赤統者,幘尚赤。"諸如此類,亦皆附物著理,無憑虚發語者,然

---

① "刀之"至"朱雀之象也"共十八字,原脱,據儒學警悟本、《春秋繁露》《通典·天子諸侯玉佩劍綬璽印》補。

② "玄",原作"元",避宋所奉聖祖趙玄朗名諱,下同。

後益自信予所正定不謬也。[1]《御覽》，太平興國間編輯，此時《繁露》之書尚存，今遂逸不傳，可嘆也已。

牛 車

漢初馬少，故曰“自天子不能具醇駟，將相或乘牛車”。言惟天子之車然後有馬，然亦不能純具一色，至將相則時或駕牛也。自吴、楚誅後，諸侯惟是食租衣税，無有横入，故貧者或乘牛車，則此之以牛而駕自緣貧窶，無資可具，非有禁約也。漢韋玄成以列侯侍祠，天雨淖，不駕駟馬車而騎至廟下，有司劾奏，削爵。則舍車而騎，漢已有禁矣。東晋惟許乘車，其或騎者，御史彈之，則漢法仍在也，至其駕車遂改用牛。王導駕短轅犢車，犢，牛犢也。王濟之八百里駮，[2]駮亦牛也，言其色駮而行速，日可八百里也。石崇之牛疾奔，人不能追。此其所以寶之也。《南史》：吴興太守之官，皆殺輒下牛以祭項羽，知駕車用牛也。豈通晋之制皆不得駕馬也耶？予於是考案上古駕車則皆駕牛，無用馬者，故《易》曰“服牛乘馬”也。又曰“睆彼牽牛，不以服箱”，則牛服之謂

① “予”，儒學警悟本作“余”，同。

② “王濟”，當作“王愷”。《晋書》卷四十二：“王愷以帝舅奢豪，有牛名‘八百里駮’。”

也。至古之耕卻不用牛，孔子弟子中有冉耕，乃字伯牛，①豈前此未以牛耕耶？《詩》“十千爲耦”，“長沮、桀溺耦而耕”。② 沮、溺二人相對自挽犁也。《甘誓》“御非其馬之正，汝不共命”，《詩》曰“四牡騑騑”“蕭蕭馬鳴”“有車鄰鄰，有馬白顛”，則車皆馬駕也。然則此時牛既不耕，又不駕車，則將何用也？至於馬既駕車，車重而鈍，又未有人知用馬爲騎，直至《六韜》方著騎兵，《詩》《書》中元未之有，此制殆難考也。

徐吕皮

今使北者，其禮例中所得，有韋而紅，光滑可鑒，問其名，則徐吕皮也。問其何以名之，則曰：“徐氏、吕氏二氏實工爲此也。”③ 此説出於虜傳，④ 信否殆未可知矣。⑤ 予案《燕北雜禮》所載虜事曰：“契丹興宗嘗禁國人服金玉犀帶及黑斜喝里皮并紅虎皮靴。⑥ 及道宗即位，以爲靴帶也者，用

① “乃”，嘉靖本、學津本皆作“方”。

② 按，“長沮、桀溺耦而耕”見於《論語・微子》，不見於《詩》。

③ “此”，嘉靖本、四庫本、學津本作“之”。

④ “虜”，學津本作“北”，四庫本作“遼”，下同。

⑤ “殆”，嘉靖本、學津本、四庫本作“殊”。

⑥ “喝”，原作“褐”，據嘉靖本、學津本及其下文改。

之可以華國，遂弛其禁，[①] 再許服用，此即靴帶之制矣。”及問徐吕皮所自出，則曰：“黑斜喝里皮謂回紇野馬皮也，用以爲靴，騎而越水，水不透裹，故可貴也。紅虎皮者，回紇獐皮也，揉以硇砂，須其軟熟，[②] 用以爲靴也。”本此而言，則知“徐吕”也者，“斜喝里”聲之轉者也。然斜喝里之色黑，而徐吕之色紅，恐是野馬難得而硇砂熟韋可以常致，故染而紅之，以當獐皮也。爲欲高其名品，遂借斜喝里以爲名呼也。

陷　河

沈存中曰：“今之推五行三命者，皆借事物以寓其理，如‘驛馬’‘貴人’之類是也。”然“貴人”“驛馬”，今世術人悉皆知而用之，[③] 惟“陷河”一名，人固不知，亦復不講，故沈氏之言曰：“西域有沙地，極虚軟，人馬履之，隨步澒洞，如行幕上。或值甚虚處，陷入其中，輒不可出，是爲陷河也。”術者既廢此説不用，亦無人能知“陷河”之爲何物何理也。石晋天福四年，嘗遣使册命于闐，以平居誨爲制置

① “弛”，宋本、嘉靖本、學津本作“驰”，據四庫本改。
② “須”，原作“湏”，據嘉靖本、學津本、《宋元俗字譜》改，下同。
③ “知”，原作“和”，據嘉靖本、學津本、四庫本改。

判官。① 居誨《行程記》曰：“自沙州至樓蘭城二千餘里。自樓蘭行三月，過一處名陷河，須束薪排連，填匝兩岸，乘勢急走，乃始得過。駝馬比人稍重，即須卸去所載，獨以身行，可也。若適遇鋪薪不接之處，不問人駝皆陷矣。駝雖軀體壯大，苟其陷焉，亦遂全體淪没，才能露出背峰，一人遂不可救。”故此之陷河也者，即沈氏謂命家借之以喻沉滯者也。驛馬者，陰陽相交，第第接續，如《詩》所謂“驛驛其達”者，正其義也。夫其“驛馬”“陷河”對立而命之名，則“陷河”之與“驛馬”，必如“長生”之對“七殺”也。三命家既有其名而無其義，則古説之傳乎今者，多不具矣，何可責其必驗也。

服匿斯羅　刁斗②

南唐張僚使高麗，③ 記其所見曰：“麗多銅，田家饁具皆銅爲之。有温器名服席，狀如中國之鐺，其底方，其蓋圓，

---

① “平居誨”，《新五代史·四夷附録第三》作“高居誨”，然《宋史·藝文志》有《平居誨于闐國行程録》一卷，未詳孰是。

② “斯羅刁斗”，嘉靖本、四庫本、學津本皆作“刁斗斯羅”，且皆爲大字。

③ “張僚”，卷之十“犬戎雞林”，續卷一“高麗境望”皆作“章僚”，文獻多作“章僚”。《宋史·藝文志》和《直齋書録解題》載“南唐如京使章僚”有《海外使程廣記》三卷，史虛白爲之作序。據本序知，此書作於959年，“蓋本朝開國前一歲也”。主要記載章僚出使高麗所見所聞，“記海道及其國山川事迹物産甚詳”。

可容七八升。”案《齊雜記》云：[①]“竟陵王子良得古器，小口、方腹、底平，可著六七升，以示秘書丞陸澄之，澄之曰：‘此名服匿，單于以賜蘇武。’子良視其款識，果如所言。”夫東夷之謂“服席”，即北狄之謂“服匿”者也，語有訛轉，其實一物也。僚之回也，舟至冷泉，麗兵來衛，中有銅器，晝以供炊，夜以擊警。用顔注驗之，即刁斗矣。東夷，箕子之國也，猶知重古，三代俎豆，至漢尚存。則刁斗尚其傳習而近者也，若銅斯羅，其義絶不可曉。案張僚記：新羅國一名斯羅，而其國多銅，則廝者，斯聲之訛者也，名盆以爲廝羅，其必由此也。中國古固有盆矣，皆瓦爲之，故可叩擊以爲樂節者，以其有聲也。相如請秦王擊缶，楊惲謂家本秦也，[②]拊缶而呼烏烏，皆瓦爲之質，未至用銅也。若其以銅爲質，固不知始於何時。然其以“斯羅”爲名，而至今仍之，則斯羅也者，本其所出以爲之名也。後世固有改用黄白二金，且鍛且鑄者矣，而其易盆名以爲斯羅者，則其祖本由新羅來，不可掩也。於是酒器之有“豐”也，樂之有“阮

---

① “《齊雜記》”，當爲“《南齊書》”。下文“陸澄之”，《南齊書》作“陸澄”。下同。《南齊書·陸澄傳》：“竟陵王子良得古器，小口、方腹而底平，可容七八升，以問澄。澄曰：‘此名服匿，單于以與蘇武。’子良詳視器底有字，仿佛可識，如澄所言。”《南史》亦有陸澄傳。

② “家”，原作“婦”，據嘉靖本、學津本、《漢書·楊惲傳》改。《漢書·楊惲傳》：“家本秦也，能爲秦聲。婦趙女也，雅善鼓瑟。奴婢歌者數人，酒後耳熱，仰天撫缶而呼烏烏。”

咸”“嵇琴”也，食品中之有“畢羅”“鏖虚”也，皆本其自而立之名也。則易盆名以爲斯羅，自當本之新羅無疑也。

日圓與日説通

古謂日輪規環千里，特言其周廣當然者耳，而無有言其如何其圓者也。沈括取銀圓爲喻，曰：月如銀圜，本自無光，日耀之乃有光。其圓非圓，乃月與日相望，其光全耳。及其闕也，亦非真闕，乃日光之所不及耳。此喻最爲精審，予已詳著之矣。淳熙丙申三月，予爲少蓬，太史局言：“朔日巳時，日食西北隅，食至一分半而復。已而日行加巳，呼請臺官，即道山下，以盆貯油，對日景候之。時既及巳，雲忽驟起，少選雲退，則日輪西北角微有虧缺，約其所欠，殆不及一分。蓋食已而復，非不及一分半也。其年，某人忘其名。使虜，[①] 自北而回，正當食時，其行適及河北，自北望之，則日輪虧及十分之二。”是太史之言，固不能精，亦不全謬也。予因此之見，益知沈括銀圜之説確與之合也。臨安距河北，則向南二千餘里矣，日食西北，人在東南，故從東南見之，闕處全少，是以十其分而闕僅及一也。至於人在河北，日并東南，故其食處多現，而遂十分虧二，以此見日輪正圓，可

---

① “虜”，學津本作“北”，四庫本作“遼”。

驗也。此如東京所鑄渾儀，今在臨安清臺，則於西北兩柱移低兩寸，以順天勢，其痕迹尚在，可驗也。南北異地，於以準望天度，則臨安與汴京自是不同也。

騶唱不入宫腰喝

舊尚書令、僕、中丞騶倡得入宫門，止於馬道馬道是許人上馬處也。郭祚爲僕射，奏言非盡敬之宜，騶倡不入宫自此始也。案，[1] 騶倡者，騶從之傳呼也。朱仲遠爲行臺僕射，請準朝式，在軍鳴騶，廢帝笑而許之。史臣謂其任情，則是僕射在朝得用騶唱，而蒞軍則否，軍國異容之義也。在軍而乞從朝儀，所以名爲任情也。梁制，“尚書令、僕、御史中丞各給威儀十人，其七人武冠絳韝音溝，[2] 唱呼入殿，引喤至階；一人執儀囊，不喤喤音横”。《類篇》曰“喧也”，則七人同聲唱導，故曰喧也《通典》二十二。絳韝六人，所謂騶也。

---

① “案”，嘉靖本、學津本、四庫本作“按”。

② “七”，當作“八”。《隋書・百官志上》：“尚書令、僕、御史中丞，各給威儀十人。其八人武冠絳韝，執青儀囊在前。囊題云‘宜官吉’，以受辭訴。一人緗衣，執鞭杖，依列行，七人唱呼入殿，引喤至階。一人執儀囊，不喤。”《通典・職官六》亦如此。

學官

官者，管也。一職皆立一官，使之典管也，故官舍所在，皆名爲官。其曰學官者，學舍也。五帝官天下，以天下爲公，而使仕者任之，是爲官矣。三王家天下，則以天下爲己有者也。然則學官之義可想矣。渭口有船官，餘杭有鹽官，成都有錦官，齊出三服，有工官，其爲官一也。

漢官稱府

漢時，廷尉治亦稱府《倪寬傳》，[①] 御史亦稱府《朱博傳》。

韶鳳石獸

《黄圖》曰："文王立辟廱，而知人之歸附；靈臺、靈沼，而知鳥獸之得其所，以爲音聲之道與政通，故合樂以識之。"案，此類而言，即簫韶儀鳳，非真有鳳來也；擊石拊石，非真有獸舞也。若聲若舞，皆寫鳳獸而入諸形容焉耳。若以爲真有儀舞，則"祖考來格"亦真有神像顯然降格也

---

① "倪"，原作"兒"，通。據學津本、四庫本改。

乎？《周禮》：樂合而天地神祇皆至，是亦此理也。《大武》之舞，周人世世用之，五成而分，周公左，召公右，豈世世真有周、召來集舞佾之前也歟？以此求之，則夫立爲象類而真有感格，益可驗矣。《詩》曰：“於論鼓鐘。”論者商度其制而求以橅放之也。①

左符魚書②

漢太守之官，必得左符以出，至郡用以爲驗。蓋右符先已留州，③ 故令以左合右也。唐世刺史亦執左魚至州與右魚合契，亦其制也。唐世左魚之外，又有敕牒將之，故兼名魚書。《唐書》曰：“開成二年，幽州節使史元忠奏當管八州準門下牒，追刺史右魚各一隻。臣勘自天寶末年，頻有干戈，并皆失墜。伏乞各賜新銅魚。可之。”《貨》三百五十五。後有詔，刺史已有制書爲驗，左魚不給。

淇　奥

《詩》：“瞻彼淇奥，緑竹猗猗。”陸璣《草木疏》援《爾

---

① “橅”，嘉靖本作“撫”。

② “魚書”，嘉靖本爲小字。

③ “已”，嘉靖本、四庫本、學津本作“以”。

雅》云：“菉，王芻也。”郭璞云：“即菉蓐草也。”予謂不然。《史記》漢世河役云：“下淇園之竹以爲揵。”① 淇水古屬衛地。又《詩》：“籊籊竹竿，以釣于淇。”亦衛地也。夫惟衛竹之大可爲河揵，而其竿之長可以垂釣，則其不爲王芻之草亦已明矣。本朝之初，試文必本注疏，不得自主己説。嘗試館職，有以緑竹爲題者，試人賦竹，以爲釣淇之竹。而蒞試者咎其不從訓故，黜之不取。富韓公嘗辨有司之誤矣。

卞山

湖州卞山，其形嵯峨，略如弁狀，故東坡初至湖，詩曰：“聞有弁山何處是，② 爲君四面意求看。”及其至郡已久，凡詩所賦而及此山，則字皆爲“卞”，不復爲“弁”。蓋《圖經》云：卞姓居之，故其山名卞也。至《風土記》則曰：“烏程縣岹山，望之有黄氣紫雲，大吴故以葬焉。”《御覽》八。其字又加“山”爲“岹”，不知孰是。案《左氏·昭九年》爲“弁髦”，杜預釋之曰：“弁，冠也。”陸曰：“弁亦作卞。”

① “揵”，四庫本作“楗”，古同。司馬貞《索隱》：“楗者，樹於水中，稍下竹及土石。”

② “弁”，原作“卞”，據四庫本改。按，東坡初至湖州卞山時，寫詩涉及“biàn 山”皆寫作“弁”，這樣纔與下句“及其至郡已久，凡詩所賦而及此山，則字皆爲‘卞’，不復爲‘弁’”相應。《吴興圖經》：“卞姓居之，故名。‘弁’也作‘卞’，二字通用。”

然則卞、弁古蓋通用矣。謂山形爲“弁”，亦與“卞”通。

行 李

《左氏·襄八年》子員謂鄭“有楚命，亦不使一介行李告于寡君”。① 則行李當爲使人，今人謂出行資裝爲行李，固失之矣。唐李涪曰：②“‘使’字山下安人，人下安子，蓋古‘使’字也。傳《左氏》者誤書‘岑’爲‘李’，故一字釐爲二字。”涪之此語亦未必可據。《昭十三年》鄭會晋于平丘，子産爭承曰：“諸侯靖兵，好以爲事，行理之命，無月不至。”杜注曰：“行理，使人通聘問者。”則是正指使人爲行理也，此最明證也。古字多通用，③ 理、李同也。若以行李爲行裝之具，恐無所本也。

---

① “介”，原作“个”，據學津本、《左傳·襄公八年》改。《左傳·襄公八年》：“知武子使行人子員對之曰：‘君有楚命，不使一介行李告於寡君。’”杜預注：“一介，獨使也。行李，行人也。”

② “李涪”，疑當作“李匡乂”，下同。此引文李涪《刊誤》未見，見李匡乂《資暇集》。宋吴曾《能改齋漫録·辨誤》、宋孫奕《示兒編·經説》等皆引作李匡乂。李涪：唐人，官至國子祭酒、詹事府丞。博學，時人稱之爲“周禮庫”。有《刊誤》五十篇，今存。

③ “用”，原脱，據嘉靖本、學津本、四庫本補。

水碧

李太白詩多言“采水碧”。碧，玉類也，水中有此碧也。字書曰：“碧者，玉之縹青者也。”《水經》於穀水源派載《山海經》之言曰：“紵麻間，其中多碧。”《玉篇·玉部》引《山海經》亦云：“商山下多青碧。郭璞曰：‘亦玉類也。’”此之謂碧，即王褒謂爲碧雞之碧也。古大夫佩水蒼玉，其殆用此乎？今信州水精，其品下而不瑩者，多爲縹青之色。

碑厄

王闢之《澠水燕談》云：景祐初，姜遵奉太后意，悉取長安碑石爲塔材。因援楊大年《談苑》叙武行德金石厄以傷之。[①] 傷之誠是也，然此何足怪？隋文帝嘗誚世之立碑者曰：“若欲求名，一卷史書足矣，不然徒爲人作鎮石耳。”案《水經》：“洛陽天淵池中，有魏文帝九花樓殿基，悉是洛中故碑累之。”然則尚矣。

---

① “武”，嘉靖本、四庫本、學津本皆作“伍”，《澠水燕談録》作“五”。

江左度量尺比唐制

《通典》叙六朝賦税而論其總曰:①“其度量三升當今一升，秤則三兩當今一兩，尺則一尺二寸當今一尺。”注云:“當今謂即時。”即時者，當佑之時也。唐時一尺，比六朝制一尺二寸也。《王制》曰:“古者周尺八尺爲步，今以周尺六尺四寸爲步。古者百畝，當今東田百四十六畝三十步。古者百里，當今百二十一里六十步四尺二寸六分。”②

玉食1③

《王嘉傳》“玉食”，注言“精好如玉”。《周禮》“王齋則供玉食”，是真以玉參饌也。玉不可炊，如何可食？當是參粒爲禮，如今人服藥耳。《書》曰:“惟辟作福，惟辟作威，惟辟玉食。”三者一類也。作福、作威，非尋常刑賞之有定别者也，天子時出意見，特有賜予誅治也。故曰“功多有厚賞”“予則孥戮汝”，皆出賞罰之外，以作福作威也。再以其

① “總”,原作“揔”,同,據嘉靖本、四庫本、學津本改。下同。

② “百二十一”,原作“西二十一”,據嘉靖本、學津本、四庫本和《禮記·王制》改。

③ 卷十六亦有“玉食”條,但内容完全不同。

類推而求之，則玉食也者，非常饌也。當齋之時，特設此玉，如特作之威福，非常法也，亦如漢武以玉屑和露之類也。後世乃欲求服玉之法，殆失本意矣。

交　戟[1]

交戟之内。案，《通典》衛尉公車令曰：胡廣曰："諸門部各陳屯夾道，其旁設兵，以示威武，交節立戟，以遮呵出入也。"

祏　室

宗廟神主皆設石函，藏諸廟室之西壁，故曰"祏室"。室必用石者，防火也。《通典·祭》。

若　干

若干者，設數之言也。干，猶個也。若個，猶言幾何枚也。又説，干者十幹，自甲至癸也，亦以數言也。《漢·食貨志》。

---

① "交戟"，四庫本作"類交戟"。

邸閣

爲邸爲閣，貯糧也。《通典·漕運門》後魏於水運處立邸閣八所，俗名爲倉也。

巖廊

舜游巖廊。李試:①“義訓曰：屋垂謂之宇，宇下謂之廡，步檐謂之廊俗書檐爲簷，峻廊謂之巖。”漢宣帝選六郡良家子便弓馬者爲羽林郎，一名巖郎，言其禦侮巖除之下。注曰：“《後漢志》曰：‘言從游獵，還宿殿階巖下室中，故號巖郎。’”《通典》十八。②

和香

梁武帝祀地用上和香。③ 杜佑注：“以地於人近，宜加雜

① “李試”,當作“李誡”,本書卷十一作“李誡”,學津本改“李試”爲“李氏”。下引文見李誡《營造法式》。李誡,官通直郎試將作少監,紹聖四年奉敕撰輯《營造法式》,元符三年書成奏上,三十四卷。

② “典”,原脱,據嘉靖本、四庫本、學津本補。見《通志·職官略第五》。

③ “上”,四庫本、學津本作“土”。

馥。”案，雜馥即合諸香爲之，言不止一香也。梁武帝祭天，始用沉香，古未用也。《通典》四十三。

霤力救反

五祀有中霤。《左氏》“三進及霤”，《通典》曰：“古者穴居，故名室曰霤。”許叔重《説文》曰：“屋水流也。”以今人家準之，則堂中有天井處也。許説確也。①

行　馬

晉魏以後，官至貴品，其門得施行馬。行馬者，一木横中，兩木互穿，以成四角，施之於門，以爲約禁也。《周禮》謂之陛枑音互，今官府前义子是也。②

筮遠日

旬之外日爲遠日。

---

① “確也”，嘉靖本、四庫本、學津本作“誠確”。

② “义”，學津本作“叉”，《玉篇·又部》：“义，古文叉，測加切，指相交也。”

先輩前進士

唐世呼舉人、呼已第者爲“先輩”，其自目則曰“前進士”。案，魏文帝黄初五年，立太學，初諳學者爲門人，滿一歲，試通一經者補弟子；不通一經，罷遣。弟子滿二歲，試通二經者補文學掌故；不通經者，聽須後試。故後世稱先試而得第者爲“先輩”由此也。“前進士”云者，[1] 亦放此也，猶曰早第進士，而其輩行在先也。《通典》五十三。

花信風

三月花開時風名“花信風”。初而泛觀，則似謂此風來報花之消息耳。案，《吕氏春秋》曰：“春之德風，風不信，則其花不成。”[2] 乃知“花信風”者，風應花期，其來有信也。徐鍇《歲時記·春日》。

---

① “云者”，嘉靖本、四庫本、學津本皆作“者云”，訛。

② “花”，《吕氏春秋》作“華”。“成”，《吕氏春秋》作“盛”。見《吕氏春秋·離俗覽第七》。謂春天的風如期而至，是謂有德行，講信用；如風不能如期而至，花就不會盛開。

金　鎰[①]

枚乘《七發》曰："射千鎰之重。"賈逵《國語注》曰："一鎰，二十四兩。"《文選》三十四。

花犀帶

《唐會要·章服》："大和六年，敕一品二品服色，許服犀玉及斑犀。"案，[②] 斑犀者，犀文之黑黄相間者也。此時止云斑犀，至近世，其辨益詳。黑質中或黄或白，則爲正透；外暈皆黄而中涵黑文，則名倒透。透即通也。唐世概名"通天犀"，若"正透""倒透"之别出於近世也。今世士夫便服而繫犀帶，惟兩府始服"正透"，從班已下即服"倒透"。[③] 本無定制，直是以"正透"爲重耳。

---

① 卷十一有"鎰"條，内容不同。鎰：古代重量單位。本條曰"一鎰，二十四兩"，《玉篇·金部》："鎰，二十兩。"

② "案"，嘉靖本、四庫本、學津本作"按"。

③ "班"，四庫本作"斑"。

卷之二

牙旗牙門旗鼓

大將所建牙旗，劉、馮《事始》兼載兩義：其一謂以象牙飾旗，其一謂以爪牙爲義，然終無的據。《御覽》三百三十九。至其所引兵書，則曰：“牙旗者，將軍之精。凡始建牙，必以制日。制日者，其辰之在五行，以上剋下之日也。”又引《尚書》曰：“門旗二口，色紅，八幅，大將牙門之旗，出引將軍前列。”① 又引《黄帝出軍訣》曰：“牙旗者，將軍之精。金鼓者，將軍之氣。”又引《後漢書》：“光武徇河北，收韓歆，置鼓下，將斬之。”注云：“中將軍最尊，自執旗鼓。若置營，則立旗以爲軍門，并設鼓，戮人必於其下。”合此數者言之，則軍門對立兩旗，是爲牙旗，其已審矣。特不知真飾

① “將軍前列”，嘉靖本、四庫本、學津本作“將前軍列”。此引文見於《太白陰經》，未見於《尚書》。

以牙耶?① 或止取爪牙以爲義也?②《真人水鏡經》曰:"《周禮·司常職》云:軍旅,會同,置旌門。"夫以旌爲門,即旗門也,此其説有本也。後世軍中遂置牙門將,郭子儀、李光弼在朔方皆嘗爲之。魏博特置驍鋭可倚仗者,使爲護衛,名爲牙兵。而典總此兵者,其結銜名爲押衙。至於官府早晚軍吏兩謁,亦名爲衙。宇文化及爲秦王浩丞相,於帳中端坐,白事者默然不應,下牙時,方收啓狀與張愷參決之,則是以朝晡而集爲牙也。呼謂既熟,雖天子正殿兵衛受朝謁,亦名正衙。當是因牙門之義展轉以爲此名也。《黄帝出軍》曰:"有所征伐,作五采牙幢。青牙旗引住東,赤牙旗引住南,白牙旗引住西,黑牙旗引住北,黄牙旗引住中。"是凡大將行住,不以何地,皆有牙旗隨之,不止軍門有二牙旗也。《魏志》曰:"典韋爲張邈士,牙門長大,衆莫能勝,韋一手建之。"此即牙門大旗矣。《吴志》:"陸遜討費棧,以兵少,乃益施牙幢,分布鼓角,賊即破散。"既云"益施牙幢",則不止二旗矣。凡滕輔、袁宏、顧愷之、陳子昂,皆有祭牙、禡牙文,其所謂牙,即牙旗也。再詳此義,恐旗有飾牙之理,蓋既不專以門旗爲牙旗,而五方之旗,皆名爲牙,恐欲重其體,故飾之以牙也耶。《詩》之"象齒""五輅"之"象"

---

① "耶",嘉靖本、四庫本作"邪",同。下同。

② "以",原作"□",據嘉靖本、學津本、四庫本補。

“輅”，其爲用象，亦已久矣。

筌蹄笱

“得兔者忘蹄，得魚者忘筌。”筌與蹄，世人習聞其名，而不能察其果爲何物也。《戰國策》魏鮐謂建信君曰：“人有置係蹄者而得虎，虎怒決蹯而走。虎非不愛其蹯也，不以環寸之蹯而害七尺之軀。”然則蹯也者，其虎足之爪或指也歟。故曰環寸也，言其圍一寸也。《唐韻》曰：“蹯，獸足也。”《左氏》：“胹熊蹯不熟。”蹯即熊掌也。係蹄者，以繩爲機，縻縶其蹄也。決蹯者，知其縻縶不可復解，故自剔去其足。魏鮐之謂“如人遭蝮螫而自斷其腕”者也。以類求之，則兔蹄者，亦設繩以縻兔也歟。筌者，魚笱也。出《廣韻》。笱者，以竹爲器，設逆鬚於其口，魚可入不可出也。《文選》有“冥筌”，李善曰：“取魚之器也。”《詩》曰：“寡婦之笱。”① 又曰“敝笱在梁。”又曰：“毋逝我梁，毋發我笱。”蓋横溪爲梁，梁旁開缺透水，② 而設笱以承其下，魚墮梁已，即覺水淺，急趨旁闕，以求入溪，既入，即

---

① “《詩》曰”，當爲“毛傳曰”。《詩·小雅·魚麗》：“魚麗于罶。”毛傳曰：“罶，曲梁也，寡婦之笱也。”笱：一種竹制的捕魚工具，小口、腹大，魚可入不可出。《説文·句部》：“笱，曲竹捕魚笱也。”

② “旁”，四庫本作“傍”，可。《廣韻·唐韻》：“傍，側也。”

陷笱中，見者發笱而取之也，相戒“毋發我笱”者，懼其發取已獲之魚也。

几

“几”與“案”自是兩物。几者，坐具也，曲木附身，以自捧抱，故《釋名》曰：“几，庪也，所以庪物者也。”其音軌，其義則閣也。《漢武内傳》帝受王母真經，庪黄金之几。是以几而貯閣經文也。《鄴中記》曰：“石虎所坐几，悉雕畫爲五色花。”則几者，所以坐也，非案類也。《語林》曰：“孫馮翊往見任元褒，門吏憑几見之。孫請任推此吏，吏曰：‘得罰體痛，以橫木扶持，非憑几也。’孫曰：‘直木橫施，植其兩足，便爲憑几。何必狐蹯鵠膝，曲木抱腰。’”用此推之，則几之形象可想，大率如今之胡牀，頂施曲木，而俗以“抱身交牀”名之是其象矣。第古無繩牀，既爲坐具，必是施板。《竹林七賢論》曰：阮籍在袁孝尼家醉，起，扶書几板爲文。王逸少見門生家棐几滑淨，因書真草，其父刮去。是皆有板可書也。孟子隱几而卧，南郭子綦隱几而坐，嗒然似喪其耦，皆其事也。必以几閣其手，故得以寄其逸也。若《周禮》玉几、漆几，用材設飾則有别，若其形制無二也。

石　蜜

《太平御覽》:“《異物志》曰:交趾甘滋,大者數寸,煎之,凝如冰,破如博棊,謂之石蜜。”《涼州異物志》曰:“石蜜之滋,甜於浮萍。非石之類,假石之名,實出甘柘,變而凝輕。”注云:“甘柘似竹,煮而曝之,則凝如石而甚輕。”又魏文帝詔曰:“南方龍眼、荔枝,寧比西國蒲桃、[1]石蜜。”合此數説觀之,既曰柘漿所凝,其狀如冰,而名又爲石,則今之糖霜是矣。又有崖蜜者,蜂之釀蜜,即峻崖懸置其窠,使人不可攀取也。而人之用智者,伺其窠蜜成熟,用長竿繫木桶,度可相及,則以竿刺窠,窠破,蜜注桶中,是名崖蜜也。

護　駕

《六典》“侍中護駕”,又“左補闕掌扈從乘輿”。扈即護也。近説引相如賦“扈從横行,出乎四校之中”,則失之矣。師古曰:“扈,跋扈也。言其驍勇,不循行列,而自跋扈行乎

① “桃”,四庫本、學津本作“萄”。

四校之外也。”不專以護衛爲義也。[①]

盋　盂[②]

《東方朔傳》：“置守宫盂下。”注：“盂，食器也，若盋而大，今之所謂盋盂也。盋音撥。”今僧家名其食鉢爲鉢，則中國古有此名，而佛徒用之耳。

紫泥封詔

漢朝，中書以武都紫泥爲璽室，加緑緹其上。案，此即是紫泥渾裹其匣，而泥匣之外更加緑緹也。《漢・趙皇后傳》曰：“中黄門田客持詔記，盛緑緹方底，[③] 封御史中丞記。”[④]其曰“方底”，即詔函矣。紫泥所封，即方底之函矣，函外又以緑緹裹之也。“御史中丞記”即謂中約書者是矣。約書云者，約，結也，以繩或帶結封，而書字其上也，即封緘也。

---

① “爲”上，原衍“護”字，據嘉靖本、四庫本、學津本删。

② “盋”，同“鉢”，但本條諸本前三個皆寫作“盋”，後兩個皆寫作“鉢”。

③ “緹”，四庫本、《漢書》作“綈”。

④ “記”，《漢書》作“印”。

車渠

《尚書大傳》曰：“散宜生輩之江淮之浦，取大貝如車渠，陳於紂庭。”然則車渠非大貝也，特貝之大者可比車渠耳。不知車渠又何物也。《御覽》六百四十七。車者，車也。渠者，轍迹也，孟子謂“城門之軌”者是也。

霞帔

唐睿宗召司馬承禎問道，遂賜絳霞紅帔以還，公卿賦詩送之。今世之謂霞帔者，殆起此耶。出《實賓録》二十五。

牛衣

“王章卧牛衣中”，注：“龍具也。”龍具之制，不知何若。案《食貨志》：“董仲舒曰：‘貧民常衣牛馬之衣，而食犬彘之食。’”然則牛衣者，編草使暖以被牛體，蓋蓑衣之類也。

玉卮無當

《韓子》曰：堂溪空見昭侯曰：[1] 今有玉卮無當，瓦器有當，君渴，將何以？曰：以瓦器。空曰：爲人主，漏泄群臣之語，猶玉卮無當也。昭侯於是每與空話事歸輒獨卧，惟恐漏言於妻妾也。案，左思賦嘗引"玉卮無當"以譏楊雄，而曰"假言珍怪""如玉卮無當"。而卮當之爲何物，無有能言者。今以《韓子》求之，則當者，底也平聲。[2] 以玉爲卮，信美矣，而其下無底，則水漿迸散，不若瓦器有當，乃爲適於用也。《御覽》。

以華陽隱居代名花書

陶隱居以諸王侍讀解職，遂自稱華陽隱居，書疏亦以此代名。出《太平廣記》。國初人簡牘往來，其前起語處皆書名，後結語處即以花書代名，不再出名也。花書云者，自書其名，而走筆成妍，狀如花葩也。中書舍人六員，凡書敕，雜列其名，濃淡相間，故名爲六花判事。花書之起，其必始此矣。

---

① "堂溪空"，《韓非子》作"堂溪公"。堂溪，複姓，一説戰國後期人，一説西周晚期人。空、公蓋聲之轉。

② "平"上，學津本、四庫本有"當"字，是。

韋陟書名如五朵雲，亦其事也。王介甫當神宗正眷注時，其書“石”字爲“□”，人皆效之。故時人嘲之曰“表德皆聯甫，花書尽帶圈”，蓋有以也。

馬纓

建隆元年，涇州都校李玉謀害節使白重贊，先遣人市馬纓一，即僞造制書云重贊謀逆，令夷其族。謂都校陳延正曰：“使人致此去矣。”上聞大驚，鞫之，[1] 玉棄市。又李飛雄竊得馬纓，遂詐稱詔，斬邊帥，人初亦信之。即知馬纓者，使人用以爲驗也，新築人請繁纓以朝即此也。今州郡惟帥臣乘馬乃始有纓。建康有之，它帥不製也。

坫

《論語》反坫也者，乃是藉爵之器。兩邦君酬酢，飲已而反置爵其上，是名爲坫也。沈存中記國初人有用反坫爲屏者，沈以爲誤，爲其下文又有塞門。塞門，屏也，不應重以屏出也。案，許氏《説文》云：“坫，屏也。”不知許氏別有據否，亦恐許誤。

---

① “鞫”，學津本、《宋史》本傳作“鞫”，通，審問，究問。

《六帖》1①

白樂天作類書，名《六帖》。《通典·選舉門》載唐制曰："開元中，舉行課試之法。帖經者，以所習經掩其兩端，中間惟開一行，裁紙爲帖，凡帖三字，隨時增損，可否不一。或得四、得五、得六者爲通。"此《六帖》之名所從起也。《六帖》云者，取中帖之數以名其書，② 期於必遂中選也。

古每一官别鑄印

孔琳之當桓玄時，③ 建議曰："古者，皇王傳國之璽及公侯襲封之印皆奕世傳用，④ 無取改作。今世惟尉之一職獨用一印，至於内外群臣，每遷悉改，終年刻鑄，金銀銅炭之費，不可勝言。愚請衆官印即用一印，無煩改作。"本傳十七。

---

① 卷之十六亦有同名條目，内容較此條爲詳。

② "帖"，四庫本作"得"。

③ "桓玄"，原作"亘元"，分别避宋欽宗赵桓和趙氏始祖玄朗諱改，下同。桓玄（369—404）：字敬道，一名靈寶，譙國龍亢（今安徽懷遠）人，東晋名將桓温之子，末期桓楚政權建立者。

④ "奕"，原作"弈"，據嘉靖本、四庫本、學津本改。奕世：累代。

神道

《李廣傳》：丞相李蔡得賜冢地，盜取三頃賣之。又盜取神道外壖地一畝，葬其中，世之言神道者始此。《西漢》二十四。又霍光塋起三土闕，① 築神道。神道，言神行之道也。《長安志》。

卷

司馬遷言李陵“矢盡道窮，士張空拳”。文穎曰：“拳，弓弩拳也。”師古曰：“拳音卷，與絭同。卷、絭音皆去權反。”又《陵傳》：“陵發連弩射單于。”張晏曰：“三十絭共一臂。”案，絭是弩弦，② 張之則滿，臂即弩樁也。空卷，言上弦使滿而無矢可射，承上“矢盡”爲文也。《西漢》十四。

---

① “三土闕”，《漢書·霍光傳》作“三出闕”，土木結構，樓基和墩臺均係夯築，外用磚包砌，古代建築最高級别陵墓，帝王宫殿專用。《漢書·霍光傳》載，霍光去世後，其子“禹既嗣爲博陸侯，太夫人顯（霍光妻）改光時所自造塋制而侈大之。起三出闕，築神道，北臨昭靈，南出承恩，盛飾祠室”。

② “弦”，四庫本缺末筆，當是避康熙帝名燁諱。下同。

犦槊

《宋景文筆記》曰："宣獻宋公著《鹵簿記》，至犦槊，不能得其義。予後十餘年始得之，其説曰江左有瓟槊，爲其首大如瓟，是其義也。"案字書：瓝，小瓜也，蒲卓反。字或爲"瓟"，同一音也。予案《爾雅》，"犦牛，犎牛也"。此獸抵觸，百獸無敢當者，故金吾仗刻犦牛於槊首，以碧油囊籠之。《荆楚歲時記》所説亦與《爾雅》同。今金吾仗以犦槊爲第一隊，則是犦槊云者，刻犎牛於槊首也。它説皆非也。

五馬

太守五馬，莫知的據。古樂府"五馬立踟躕"，即其來已久。或言《詩》有"良馬五之"，侯國事也。然上言"良馬四之"，下言"良馬六之"，則或四或六，元非定制也。漢有駟馬車，正用四馬，而鄭玄注《詩》曰："《周禮》州長建旟。"① 漢太守比州長，法御五馬。玄以州長比方漢州，大小相絶遠矣。周之州乃反統隸於縣，比漢太守品秩殊不侔，不

① "州長建旟"，《周禮》《毛詩》鄭箋均作"州里建旟，謂州長之屬"。旟：畫有鳥隼的旗。《爾雅·釋天》："錯革鳥曰旟。"

足爲據。然鄭後漢時人，則太守之用五馬，後漢已然矣。至唐白樂天《和深春二十》詩曰：“五匹鳴珂馬，雙輪畫戟車。”至其自杭，分司有詩曰：“錢唐五馬留三匹，還擬騎來攬擾春。”老杜亦曰：“使君五馬一馬驄。”則是真有五馬矣。若其制之所始，則未有知者。

鶻突

《師友談紀》云：“錢穆父尹開封，剖決無滯，東坡朝次譽爲霹靂手。穆父曰：‘敢云霹靂手，且免鶻鷺蹄。’即俳優以爲鶻突者也。”鶻突者，胡塗之反也。殷芸《小説》曰：①“孫邕醇粹有素。魏武帝初置侍中，舉者不中選，遂下令曰：‘吾侍中欲得渾沌。’渾沌氏，古之賢人也。於是臣下方悟，遂舉邕，帝大悦。”此語著於《釋稗》，《釋稗》訓之曰：“世俗之俳言也。鶻者渾之入，突者暾之入，渾者渾之去，沌者暾之去也。”用此言觀之，則謂愚無分别，名爲鶻突，由來古矣。《釋稗》不書名氏，其書引王介父解義，即近世人也，或作陸農師。

---

① “殷”，原作“𣪊”，缺筆避諱，避宋太祖之父弘殷諱改，下同。殷芸(471—529)，字灌蔬，陳郡長平(今河南西華東北)人，南朝梁文學家。其作品《小説》是我國歷史上第一部以“小説”爲書名的短篇小説集。

絲杉

《霍光傳》師古曰："《爾雅》《毛詩傳》皆云樅木則松葉柏身,① 栝木則柏葉松身。"案，柏葉松身，乃今俗呼爲絲杉者也。

虚封

建安二十年，曹操專封拜，"始置名號侯，至五大夫，與舊列侯、關内侯凡六等，以賞軍功"。新置皆不食租。裴松之曰:②"今之虚封蓋始於此。"

萱草

《詩》曰："焉得諼草，言植之北。"注直以"諼"爲

① "松葉柏身",原作"松身柏葉",據嘉靖本、學津本、《爾雅》改。《爾雅·釋木》:"樅,松葉柏身。檜,柏葉松身。"

② "裴",原作"虞",據嘉靖本和《三國志注》改。裴松之(372—451):字世期,南朝宋河東聞喜(今山西聞喜)人,後移居江南。著名史學家,爲《三國志》作注。

“萱草”。《詩》“永矢弗諼”“諼”訓爲“忘”,[1] 故曰永誓不忘也。又凡字必從其類，而萱當從草，今獨舍“草”從“言”，義皆可疑。後見許氏《説文》萱之字從艸,[2] 憲又作萱、[3] 作蘐，俱以“況袁”爲翻切，乃知古《詩》字本作“蘐”。自唐明皇改古文，代以今字，乃訛“蘐”爲“諼”耳。

碑生金

《晋語》云：“墓碑生金，庾氏大忌。”[4] 初不曉“生金”爲何等語。案，吴淑《事類賦》引《魏志》曰：“繁昌縣授禪，碑中生金。表送上，群臣盡賀。王隱《晋書》曰：永嘉初，陳國項縣賈逵石碑中生金，人盜鑿取以賣，賣已復生。

① “諼”,原作“之”,據四庫本改。見《詩經·衛風·考槃》。鄭箋:“諼,忘也。”《説文·言部》:“諼,詐也。從言爰聲。”

② “萱”,《説文》作“藼”,同。

③ “憲”,當作“藼”。《説文·艸部》:“藼,令人亡憂艸也。從艸,憲聲。”

④ “《晋語》”,當作“《晋書》”,此《晋書》爲唐房玄齡等人合著,有别於下文王隱《晋書》。王隱《晋書》是唐代重修晋十六國史時的輔助參閲史料,安史之亂後散佚,今有《九家舊晋書輯本》。《晋書·郭璞傳》:“(庾)冰又令郭璞筮其後嗣,卦成,曰:‘卿諸子并當貴盛,然有白龍者凶徵至矣。若墓碑生金,庾氏之大忌也。’後冰子庾蘊爲廣州刺史,妾房内忽有一新生白狗子,莫知所由來,其妾秘愛之,不令蘊知。狗轉長大,蘊入見狗,眉眼分明,又身至長而弱,異於常狗。蘊甚怪之,將出共視,在衆人前忽失所在。蘊慨然曰:‘殆白龍乎?庾氏禍至矣。’又墓碑生金,俄而庾氏爲桓温所滅,終如其言。”

此江東之瑞也。”其曰瑞者，晉爲金行，故金生爲祥，元帝中興，其應也。據此而言，則碑中誠生黄金矣，亦異事哉。

牙　盤

唐少府監御饌器用九飣食，以牙盤九枚裝食味於上，置上前，亦謂之看食。據此，即是以牙飾盤矣。問之，今世上食，止是髹盤，亦不飾牙。

鐐　鑪

《談苑》載鐐鑪曰：“鐐者，白金也。”意以謂白金飾爐也。[①] 是固有本矣，然恐語訛耳。《爾雅》云：“烘，燎。煁，烓也。”“烘，謂燒燎也。”“煁，今之三隅竈也。”然則烓者，無釜之竈，其上燃火，謂之烘。本爲此竈止以燃火照物，若今之生麻籸音身盆也。然則鐐鑪亦不爲鐐，當爲燎爐耳。

燭

《儀禮》之《燕禮》曰：“宵則庶子執燭於阼階上，司宫

① “以謂”，四庫本、學津本作“謂以”。

執燭於西階上，甸人執大燭於庭，閽人爲大燭於門外。”鄭玄注曰：“燭，燋也。甸人，掌供薪蒸者。庭大燭爲位廣也。閽人，門人也。爲，作也。作大燭以俟賓客之出也。”古燭未知用蠟，直以薪蒸，即是燒柴取明耳。亦或剥樺皮爇之，亦已精矣。然《曲禮》曰：“燭不見跋。”則是必有質可篸，乃始有跋耳。《曲禮》或有是蠟燭，後從其所見而言之耶？

答人問九江説

前蒙疑論九江曲折，冗久不報，當不訝否？某之論《禹貢》也，疑則傳疑，初未嘗敢確主其見也，進本於發語中已著此意。至於九江非今江州，固嘗明言之矣。顧經文關及九江者多，悉是經中大節目，若不姑據古傳以奠其地，則凡經文中語及九江者，無所指以致其辭，故姑從古傳言之，不謂確不可易也。《春秋》所書，尚分見、聞、傳聞爲三，歐公亦不敢全廢漢儒之説，而遂設爲之喻曰：“村疃有火，州人數日乃始聞之，不如其邑人翌日聞之之未遠也。縣聞雖近，又不如其鄰人登時親見之審也。”秦以今淮南爲九江，漢以今江州爲九江，皆非鄰人親見之審矣。然由今日視秦漢，如以州人而言縣事，又不如姑仍縣人之言，尚或可據也。若舍之不用，别擬一水以名九江，是似州人强破邑傳，或時卻成薦誤，所不敢安也。漢去古不遠，已不知九江所奠矣。劉歆遂指彭蠡以爲九江，凡今名江州以爲九江郡，皆始於歆。然歷世不肯主信者，以匯即彭蠡也。匯與彭蠡，經既以三江名之，不應添出一名謂爲九江也。夫三江者，南、中、北相參爲三，是尚可應塞三數矣。若九之爲九，其名何自而起耶？故王莽雖采歆説，以此名郡，而後世不肯主信者，爲其本無的據也。若其指洞庭爲九江則自胡旦始，而晁説之實宗師之，第不肯明云其説自旦而出耳。古來未嘗有爲此言者也，且經之言九江也，如曰“九江孔殷”，又曰“過九江，至于敷淺原”，又曰“九江納錫大龜”。是皆因事及之，猶可展轉它説矣。至夫岷江，原委相貫，自岷山以至入海，具有次第，著乎經文，則何可移之而它也歟？經曰：“岷山導江，東别爲沱。又東至于澧，過九江，至于東陵。”則是九江也者，上承岷派，由夔峽東注以下，貫于東陵，而後始會于匯。匯者，南江之與江漢，合三爲一之地也。今江州湖口縣是其所也。洞庭也者，課其大派，則上承瀟湘，而下徑岳州，以合于江，而瀟湘之源皆出湖南，不受蜀水也。則書之“岷派瀟湘”，不得而預也。今從岳州言之，岷江正在州北，洞庭乃在湖南，其不爲一派明矣。由岳州已上，則兩水不相入，如之何强取未嘗合流之南派而用全無古據之見，劖而入之北派也？今鼎沅之西，固與蜀中施黔東西相距，然而中隔萬山，水不通流，如之何而云南派可入北派也？湖南固有澧水，因遂置爲澧州矣。李吉父《元和郡縣志》遂取此之澧水以爲岷蜀之澧，故胡旦信之不疑，而不知後世湖南之澧水，非古梁州之澧水也。此最致誤之因也。且之説曰“九水入于洞庭，故名以九”，非也。連水、營水今爲瀟、耒水、洙水、[①] 漉水、瀏水、瀆水、并水、湘水，是姑可枚列爲九矣。然而九水之外，更有微水、資水、沅水、澧水，此四水者，亦皆同入洞庭而同注於江，則是洞庭所受者，凡十三水矣。不知以何爲限，而遂掇去四水不數也。若以爲上流只有九水，則資之入沅時，漣、瀟、鍾、耒、洣、漉、瀏、瀆之入湘也。方其初來已爲九水，[②] 而沅、湘又爲二水，以九合二，則十一矣。其可削減十一使之爲九乎？若專以注湖爲數，則又沅、湘實止二水，數不及九，不知何據而遂以意定之爲九也？蓋古人之記水派也，皆摭其本名本地，據實言之，無有取象以爲之數者也。且謂九爲陽數，則於治水之義，絶無所附，不待它人致辨。胡氏亦既設辭自疑，而不敢主執矣。是故江、河、淮、濟，[③] 命名既定，則江的名江，河的名河，不似今世凡水皆得名江、名河、名湖也。且夫漢水之大，幾與岷江相敵，其已大矣，而其初未及入江，經但稱之爲漢，不肯假以江名也。洞庭雖大，安得未會於江而遂破例以目爲江乎？而經亦無其語，何可信也？

---

① “洙”，四庫本、學津本作“洣”。
② “來”，原作“耒”，據嘉靖本、四庫本、學津本改。
③ “江、河、淮、濟”，嘉靖本、四庫本、學津本皆作“江、淮、河、濟”。

卷之三

誕　馬

《宣和鹵簿圖》有誕馬，其制用色帛周裹一方氈，蓋覆馬脊，更不施鞍。此其爲制，必有古傳，非意創矣。然名以爲誕，則其義莫究也。蔡攸輩雖加辨釋，終不協當。案《通典》：宋江夏王義恭爲孝武所忌，憂懼，故奏革諸侯國制，但馬不得過二。其字則書爲“但”不書爲“誕”也。但者，徒也。徒馬者，有馬無鞍，如人袒裼之袒也。迹其義類，則古謂徒歌曰謠，是其比也。其所謂徒者，但有歌聲而無鐘鼓以將也。然則謂之但馬，蓋散馬備用而不施鞍轡者也。《通典》三十一。又王瓊每見道俗，乞丐無已，道逢太保廣平王懷，遽自言馬瘦，懷即以誕馬并乘具與之，案此書“但”爲“誕”，誤也。所與者，但馬而無鞍勒，故以乘具與之，其理相貫也。又案《酉陽雜俎》一卷：“北齊迎南使，使主副各乘車，但馬在車後，鐵甲百餘人。”其所書曰“但馬”，而不曰“誕馬”，又馬在車後而名“但”，知無乘具以備闕也。

卜教

後世問卜于神，有器名杯珓者，以兩蚌殼，投空擲地，觀其俯仰，以斷休咎。自有此制後，後人不專用蛤殼矣，或以竹，或以木，略斫削使如蛤形，而中分爲二，有仰有俯，故亦名“杯珓”。杯者，言蛤殼中空，可以受盛，其狀如杯也。珓者，本合爲教，言神所告教，現于此之俯仰也。後人見其質之爲木也，則書以爲“校”字，《義山雜纂》曰“殢神擲校”是也。“校”亦音“珓”也。今野廟之荒涼無資者，止破厚竹根爲之，俗書“竹下安教”者是也。至《唐韻·效部》所收則爲“珓”，其説曰：“珓者，杯珓也，以玉爲之。”《説文》《玉篇》皆無“珓”字也。案，許氏《説文》作於後漢，顧野王《玉篇》作於梁世，孫愐加字則在上元間，①而《廣韻》之成，則在天寶十載。然則自漢至梁，皆未有此“珓”字，知必出於後世意撰也。《干録書》凡名俗字者皆此類也。至其謂以玉爲之，決非真玉。玉雖堅，不可揚擲，兼野廟之巫未必力能用玉也，當是擇蚌殼瑩白者爲之，而人因

① “孫愐”，當作“孫強”。唐孫強增修《玉篇》，名爲《大廣益會玉篇》，卷首曰：“唐上元元年甲戌四月十三日，南國處士富春孫強增加字，凡五百四十二部，二萬二千八百七十二言，注一十八萬六百四十字。”《郡齋讀書志》：“《玉篇》三十卷。右顧野王撰，唐孫強又嘗增字，僧神珙《反紐圖》附於後。”

附玉以爲之名，凡今珠、璣、琲、琺，字雖從玉，其實蚌屬也。夫惟珓、校、簽，既無明據，又無理致，皆所未安。予故獨取宗懍之説也。懍之《荆楚歲時記》曰：“秋社擬教於神，以占來歲豐儉。”其字無所附并乃獨書爲教，猶言神所告於揚擲乎見之也。此説最爲明徑也。又《歲時記》注文曰：“教，以桐爲之，形如小蛤，言教教令也。其擲法則以半俯半仰者爲吉也。”此其所以爲“教”也。

流離

《漢·西域傳》：罽賓國有琥珀、流離。師古曰：“《魏略》云：大秦國出赤、白、黑、黄、青、緑、縹、紺、紅、紫十種流離。……此蓋自然之物，采澤光潤，逾於衆玉，今俗所用，皆銷冶石汁，加以衆藥，灌而爲之。虚脆不耐，實非真物。”案“流離”，今書附“玉”旁爲“琉璃”字，師古之記“流離”是矣，而亦未得其詳也。《穆天子傳》曰：“天子東征，有采石之山，凡好石之器于是出。天子升山，取采石焉，使民鑄以成器于采石山之上。”注云：“采石，文采之石也。”則鑄石爲器，古有之矣。顔氏謂爲“自然之物”，恐不詳也。《北史·大月氏傳》：魏太武時，月氏人商販京師，自云能鑄石爲五色琉璃。於是采礦於山中，即京師鑄之。既成，光澤乃美於西方者，自是，中國琉璃遂賤。用此言推之，則雖西域琉璃，亦用石鑄，無自然生成者。若果出於生成，則月氏之賈，從何人而受此鑄法也？兼外國奇產，中國未始無之，獨不聞有所謂真流離也。東坡作《藥玉盞》詩曰："熔鉛煮白石，作玉真自欺。"東坡謂"煮"，即《穆傳》之所謂"鑄"，顏氏之謂"銷冶"者也。然中國所鑄，有與西域異者，鑄之中國則色甚光鮮，而質則輕脆，沃以熱酒，隨手破裂。至其來自海舶者，製差樸鈍，而色亦微暗，其可異者，雖百沸湯注之，與磁銀無異，了不損動，是名蕃琉璃也。蕃流離之異於中國流離，其別蓋如此，而未嘗聞有以石琢者也。如階石之類，古之謂珉，又謂之碔砆，至瑛、璁、琇、玟，皆石之似玉者。使此一種石而入用，自附名於玉，不爲流離矣。故知師古之言爲未審也。

闌出

漢法，闌出謂以違禁之物越出邊禁之地也。無籍而冒入宮殿，則爲闌入，謂其人身竊入宮禁之内也。闌有遮欄之義，① 古字多通用，蘭、闌、欄皆一也。欄檻之版爲蘭。《子

① "遮欄"，嘉靖本、四庫本、學津本作"遮攔"，下第二、三處同。它處亦作"遮闌"。遮蔽，遮蓋。

虚賦》云：[1]“宛虹拖於楯軒。”注云：“楯軒，軒之蘭版也。”張平子《西都賦》曰：[2]“伏櫺檻而俯聽。”[3]薛綜曰：“櫺，臺上欄也。爲軒檻，可以限隔高下，故名之爲欄。”是皆闌干之闌也。兵器在架曰蘭。張衡賦曰：“武庫禁兵，設在蘭錡。”李善引劉逵《魏都賦注》曰：“受它兵曰蘭，受弓弩曰錡。”蓋以轄束兵器，名之曰蘭也。井上四立幹，四出而相交亦名爲蘭，言能遮限井口也。聯木以邀遮禽獸爲闌。《上林》之賦“校獵”也，顔師古注曰：“校，以木相貫，穿總爲闌校，遮止禽獸而獵取之也。”馬牛閑廄爲闌。《周官·校人》：闌板以養馬，故命之爲闌也。納奴婢閑中而鬻賣之，亦名爲闌。《賈誼傳》：賣僮納之閑中。閑即闌也。合數者而求其義，則闌出、闌入之理皆昭昭矣。後世財利所在，官專其入，則命之爲榷。榷者，水上獨木之橋也，言獨專此水，禁塞它路，如一木橋然也。夫以專取爲榷，則犯國禁而越出、越入，皆當爲闌矣。

---

① “《子虚賦》”，當作“《上林賦》”，司馬相如撰，《漢書》《文選》均收。此處“注云”指顔師古注。

② “《西都賦》”，當作“《西京賦》”，張衡撰。

③ “俯”，《文選》作“頫”，同。

十數改用多畫字

古書一爲弌，二爲弍，三爲弎，蓋以“弋”爲母，而一、二、三隨數附合，以成其字。特不知單書一畫爲一、單書二畫三畫爲二爲三起自何時。今官府文書，凡其記數，皆取聲同而點畫多者改用之。於是壹、貳、參、肆之類，本皆非數，直是取同聲之字，借以爲用，貴點畫多不可改换爲奸耳，本無義理可以與之相更也。若夫十之用拾、八之用捌、九之用玖，則全無附并也。然亦有在疑似間者，《易》之“參天兩地”，《左傳》“自參以上，則往稱地，來稱會”，是嘗以“參”爲“三”矣。顔子“不貳過”“士有貳宗”“國不堪貳”,[1] 爲其與正爲副，則貳之爲二，尚或可以傅會矣。在顔師古時，《江充傳》固已訛“犬臺”爲“太壹”矣。[2]《薛宣傳》本曰“壹笑爲樂”，而傳本乃改“壹笑”爲“壺矢”，則是此時“一”已爲“壹”矣。若元本不用“壹”字，則“一”字本止一畫，何緣轉易爲“壺”、爲“矢”也。若曰唐至明皇，始盡以今文代去古文，因盡歸咎明皇，則師古

① “士有貳宗”,《左傳·桓公二年》作“大夫有貳宗”。杜預注:“適子爲小宗,次子爲貳宗,以相輔貳。”楊伯峻注:“貳宗亦官名,亦以大夫之宗室之弟爲之。”

② “犬臺”,嘉靖本、學津本、四庫本作“大臺”,下同。

之時,《漢書》傳本何爲已變“犬臺”以爲“太壹”、[①]“壹笑”以爲“壺矢”耶?又凡《漢書》“一”字,皆以“壹”代,則“一”變爲“壹”,久在明皇之前矣。然而古今經史,凡書“千百”之字,無有用阡陌之“陌”、[②]公伯之“伯”者。予故疑舊本不曾改少畫以從多畫也,然不能究其起自何時。

大衍虚一

《正易新法》之論大衍曰:[③]挂一之在四十九,元不入用,則雖去之無欠也。其意以爲揲蓍之初,此一既挂左指,則自不預揲數上聲之數去聲矣。及其揲四已定,此一又歸奇扐,則又不入七八、九六之用,故曰“去之無欠也”。此蓋以象數言《易》於有爻之後,而不知超象數以求《易》於未爻之前也。“道生一,一生二,二生三,三生萬物”,一之生二,是虚一之能生天生地者也。夫天地得此之生於太極也,其象在蓍,則分一爲二,是其形容已然。此之分二者,從何

---

① “壹”,原作“一”,據嘉靖本、學津本、《前漢書·薛宣傳》改。

② “陌”,嘉靖本、學津本、四庫本作“阡”。“陌”,古通“百”。

③ “《正易新法》”,當作“《正易心法》”,麻衣道者撰,陳摶注釋。其内容,據朱彝尊《經義考》載程準序稱:“正易者,正謂卦畫,若今經書正文也。每章四句者,心法也;訓於其下,消息也。”

而來？豈非從一握則四十九用，皆藏一握之内，及其分一握以爲兩握，則一已生二，而一遂無見。聖人於是即五十蓍中取其一蓍，挂之左指者，既不以揲，又不循數，其意蓋示四十九用之上，此之一數處總無爲而四十九者，各以七八、九六聽令而受數焉耳。故此一雖虚，而天下之實莫不由之以出，則安可知有用之用，而不知無用之用也？故知此説不能求諸未爻之前也。

北虜於達魯河鈎魚①

《燕北雜録》載契丹興宗重熙年間衣制、儀衛、打圍、射鹿、鈎魚等事，於景祐五年十月撰進，不書撰人姓名而著其所從聞，曰："思鄉人武珪在虜十餘年，以善歌隸帳下，故能習虜事詳悉。凡其所録皆珪語也。"達魯河鈎牛魚，虜中盛禮，② 意慕中國賞花釣魚，然非釣也，鈎也。此之所記於虜爲道宗清寧四年，其甲子則戊戌正月也。③ 達魯河東與海接，歲正月方凍，至四月而泮。其鈎是魚也，虜主與其母皆設次冰上，先使人於河上下十里間，以毛網截魚，令不得散逸，

---

① "北虜"，四庫本、學津本作"契丹"。第二至第七個"虜"，四庫本作"遼"，學津本作"北"。

② "虜中"，四庫本作"遼中"、學津本作"北方"。

③ "戊"，原作"戍"，據嘉靖本、學津本、四庫本改。清寧四年爲"戊戌"年。

又從而驅之，使集虜帳。① 其牀前預開冰竅四，名爲冰眼，中眼透水，旁三眼環之，不透，第斫減，令薄而已。薄者所以候魚，而透者將以施鈎也。魚雖水中之物，若久閉於冰，遇可出水處，亦必伸首吐氣，故透水一眼，必可以致魚，而薄不透水者，將以伺視也。魚之將至，伺者以告虜主，即遂於斫透眼中用繩鈎擲之，無不中者。既中，遂縱繩令去，久，魚倦，即曳繩出之，謂之得頭魚。頭魚既得，遂相與出冰帳，於別帳作樂上壽。

古用玉非純玉

古禮用玉甚多而玉不乏，或疑古玉多於後世，是則然矣，然而有説也。《説文·玉部》案："《禮》：天子用全，純玉也。上公用駹，四玉一石。侯用瓚、伯用將，② 玉石相半也。"然則"瓚""將"云者，其質半玉半石，而"駹"者五分其質，而四分爲玉，一分爲石也。然則古之禮玉，惟天子所用通體是玉，若其間雜之以石，則不用也。自上公以降，則駹、瓚、將之質，雖不免雜之以石，亦入用也。則其禮用雖多，凡半珉半玉亦入用也。紹興十三、四年間，或於會稽

① "虜帳"，四庫本作"遼帳"，學津本作"冰帳"。
② "將"，學津本作"埒"，下同。

禹廟三清殿前發地得瘞玉。官寺初未之知，人多分取，及縣官知而録之，止餘四物。其一蒼璧也，色帶青，一邊有土黯處，稍變爲土黄色，不知在瘞幾何年矣。① 其二蒼璋也，極小，略可三五寸許，正爲半圭之形。此三者，蓋真玉也。又有一物，體圓如璧，而旁出兩角，角末即是圭頭，在禮所謂“兩圭有邸”者也。色似玉帶白，而體質甚軟，觀者多用指爪掐試，已成深穴。細視，正是寒長解石輩耳，亦恐未可名之爲珉也。其器見藏禹廟，縣尉典之，前後官遞相付授，防換竊也。吴民可帥越大興工，浚鏡湖，得小玉璧以藏公帑中。迹此數物而考之以古，則皆得諸禹廟。其在土中者，必爲薶玉以祭者也。得之水中者，則其沈祭之玉也。古用玉如此之多也。

蓍以七爲數

諸家多言蓍以七爲數，至其何以用七則莫有言者。意謂七七四十九，正蓍之用耳。歷考諸《易》，自數總以及數變，皆無以七爲祖者，獨有七爲少陽，固在四策之一。然此之七也，進之不得爲陽數之極，退之不能爲陽變之祖，則七在四策中，特其列數之一耳，安能總攝它數也？顧獨於末流取四十九以配七七，而謂蓍數之祖，何所本也？

① “何”，嘉靖本、四庫本、學津本無此字。

鴻毛

王褒《聖主得賢臣頌》曰："翼乎如鴻毛之遇順風。"鴻毛非指其羽中之最大者，言如鴻鵠得風而順其羽翰，既大風又借便，故以爲賢臣遇主之喻也。

河豚

《類篇·魚部》引《博雅》云："鯸鮔盈之反，魨也，背青，腹白，觸物即怒，其肝殺人。"正今人名爲河豚者也，然則"豚"當爲"魨"。

禹冢

《漢·地理志》"會稽郡山陰縣"，注云："會稽山在南，上有禹冢、禹井。"今紹興府城東十許里有告成觀，觀有禹廟，相傳禹墓在廟東之小山。山下又有窆石，或云禹葬所用，然絶無信傳。又其地自在山陰縣治之東，與古傳在南者方鄉不應。若紹興府府治，則又在今山陰縣之西，而其正南大山即秦望山也。秦始皇父子皆登此山以祭禹矣。《南史》記秦碑至是尚在，讀二世碑，是也。然則禹墓在秦望山上山陰縣南，而不在告成觀，甚明。

背子中禪①

今人服公裳，必衷以背子。背子者，狀如單襦、夾襖，特其裾加長，直垂至足焉耳，其實古之中禪也。禪之字，或爲單，皆音單也。古之法，服朝服，其内必有中單。中單之製，正如今人背子，而兩腋有交帶横束其上。今世之慕古者兩腋各垂雙帶以準禪之帶，即本此也。《江充傳》：“衣紗縠禪衣。”師古曰：“禪衣，若今之朝服中禪也。”《漢官儀》曰：“虎賁中郎將衣紗縠禪衣。”《事物紀原》曰：“漢高帝與項羽戰，汗透中單。”且曰中單即今汗衫，非也。

躧音屣

《地理志》：“趙地倡優，女子彈弦跕它頰反躧，游媚富貴。”注：“躡跟爲跕，挂指爲躡。”師古曰：“屣，謂小履之無跟者也。跕，謂輕躡之也。”案，今人夏月以生帛爲屧，其三面稍隆起，惟當脚跟處正低，即師古所指也。

---

① “禪”，原作“禅”，據學津本、四庫本改。下同。

《湘素雜記》[①]

靖康間，閩人黄朝俊所作也。[②] 辨正世傳名物音義，多有歸宿，而時有闕疑者。至釋宋子京《刈麥詩》，以四月而曰爲麥秋。[③] 案《北史・蘇綽傳》“麥秋在野”，其名遠矣，是未嘗讀《月令》也。以此見博記之難。

宿州虹縣

虹縣，今宿州屬邑也，今讀如“絳”。《孔光傳》：“光爲虹縣長。”注：“虹，沛之縣也，音貢。”即與今呼不同。

---

① “《湘素雜記》”，當作“《緗素雜記》”，又稱《靖康緗素雜記》。下文見《緗素雜記補輯》。

② “黄朝俊”，當作“黄朝英”。黄朝英，字士俊，建州人，紹聖後舉子。宋陳振孫《直齋書録解題》載：“《緗素雜記》十卷，建安黄朝英士俊撰。有陳與者爲之序，言甲辰六試禮部不利，蓋政宣中士子也。其書亦辨正名物，而學頗迂僻，言《詩》芍藥、握椒之義，鄙褻，不典王氏之學，前輩以資戲笑，而朝英以爲得詩人深意，其識可見矣。”

③ “而曰爲麥秋”，原作“爲麥秋而曰”，據嘉靖本、學津本、四庫本改。麥秋：麥熟的季節，指農曆四、五月。宋吴曾《能改齋漫録》卷一：“黄朝英《緗素雜記》云：宋子京《帝幸南園觀刈麥詩》云：‘農扈方迎夏，官田首告秋。’注云：臣謹按物成熟者謂之秋，取揫斂之義，故謂四月爲麥秋。”

舞馬

梁天監四年，褉飲華光殿。其日，河南獻赤龍駒，能伏拜，善舞。周興嗣爲賦。本傳六十二。案，此時已有舞馬，不待開元間矣。唐中宗《景龍文館記》已有舞馬，亦非明皇創教也。

渾姓

《劉禹錫集二十八・送渾大夫赴豐州》，其詩曰："鳳銜新詔降恩華，又見旌旗出渾家。"然則渾姓側聲也。

怪石

《禹貢》青州貢品，有"鉛松怪石"。説者疑怪石之爲玩物，不當責貢。予曰非也。其所謂"怪"，非今世所玩，如靈壁、太湖之石，嵌空玲瓏，可爲戲玩也。質狀色澤，似石而非石，故以"怪"名也。怪者，異也。《説文》"瑀""瓅"

音纖“玗”音于“瓔”音孌，《詩》之“貽我佩玖”“有蒼璁衡”，① 以至系璧之琫、充耳之琇，② 與夫瑎之黑也、珊瑚之赤也、碧雞之碧也，許氏以及漢儒皆嘗枚列其物，而命之名曰“此石之次玉者也”，此石之能比乎玉者也。以此之石而比璠、璵、璿、瓘、瑾、瑜、琳、球，則不能齊及，然能超出常石之上，得與真玉爲比，豈非石類之卓然秀異者乎？則其命爲之“怪”，③ 非抑之也，所以高之也。且古之用玉比後世特多，不止六器五瑞而已也，刀劍衣佩，日用之具皆用玉也。用玉既多，則所須必倍，其勢不得不以似玉者充代足用也。故玖、璁、琫、琇固已明用美石，而夫、④ 䮾、瓚、將之類，則玉而雜石亦兼用之。然則兼列怪石以期足用，事之必然者也。則怪石之貢以用而不以玩，亦已明矣。

荅婕妤

《詩》：“參差荅菜，左右采之。”許氏曰：“萎餘也。”左

---

① “有蒼璁衡”，當作“有瑲蔥珩”。見《詩·小雅·采芑》。瑲，玉聲。蔥珩，青色佩玉。

② “充耳之琇”，《詩經·小雅·都人士》作“充耳琇實”、《詩·衛風·淇奥》作“充耳琇瑩”。

③ “爲之”，學津本作“之爲”。

④ “夫”，學津本作“砆”。像玉的石，下同。《山海經》：“會稽山下多砆石。”

右者，后妃左右所谓淑女也。言左右淑女如河洲之有荽餘也。予於是疑漢之婕妤取此義以名也。字或加女，則爲婕妤；或加人，則爲倢伃，皆本《詩》之荅菜而增偏旁也。漢世名所采良家女爲采，名或亦本此矣。

富貴昌宜侯王

淳熙乙巳，予以大饗恩封新安郡侯。時寺丞佐善小篆，予問何人能刻銅，當呼之使刻。時因引予入一書室，四壁盡是古器，皆有款識。其中一盆，鑄寫特精，而格制差淺，四旁皆隱起，水波中有兩魚，其間不爲水紋處有篆文六字，曰“富貴昌宜侯王”。予時大病更生，樂見“昌宜”二字，[①] 意蓋欣然，[②] 不暇究其爲何種制度也。丁未三月二十八日，在建寧，閱《唐會要》，見上元間高宗即洛北營建陰殿，韋弘機掘地，[③] 得古銅器，如盆而淺，中有蹙起雙鯉之狀，魚間有四篆字，曰“長宜子孫”。以較時公所藏，則盆與樣制皆與之合，其中字語，則隨人意向，故兩語兩不同耳。[④] 然則

① “字”，原作“語”，據嘉靖本、四庫本、學津本改。

② “蓋”，嘉靖本、四庫本、學津本皆作“益”。

③ “韋弘機”，原作“韋洪機”，避趙匡胤父親弘殷諱，下同。韋弘機，唐京兆萬年人，曾任司農卿兼將作監，爲唐高宗建造上陽、宿羽、高山等離宫，在洛北營建陰殿時得古銅器。事見《唐會要》卷三十。

④ “兩不同”，嘉靖本、四庫本、學津本皆作“不同”。

此制唐已前既有之矣。

桔槔水車

水車，古無見。《莊子》曰：漢陰丈人鑿隧而入井，抱瓮而灌。則直提瓮汲井，汲滿即出而灌之，未有機巧也。子貢於是語以桔槔之制，其説曰：“後重前輕，挈水若抽，數如沃湯。”案此意制，是就有水處立木其上，交午如十字，一頭繫瓮，一頭虚垂，人者制其低昂，① 故其挈水若抽，數如沃湯也。沃湯者，湯之沸騰而涌起者也。此其爲械，比之抱瓮，則事半而功加倍矣。然而自此時至漢，皆未有今世捲水之車也。不獨未有捲水之車也，雖水礰、水碓亦無載焉，故知智未及知也。《魏略》曰：“馬鈞居京都，有地可爲園，患無水以灌，乃作翻車，令童轉之，而灌水自覆，更出更入，其巧百倍於常。”此方是今之水車也矣。出《魏略》，載在《御覽》八百十四。

東堂桂

晉郄詵試東堂，得第，自言猶桂林一枝。東堂者，晉宫

① “人者”，學津本作“人爲”，四庫本作“汲者”。

之正殿也。山謙之《丹陽記》曰:[1] “前殿,正殿也。東西堂,魏制也。於周爲小寢也。”[2]《御覽》三百七十五。

含章梅妝

壽陽公主在含章殿,梅花飄著其額,因橅放之以爲妝樣。[3] 山謙之《丹陽記》曰:“皇后正殿曰顯陽,東曰含章,西曰徽音,皆洛陽宫舊名也,名起後漢。”《御覽》三百七十五。

太守黄堂

《郡國志》曰:雞坡之側,即春申君之子假居之地也,後有守居之,以數失火故,塗以雌黄,遂名黄堂。《御覽·堂門》。

赤　米

《國語》曰:“越大夫種謀曰:‘今吴既罷,而大荒荐飢,市無赤米。’”注曰:“米之惡者也。”《御覽》三十五。案,赤米

① “之”,原脱,今據下條“含章梅妝”及《宋書》等補。
② “於”,嘉靖本、四庫本、學津本作“在”。
③ “放”,嘉靖本、四庫本、學津本皆作“仿”,通,下同。

今有之，俗稱紅霞米。田之高印者乃以種之，以其早熟且耐旱也。然則越時已有此米矣。《南史·任昉傳》：昉解新安太守，去惟載桃花米。即赤米也。①

---

① “也”上，嘉靖本、四庫本、學津本皆有“是”字。

卷之四

誕馬如五器卒乃復[①]

《尚書大傳》曰："古者，圭必有冒。故瑁圭者，天子與諸侯爲瑞。諸侯執所受圭以朝天子，無過者，復得以給，使之歸國；有過者，留其圭三年。"已上《御覽》八百六。案《大傳》此言，必有所本。《舜典》之謂輯五瑞者，即此之執圭而朝者也。輯者，斂之而上乎天子也。又謂"班瑞于群后"者，即此之復與其圭以歸者也。第其"有過留之三年"者，不見所出。然《大傳》此言，極有理也。《舜典》下文，東巡岱宗而贄五玉以朝者，即與在朝而輯五瑞者同理也。《正義》曰："五瑞本受之堯，斂而還之，謂如舜新以付，改爲舜臣，與之正新君之始。"此亦有理，然以上下文推之，則不通矣。四岳巡狩皆嘗斂玉而復授之矣。至五器之斂復，即是輯、班之異名矣。今獨於正月在都時所班者爲舜賜，則巡狩

① "復"，宋本、嘉靖本作"服"，據四庫本、學津本和《尚書》改。歸還。

之所如、所復，在已受新賜之後，何用再班也耶？以此知《大傳》所言有理，蓋分還留兩端以爲賞罰也者，其説有理也。

飴　餳

餳徐盈反、飴與之反，一也。《楚辭》曰："粔籹蜜餌有餦音張餭音皇。"① 案餳、飴、餦餭，皆一物也，而小有異。《説文》曰："飴，米蘖煎也。""餳，② 飴和饊也。"③《釋名》曰："餳，餅也。煮米消爛，洋洋然也。飴，小弱於餳，形怡怡然也。"《方言》曰："餳謂之張皇。"注云："即乾飴也。飴謂之該，餳謂之餹，凡飴謂之餳，自關而東通語也。"今人名爲白糖者是也，以其雜米蘖爲之也。飴即餳之融液而可以入之食飲中者也。後漢明德馬后謂"含飴弄孫"者是也，唐世所食餳粥是其類也。張衡《七辨》曰："沙飴石蜜，遠國貢儲。"即今沙糖也。唐玄奘《西域記》以西域石蜜來，詢知其法，用蔗汁蒸造，太宗令人製之，味色皆逾其初，即中國有沙糖之始耶。然《南史》已載糖蟹，曰"蟹之將糖，躁擾彌甚"。豈其以白糖淹之耶？白糖文見上。

---

① "蜜餌"，原作"密餌"，據四庫本改。
② "餳"，宋本、嘉靖本脱，據《説文解字》補。
③ "和饊也"上，四庫本、學津本脱"飴"。

父之稱呼

漢魏以前，凡人子稱父，則直曰父，若爲文言，則曰大人。後世呼父不爲父，而轉其音曰爺，又曰爹低邪反，雖宫禁稱呼亦同其音，故竇懷貞爲國爺，① 是其事也。唐人草檄，亦曰："致赤子之流離，自朱耶之板蕩也。"案《唐韻》："爹，羌人呼父也陟耶反。"則其讀若遮，與今俗所呼不同，不知以"遮"爲音者自何世始也？案《通鑑》："德宗貞元六年，回紇可汗謝其次相曰：'惟仰食於阿多，固不敢預也。'"史釋之曰："虜呼父爲阿多。"② 則是正名爲多不名爲爺也。今人不以貴賤呼父皆爲耶，蓋傳襲已久矣。

詔　黄

《石林》言"制敕用黄紙始高宗時"，非也。晋恭帝時，王韶之遷黄門侍郎，凡諸詔黄皆其辭也。《南史》十四。則東晋時已用黄紙寫詔矣。又《南史傳》十五卷曰：宋明帝時，"吏部尚書褚彦回，就赭圻行選。是役也，皆先戰授位，板檄

① "竇懷貞"，原作"竇懷正"，下文"貞元"，原作"正元"。"貞"與"禎"音同，避宋仁宗趙禎之諱改，下同。

② "虜"，學津本作"回"。此指回紇族人。

不供，由是有黄紙札”。則宋世即軍補官賞功又已用黄紙矣。沈約永平八年奏彈南郡丞王源曰：“源官品應黄紙，輒奉白簡以聞。”則是奏彈之文嘗用黄紙矣。《文選》四十。又徐羡之召蔡廓爲吏部尚書,① 謂黄門已下，悉以相委。郭聞之曰：我不能爲徐羡之書紙尾。其曰“紙尾”者，黄案之尾也。此時選案黄紙，録事尚書與吏部尚書連名，故云然也。則是宋世已用黄紙爲案也。至齊世，立左右丞書案之制曰：“白案則右丞書名在上，左丞次書；黄案則左丞上書，右丞下書。”雖世遠，莫知其何者之爲白案何者之爲黄案；所可知者，其紙已分黄白兩色決矣。南齊東昏侯游戲無度，“臺閣案奏，或不知所在，閹人以紙包裹魚肉還家，并是三省黄案”。② 然則文書之用黄紙，其來已久。高宗朝，凡謄寫詔制以下州縣，始皆用黄紙耳。概言詔用黄紙始於高宗，不審也。

儀鸞

顯慶四年，高宗因群臣賀桃株生李，上曰：“隋煬帝世，

---

① “蔡廓”,原作“蔡郭”,“廓”與“擴”音同,避南宋寧宗趙擴諱改,下同。蔡廓(379—425),字子度,南朝宋濟陽考城人。由著作佐郎,累遷司徒主簿。《宋書》有傳。

② “三省黄案”,當作“五省黄案”,據胡三省《資治通鑑·齊東昏侯上》“五省黄案”注曰:“魏晋以來,有六曹尚書,江左有吏部、祠部、五兵、左民、度支五尚書,各爲一省,謂之尚書五省。”

常有野雀集于殿上，當上校尉唱云：‘此是鸞鳥。’有衛士報云：‘田野之中，大有此物。’乃笞衛士，奏以爲瑞，仍名此殿爲儀鸞殿，至今嗤笑。”案高宗所指校尉者，乃高德儒也一本云馬德儒。高祖起義，執德儒，數之曰：“汝指野鳥爲鸞，以欺人主取高官。”遂斬之。夫高祖斬德儒以爲妄，高宗以指鸞爲詐，而儀鸞殿所置之儀鸞司者，迄今不改，樂其名美，不究其由也。《大業雜記》所指爲鸞者，孔雀也。

七牢百牢

僖十五年卷五，“秦改館晋侯，饋七牢焉”，注云：“牛羊豕各一爲一牢。”吴責晋饋百牢，亦累此數而言之也。[①] 牛羊豕具爲太牢，但有羊豕而無牛則爲少牢。今人獨以太牢名牛，失之矣。

太廟先於階下西向拜

凡行禮太廟，執事、行事官皆未登階，先於階下望西再拜，雖人主親祠，亦與群臣同拜。相傳此禮名爲參神。案徐

---

① “累”，宋高似孫《緯略》作“類”。

錯《歲時廣記》記東漢人主上陵禮曰："乘輿自東箱下,[1]太常導出，西向拜山陵，旋升阼階。"引謝承書曰："蔡邕爲司徒掾，從公到陵，問上陵之禮。或曰：'昔京師在長安時，其禮不可盡聞也。光武即是始葬，乃創是禮。'"即邕此記而參求之，是謂西漢諸陵皆在長安，光武始葬東都，故明帝之上光武陵也，必先望西致敬，乃敢次及光武。此説差有理耳。然《唐會要》載太宗拜陵，亦先向西兩拜。案太宗時，唐家方有五陵，獻、懿皆葬趙州，趙州自在長安東北，固不應向西而拜矣。景帝、神堯葬于三原。三原，漢池陽地，又在長安正北，亦不應西拜也。獨元帝陵在咸陽，咸陽亦在長安西北，固不爲正西矣。且使尊此而先之，凡此五陵，其四在北，其一在西，何由獨尊其一耶？然則太宗西拜，其不獨向元陵，亦已明矣。予案《漢·郊祀志》："東方，神明之舍；西方，神明之墓也。"故凡事鬼，必以西爲尊也。太祖之廟，獨爲東向，蓋據西以臨東，即其事也。向西之拜，其殆即謂神墓在西也，不專爲一代之陵而設也。

秸服

《禹貢》"五百里甸服"，甸服之賦，專納秸服。杜佑曰：

---

① "箱",四庫本作"廂"。通"廂"。

甸者，爲天子治田也，自百里至五百里，以遠近差爲五等而輕重之，則五服之凡也。然其制有可疑者焉，三百里之比四百里、五百里，則近矣，而納秸者純爲槁秸。以價計之，則比納粟、納米反爲輕少，此其爲制何宿也？杜佑曰："服者，服槁役。"其説是也。凡因秸而服其役，則納秸雖輕，而服役則重，用相補除，而輕重乃得適平也。秸之爲用多矣，祭之席地，人之藉寢，皆以秸爲質，齋牛駕馬，皆以秸爲食，凡其編列、供收、就加飼秣皆供役者當之。故甸内五百里地田王田者，其賦人之物，不粟不米，不緫不銍，專以供秸爲賦，爲其賈雖賤，而所供之役，則費反重也。佑嘗參考周制，見其廛、郊、甸、縣所賦高下相絶，或有十而取二者，或有二十而取五者，其差或過數等，殊乖十一之則，遂總爲之説曰：周税輕近重遠，近者多役也，以輕賦而補多役，使之適平。則秸輕役重，正以求及乎中也，此古人深意也。

更　點

一夜分五更者，以五夜更易爲名也。顏之推曰：五夜，謂以甲、乙、丙、丁、戊記其次第也；點者，則以下漏滴水爲名，每一更又分爲五點也。張衡賦曰"衛以嚴更之署"，①

① "張衡"，當作"班固"。"署"，原作"直"，避宋英宗趙曙諱而改，下同。

凡史家記事，謂乙夜、丙夜之類，次而言之，自甲至戊，五易其序，則爲五更已，顔之推《家訓》所載次第是矣。五夜相次，擊鼓爲節。《南史》謂“紞如打五鼓”是也。五夜又分二十五點，每點又擊點以記，《唐六典》具載其事。① 以故文人作文，苟及更點，皆以鍾鼓爲言也。②《南史》景陽樓有鍾，專記曉漏，不爲記點之用也。特不知一更又分五點起自何世耳。《水經》：洛陽有金墉城，城東有豐，置一鍾以和鼓漏。又《南齊》：“宫城有卻敵樓，樓上施鼓持夜，以應更唱，高帝以鼓多警眠遂改用鐵磬。”疑記點以鍾鼓制，③ 當始乎此。《通典》二十三。④

秉心塞淵馬三千

衛文公“秉心塞淵，騋牝三千”，心何預焉？而著以爲效也，是與“思無邪，思馬斯徂”正同一理也。凡爲人上而存心審當，則遇事無不曲至，畜牧至末事亦遂賴此心以之孳息，故馬亦蕃庶也。是蓋莊周“履狶”之論也。狶，豕也。豕之一身難肥者，莫過於蹢也。踐踏豕足，而見其豐肥，則

① “事”，原脱，據嘉靖本、學津本補。
② “鍾”，嘉靖本、學津本、四庫本作“鐘”。通“鐘”。下同。
③ “鍾鼓”，原作“鍾意”，據學津本、四庫本改。
④ “二十三”，原作“二十五”，據四庫本、《通典》改。

知其通身無有不肥也矣。此由末觀本之論也。若直曰此心可以感動乎馬，則是虛談無實也。晉郭展爲太僕，留心於養生，而廐馬充多，征吴得以濟事。潘尼爲《太僕箴》，[①] 叙列其事，皆推養生而致之於馬，即其説有本矣。《莊子》曰："百里奚爵禄不入於心，故飯牛而牛肥。"孔子嘗爲乘田，而牛羊茁壯長，皆一理也。《堯典》談曆而鳥獸之孳革毨氄，應時無爽；伊尹明言烈祖之德，而曰鳥獸魚鱉咸若是，皆舉末明本以見無細不及也。

寢廟游衣冠

古不墓祭，祭必於廟，廟皆有寢故也。凡廟列諸寢前，寢則位乎廟後，以象人君之前朝後寢也。凡寢之有衣冠、几杖象生之具者，即在廟之寢也。高廟衣冠月一出游者，游其廟寢之衣冠也。秦人始於墓側立寢，漢世因之，諸陵皆有園寢。又有宫人隨鼓漏理枕、具盥水、陳妝具，[②] 則又推廟寢

① "潘尼爲《太僕箴》"，王應麟《困學紀聞》卷十三"考史"云："今按郭展事，見《晉諸公贊》。潘尼爲《乘輿箴》，見《晉書》，非《太僕箴》也，蓋誤以二事爲一。"

② "理枕"，《後漢書》作"理被枕"。"盥"，原作"與"，據嘉靖本、四庫本、學津本改。"妝具"，嘉靖本、四庫本、學津本作"嚴具"，"妝"與"莊"音同，避漢明帝劉莊諱。《後漢書·祭祀志下》曰："廟日上飯，太官送用物，園令、食監典省，其親陵所宫人隨鼓漏理被枕，具盥水，陳嚴具。"

之制以及陵寢者也。陵寢亦如廟寢，其衣冠月一游之，《諸侯王表》曰太常孔臧坐衣冠橋壞失侯，是其事也。然則魏武置宫人銅雀臺，令月朝十五日，望陵上食，其來有自矣。《通鑑》四十九。陸機作文以譏切之，但知搜剔其過，不復審諦其自也。

旌　節[①]

《周禮·司節》："門關用符節，貨賄用璽節，道路用旌節。"鄭氏曰："旌節，今使者所擁節也。"予以古事考之，知"旌"之與"節"不爲一物也。符節者，以合符爲信也；璽節者，以印封爲信也；則旌節也者，以旌旗爲信，又非瑞節之謂也。旌者，旗類，如曰"孑孑干旌，在浚之城"。齊景"招虞人以旌，不至"是也。爲其有柄可揭，有斿可垂，故能建之於城，則其貌孑孑然；植之於野，則來者指以爲望也。此足以見旌爲旗屬，其類可稽也。若夫節者，漢之銅虎、竹使符，唐之銅獸、龜、魚，皆一類而異名也。考其意制，中分一物而兩之，授者、受者各執其半以待參驗，則符瑞圭璋亦其物也。核其意制，全與旌旄不類也。蓋節之爲義，信也，著之於事，若曰以此爲約也。禮有異數，故立爲差等，

① 學津本、四庫本無"旌節、梅雨、佛骨"三條，但諸本卷六有"佛牙"一條，内容和"佛骨"相似。

使隨多少以自撙節，不至過越也。《典命》曰：上公以九爲節，其國家、宫室、車旗、衣服、禮儀，皆以九爲節，侯伯之七，子男之五，皆一理也。掌節之守邦節，而辨其用也，則守邦國者，用玉爲節，守都鄙者，用角爲節。玉與角不同，而皆名爲節者，亦其一器而中分者也。中分爲二，一留王所，一付守臣，故符、節、瑞、圭、璋皆爲守土之信矣。是皆以兩判可合爲義，無柄無斿，非旌旄之比也。唐世刺史交郡，皆合魚書，是其則也。其初立爲節名，則取節約之義而已，及其傳諸器物則遂名之爲節，猶合符之符，初時以兩相關合爲義，既有其器，遂名爲符也。後世但見《周官》旌之與節同出而聯文，遂亦以旌爲節，誤矣。且夫三節之出皆輔以英簜，英簜者，斷大竹兩節以爲函也。節若果爲旗類，而乃將之以函，則揭示舒垂之用皆何在也？以意揣度，亦自可以知其不然也。若夫漢世之節，則可仗可執，其制全非符節之比矣。蘇武仗節牧羊，節旄盡落。漢節本垂赤旄，因戾太子之變而加黄旄，則此時之謂節者，正是旗類，不復古制矣。此即鄭氏所見而引以證經，謂爲使人所擁者也。《宣和鹵簿圖》曰："節者，黑漆竿，上施圓盤，用綴紅絲，[1] 拂盤八層，碧油籠之，執人騎從也。"又曰："《漢官儀》節以竹爲之，柄長八尺，以旄牛尾爲其毦，三重。"崔豹《古今注》云："秦

① "用"，當作"周"。《宋史》《宋朝事實》《文獻通考》皆作"周"。

制也，今王公得通用之。”則夫以旗爲節，秦世已然，而漢特因之焉耳。國朝凡命節度使者，有司給門旗二，龍虎旗一，節一，麾槍二，豹尾二，則是“節”變爲“旗”，異於古矣。若夫漢世節柄，必用竹不用木者，正是附并“英簜”之義，以求近古也。簜者，竹之大者也。《禹貢》“篠簜”之“簜”是也。竹身大而節間長，其兩合之中可以藏節，故周人因竹而名之爲節也。漢人疑其爲竹，而遂用竹爲柄，非也。英者，精英之義也。謂爲畫函，未必不是加畫於竹，以嚴其制也。

梅　雨

江南梅子黄熟時，雨常淹久，故目爲梅雨，北方則無此矣。襄九年夏四月，① 晋伐逼陽，宿師久，士丐曰：“水潦將降，懼不能歸，請班師。”杜預曰：“向夏恐有久雨也。”此之謂夏，即指周之四月而夏之二月也。案時序而言，則此之夏雨自謂春雨，不爲梅雨也。《書》曰：“夏，暑雨，小民惟曰怨咨。”時既指夏雨，又繫之於暑，故説者亦或指爲梅雨。案，周人都雍，雍無梅雨也。以周曆數之，斗柄之建卯、建辰、建巳，在周則皆爲夏也。四月暑氣已盛，故《書》亦通言夏暑。曹操侵吴，孫權謂曰：“春水方生，足下當歸。”此

① “九”，當爲“十”。見《左傳・襄公十年》。

之云春，即以建寅及辰爲月，蓋漢曆用夏，則其雨亦春雨也。《孟子》曰：“七八月之間旱。”又曰：“秋陽以暴之。”周曆之秋，則月建爲午、未、申三月也，炎燠正熾，故七八月之間旱最爲害，而秋陽亦特熾赫也。

佛骨

前史有得古骸者，其脛與齒比常人特大，世遂命爲佛骨也。曰：“若非佛骨，安得有指如許之大也?”此固難以口舌辨矣。然自佛入中國以來，惟傅弈不肯苟隨，嘗見佛牙，獨曰：“此金剛石耳，非佛牙也。金剛石至堅，惟羚羊角可以擊之。”試以角扣而牙遂碎裂。則時人謂爲佛牙者，豈真佛牙也哉？至其長大倍常，則實可駭已，[1] 而不當以可駭爲真異也。[2] 戊申七月十六日，因讀《左氏·文公十一年》，歷叙鄋瞞種族首尾甚詳。杜預曰：“防風之後，[3] 漆姓也。”防風也者，即禹之所戮，謂身廣九畝，其長三丈，骨節專車者是也。《春秋》之謂鄋瞞者即防風種族也，僑如爲魯所獲，緣斯爲宋所獲，榮如爲齊所獲，簡如爲衛所獲，鄋瞞之族自此遂絶，後世中國不復有如此長人也。此四人者，惟緣斯於行爲祖，

① “已”，嘉靖本無此字，可。
② “以”，原脱，據嘉靖本補。
③ “防”上，嘉靖本有“鄋瞞，敵國名”句。

而它皆兄弟也。魯得僑如，埋其首於魯郭門。齊得簡如，亦埋其首於周首之北門。杜預曰："骨節非常恐後世怪之，故詳記其處也。"當鄋瞞之族尚存，長身之種世傳而世有之。自防風以至僑如，骨節皆大，不曾減殺也。夫其世世傳種，如此偉大而不聞嘗有靈怪可以異乎常人，則夫俗傳大脛之號爲佛骨者,[①] 安知夷狄中不有一種人物自爾越異,[②] 而好佛者遂加夸飾，名之以佛也。《左氏》詳記埋骨之異以示後世，正防此類。而王莽時有長人巨無霸，其長盈丈，其大十圍。漢末，臨洮亦見長人，長亦逾丈。史漢所記甚明,[③] 則雖後世，亦時有人物如許長大，安得見其長大而遂尊信以爲真佛也？然因《左氏》語而詳求之，乃知鄋瞞之族亦大有異。榮如者，焚如之弟也。榮如以魯桓十六年死。[④] 焚如至宣十五年猶在，計其年，當以一百三歲矣，而其當生之年尚未在數也。未論形骨，大第其年壽如此,[⑤] 後世亦自罕比也。以此言之，則古人之異今人者不止一事。堯、舜、文、武之年，皆後世所無，而彭祖之壽云登八百，季札在吴，幾與春秋相爲終始，此皆後世之所無也。顔之推曰："海邊人不信有木大如魚，山中人不信有魚大如木。"

信哉！

---

① "者",嘉靖本無此字,可。

② "夷狄",明程敏政《新安文獻志·雜著·演繁露三事》作"外國"。

③ "史漢",嘉靖本作"漢史",可。史漢:指《史記》《漢書》。

④ "魯桓",宋本、嘉靖本作"魯威",指魯桓公,威和桓古音相近,避宋欽宗赵桓諱而改。魯桓公,姬姓,名允,一名軌,魯惠公嫡子,隱公之弟。

⑤ "大第",明程敏政《新安文獻志·雜著·演繁露三事》作"大抵"。

頌琴

《左氏·襄二年》："穆姜擇美櫝，自爲頌琴。"杜預曰："琴名也，猶言雅琴。"案，《周禮》有頌笙、頌磬，予常疑之，若謂此之二器以寫"頌"爲名，則大小雅亦嘗在數矣，而其器獨不記於《周禮》也。因閲杜語，乃悟頌云者，乃其笙磬之名也。唐李勉所寶之琴有二：一名響泉，一名韻磬。其義亦取此乎。

折俎

"享有體薦"，體者，牲之全體也；薦，進也，謂舉全體以進也。"宴有折俎"，俎者，所以盛肉也；折者，解牲體而析之，但供其肉，不供全體矣。《周亞夫傳》："獨置大胾而無切肉，又不設箸。"本是以此爲戲，不令得食耳。若究其實，即似古之體薦矣。今列郡會客，有不供食饌而準價以餉者，書辭例云"折俎"，誤也。折俎之折，音舌，言破碎也。今之折價而餉者，其讀如浙，言價與饌相當也。

黄麻白麻

唐世王言之别有七：其一爲册書，次爲制書，又次爲勞尉，又次爲發日敕。册書惟除拜王公將相，則用白麻紙書，封付閣門，閣門集朝士，拆封宣讀。① 宣已，付有司，書諸竹簡，是爲册已。所謂“擇日備禮册命”者，即以此麻入之竹册，而涓吉臨軒以授其人者也。自制書已下，至發日敕，則用黄麻紙書之，老杜所謂“黄麻似六經”者也。若降敕旨論事及敕牒，則用黄藤紙，其禮又降於黄麻矣。《六典》。

魚袋1②

今之魚袋，本唐制也。《六典》符寳郎隨身魚符之制曰：所以明貴賤，應宣召。左二右一，其飾有玉、金、銀三等，其符題云某位姓名。案，此之謂符者，初用一本，對中書其人官位姓名，書已，乃析而二之。右付其人，所謂右一者是也，左則藏之於内。或有宣召，即内出左契，以與右合，參驗而同，乃始得入。其在古制，則官得通籍禁中者至入宫門，案牒省驗，其人年貌、官位皆同，乃入者也。武后時，改魚爲龜，故崔神慶曰：“今五品以上佩龜者爲别敕宣召，恐有詐妄，故内出龜合之，然後應命。”《通鑑》二百十。即此制也。隨身魚符，其用蓋如此也。今世之制，但襲唐舊，案官品而授之，使得佩帶爲飾焉耳，而合符之制，不復舉用也。於是案今制以求古，則魚袋之上設爲魚形者，唐謂以玉、金、銀

① “拆”，嘉靖本作“折”，四庫本、學津本皆作“拆”。
② 卷之十六有同名條目，較此條爲詳。

爲飾者也；魚飾之下，有黑韋渾裹方木附身以垂者，唐制謂書其官姓名於木而中分爲二者也。服章有紫、朱、黑三異，而魚飾之下，盛符之囊皆用黑韋者，明其爲用而不爲飾也。唐制左符乃遂有二，或其人在外，則出半符爲信，召之使來也；或此符已往，而其人聞命先至，則尚有一符可以爲驗也。此其所以右一而左二也。宣召太子則用玉契，事起武后時，亦崔神慶所建也。此之創建玉契制，亦本於隨身魚袋也。《通鑑》二百十。

蝗

江南無蝗，其有蝗者皆自北地飛來也。吾鄉徽州，稻初成窠，常苦蟲害，其形如蠶，而其色縹青。既食苗葉，又能吐絲，牽漫稻頂，如蠶在簇然，稻之花穗，皆不得伸，最爲農害，俗呼横蟲横，音户孟反。記得紹興庚申，汪彦章典鄉郡，有投牒訴此蟲爲害者，牒書蟲名爲横，彦章謂曰："日有旨，令恤蟲災，第言徽州螗蟲爲害，不呼爲横也。"案《唐韻》："蝗一音横去聲。"則俗呼爲横不爲無本也。

卷之五

辱　井

陳後主入景陽井，隋軍出之，因號其井爲辱井。曾子固記其所見曰："井口石欄有鐫字，曰'辱井在斯，可不戒哉'。"乾道壬辰，予將漕江東，以季月同諸司入視行宫有無修换，至學士院前，典鑰大璫指其中一石欄曰："此古辱井欄也。"即而視之，其欄口之上，果嘗鐫刻"辱井當戒"等語，側邊則唐人記其游觀月日，鐫題填滿，至無見石，而其石理光瑩可鑑，仍有淡紅漫布其上，略如朝霞。《建康圖經》謂此之紅者乃張孔二宫人脂澤所染也，予細視而揆之以理，則皆誤傳。蓋史記後主與二嬖同縋而上，則三人矣，今其欄口略可容一小兒，則後主一身尚不可入，安有三人同縋之理也。建康城中，鋪街之石率皆青質紅章，此自其地石性天然而然，安得遂云烟脂所染也？予久欲辨識，爲無的據，不敢輕發。淳熙壬寅正月十四日，偶閲歐公《歸田録》曰："隋煬帝作《景陽井銘》，銘文尚隱隱可讀，有云'前車已傾，後乘將没'。"則歐公所見之銘，此井鐫文全然不同矣。予亦嘗墨得唐世鐫刻井文一本，今尋不見，然猶記其詳，元無歐公所見"傾""没"等語也。然則今之留置建康行宫者非古物明白矣。特不知唐人皆指此欄爲真而歐公又何從而得"傾""没"等語也。

印文扁榜添"之"字

世傳相國寺門舊扁題云"相國之寺"，凡四字。或以"之"字爲贅，遂除去"之"字别添"大"字，其文曰"大相國寺"。此之添一"大"字，於體既該，於文無贅，最爲可傳。然扁題字數奇而不耦者，古今往往皆增"之"字，則是必有古，而不知所起的在何時也。漢武太初元年，改正朔，易服色，色上黄，數用五。張晏釋之曰："漢據土德，數用五。"故印文必五，如丞相則曰"丞相之印章"，則是於四字外添一"之"字以應足乎土五之數也，下及諸卿及守相印文，凡不及五者亦皆益一"之"字以足之。後世但見太初蓋嘗增字遂從而放之，凡印文以及門堂扁榜，不問何事何世，概增一"之"，以求合於古，則失本矣。

諱

《左氏》曰：“周人以諱事神名，終將諱之。”言周人常時固嘗避其君上之名，不敢斥言矣，至事神之際，則雖它時嘗避者，亦正讀無避。蓋不敢伸其尊於所尊也，此之謂“以諱事神名”也。及嗣君繼立，則前君之名亦必諱之，是謂“終將諱之”也。本朝著令，則分名諱爲二：正對時君之名，則命爲“御名”；若先朝帝名，即改名爲諱，是爲廟諱也。若漢時，則未如此分，故孝宣改舊名“病已”，而更其名以爲“詢”。其詔曰：“古者天子之名，難知而易諱。今百姓上書，觸諱以犯罪者，朕甚憐之。其更名‘詢’，其觸諱在令前者赦之。”則是名諱未分也。唐太宗朝不諱“世”字，李世勣皆并“世”名之，自見本項。

丁　錢

今之丁錢，即漢世筭錢也，以其計口輸錢，故亦名口賦也。漢四年，初爲筭賦。如淳曰：“《漢儀注》民年十五以上至五十六，出賦錢，人百二十爲一筭，治庫兵車馬。”至文帝時，人多丁衆，則遂取高帝本額，歲減三之二，則一口一年輸錢止於四十也。賈捐之曰：“文帝偃武行文，民賦四十，丁男三年而一事。”如淳曰：“常賦歲百二十，歲一事。文帝時，天下民多，故出賦四十，凡三歲而一事。”此之謂賦，即高帝時百二十，至此而減爲四十者也。此之謂事，即古法一歲一丁、供役無過三日者是也。民年十五以上，雖未成丁，亦輸口錢，所謂民賦四十者也。及已成丁，則每歲當供三日之役者，至此減爲三年而才受一年之役也。唐制，取民者爲租庸調三色。其曰庸者，一歲而用人力止於二十日，役不及二十日則輸絹三尺，是名爲庸。若有事而加役二十五日者免其調，調謂輸絹銀之屬也。此三代、漢、唐賦役增損之凡也。庸字雖單出，不添立人，爲與廟諱義同，只可租役調也。

有如皎日

《詩》曰：“謂予不信，有如皦日。”言我志明白如日皎然也。至《左氏》，晋文公與咎犯誓亦用此之意度耳，曰：“所不與舅氏同心者有如河。”① 此其立語亦放乎《詩》矣，而意度全異也。故《史記》發明其意而改爲之言曰：“若反國所不與子犯共者，河伯視之。乃投璧河中，以與子犯盟。”此之要質河伯使司其約者，語意卻甚明白也。“郤克使齊，齊人侮之，克怒，歸至河上，曰：‘不報齊者，河伯視之。’”出

① “河”上，嘉靖本、四庫本、學津本有“此”。

《史記·晋世家》。則亦史遷所記之語也。至祖逖擊楫爲誓，則曰："所不能清中原者有如大江。"則其義何屬也？

麒麟 1①

《春秋》獲麟。《孟子》曰："麒麟之於走獸。"此之麒麟，自是瑞獸，非馬也。唐以騏驎名馬厩。驥者，馬之有德者也；騏則馬之毛色也。名厩之意，蓋兼取祥麟、德驥以重其事也。字既改而從馬，則失其本意矣。不獨唐厩之誤如此，世凡援"麒麟"以比者，皆書爲"騏驎"，人亦不察也。

卿

後世人主之對臣下，不問三公九卿之與庶列，概呼爲卿。惟大朝會，上公預事，則典儀者臨殿陛宣答曰：某慶與公等共之。獨此稱公，它則否，前輩亦嘗辨之矣。以予所見，此語當出戰國。戰國之世，其陪臣之貴者至卿而極，故其國君目其人之爲卿也，是致極不可加之禮也。② 及其呼喚已熟，故秦漢以下，人主亦遂循而目之，是以無問官之高下概命爲

---

① 卷十六有同名條目，但内容不同。

② "禮"，原作"體"，據嘉靖本、學津本改。

卿也。《趙廣漢傳》:“事推功善，歸之於下，曰‘某掾卿所爲’。”此時廣漢爲尹京兆，身爲九卿，不開國不立臣僕，其屬官安得有卿耶？特取時人相尊之語以爲之禮耳。廣漢又嘗對劫蘇回之賊而言曰:①“京兆趙君謝兩卿。”又語亭長曰:“京兆不忘卿厚意。”王尊爲太守，出教，告屬縣曰:“願諸君卿勉力正身。”意皆類也。後世呼之爲卿，如春秋時呼人爲君、爲公也。

生祠

于定國爲東海郡決曹，決獄平，郡中爲立生祠。生而立祠，此似無謂也。人已死乃須立廟而血食，今也生而立廟，誰當享之？然而于公聽之不辭者，習見時事，以爲當然也。秦始皇自立極廟，漢諸帝皆生自立廟，故賈誼對文帝而曰顧成之廟號爲太宗。則生祠殆例此也。

東鄉

古今賓主之位，賓皆在西，主皆在東，非尊東而下西也，東卑於西，故自處於卑，以西方尊客也。《曲禮》説曰:“主

① “劫”,原作“刧”,據《漢書·趙廣漢傳》改。

人就東階，客就西階。客若降等，則就主人之階。”則是客與主人敵禮者，即居西對東，以與主人匹，所謂分庭抗禮者也。惟其客之分卑，降乎主人一等，則不敢正當敵禮而隨主人之後，以趨東階也。然則居東之爲自卑，其理明矣。今人通謂主人爲東道，尚亦無害，至指東爲尊則失之矣。《左氏》之言曰“若舍鄭以爲東道主，供行李之往來”，此蓋鄭在秦東，其人主秦地而言，故曰東道主，非謂一堂之上，位在楹東，乃云東道也。廟法：太祖西坐而正東向，以爲諸廟之冠，正此理也。韓信之得廣武君也，東鄉坐，西向而師事之。是使左車之位在西，而面則鄉東；信位在東，而面則向西也。此其所以名爲“師事”也，此又可見其處東之爲卑也。田蚡爲相，坐其兄蓋侯西鄉，而自東鄉，以爲漢相尊，不可以私撓也。王邑：樓護嘗爲王邑父客，邑特尊之，坐者數百，獨處護於西，使之東向正坐也。近世相承，分二相爲左右，而階銜之分左右也，有出身人冠左，無出身人冠右，則又因坐位致誤也。古人得罪下遷者皆曰“左遷”。漢法：仕諸侯者名爲左官，則古不尚左，其來久矣。

男生小運起寅，女生小運起申

《通典》五十九卷曰：“男三十而娶，女二十而嫁。”注曰：“許叔重云：包字‘象懷妊，巳在其中，子未成形之象也。元氣起於子，人之所生也。男左行三十，女右行二十，俱立於巳，爲夫婦而懷妊於巳，巳爲子也。子爲陽氣發生之始，人皆於子稟生焉。故男自子而左數之，歷三十位而至巳，是爲男娶之年，故曰“男三十而娶”也。① 女自子而右數之，歷位二十而亦至巳，② 是爲女嫁之年，所謂“女二十而嫁”。人十月而生，男起巳，右行至寅；女起巳，左行至申，故男年始寅，女年始申’。”男從巳上向右邊數去，至寅，則十個月矣。女從巳上向左邊數去，歷十個月，即申也。案，此所言男生年起寅者，即今三命家謂男一歲小運起寅者也。女生年起申，即女生一歲小運起申者是也。其説若出附會，而今世命術通用其説，禍福皆驗，不知許氏於何得之。殆漢世已有推命之法，③ 而許氏得之也耶？或是許氏自推男女生理，而日者取以爲用也。然史傳所載，如唐舉、許負、司馬季主其能先事命中者，皆卜相耳，而未聞有推命之術也。至隋世，楊玄操注《八十一難經》詳述此説，④ 而曰“人生男女陰陽，出於自然也”，則明爲推命也。

---

① “故曰”，四庫本、學津本作“所謂”。

② “歷位二十”，學津本作“歷二十位”。

③ “法”下，嘉靖本、四庫本、學津本皆有“矣”。

④ “楊玄操”，諸本作“楊操”，缺字避宋聖祖玄朗諱。《舊唐書·經籍志》有《黄帝八十一難經》一卷，傳説爲秦越人撰，唐楊玄操注，已佚。宋趙希弁撰《郡齋讀書後志·黄帝八十一難經（一卷）》，宋王應麟撰《漢藝文志考證·醫經》皆作“楊玄操”。

齒路馬有誅

《曲禮》曰："以足蹙路馬芻,[1] 有誅。"誅，責也，如孔子曰"於予與何誅"者是也。其在國法，則雖小小責罰皆可名之爲誅也。漢令"不下殿門，罰金四兩"之類是亦名爲誅責也。於是見路馬之芻而蹴之以足則爲不敬，不敬者有罰，是之爲誅矣。至於他馬與路馬同道，它馬不自斂退,[2] 乃遂與之齊行，是之爲齒。齒之爲義，若"三年不齒"之"齒"，齒亦有罰也。凡此之罰皆得名之爲誅，如五刑皆得爲刑也。舊説謂齒者，驗馬齒而命其年，則遂加之以誅，此謬也。

厠

《漢書》："衛青大將軍侍中，武帝據厠見之。"[3] 注："溷，厠也。"[4] 此説非也。武帝固以奴隸待青矣，青時已爲大將軍，亦不應如此之深也。凡言厠者，皆爲其在兩物之間。

---

① "芻",飼草,底本脱,據嘉靖本、學津本、下文和《禮記》補。

② "它馬",嘉靖本、四庫本、學津本皆作"官馬"。

③ "據",《漢書·汲黯傳》作"踞"。

④ "溷,厠也",如淳注爲"厠,溷也"。顏師古贊同如淳説:"如淳曰:'厠,溷也。'孟康曰:'厠,床邊側也。'師古曰:'如説是也。'劉奉世曰:'厠當從孟説,古者見大臣則御坐爲起,然則踞厠者輕之也。"

漢文居霸北臨厠，使慎夫人鼓瑟。[①]韋昭曰："高岸夾水爲厠。"《水經》曰："今斯原夾二水矣。"原者，白鹿原也。霸水自此原上來，近長安而合乎滻也。或謂長水會霸，要之皆在兩水間，其義兩通。故此原在霸、滻兩間，而文帝臨之，是爲臨厠也。即此理推之，則凡厠云者，皆以兩間爲義。雖溷圊之名爲厠，亦一理也。《詩》謂"夾其皇澗"者是也。夫水在兩土之間，既可名澗，則凡厠之義，皆以兩間名之，復何疑哉？古書所著，如曰"豫讓變姓名爲刑人而入襄子之厠。[②]襄子如厠，心動"。又如管寧首過，而曰固嘗如厠不冠矣。諸如此類，則真溷圊矣。而溷圊之義，蓋亦同用兩間爲義也。又如《郅都傳》："賈姬如厠，有野彘如厠，命都擊之。"則此之如厠者正爲其在兩土狹中，非溷圊矣。人主之見臣下，不必皆在廣庭坐，雖便殿燕間，御坐之前必有隙地，使見者得以拜伏，從容進退，乃爲得禮。今武帝之見青也，臨斬絶之岸，而使青蒲伏於絶岸之下，仰視威顔如在天上，可謂非禮矣。故史因武帝之禮黯而對青以言臨厠也。

---

① "慎"，原作"真"，避宋孝宗趙昚（shèn）諱改。慎夫人，漢文帝劉恒的寵妾，有美色，能歌舞，擅鼓瑟。

② "豫讓"，宋本、嘉靖本、四庫本、學津本作"豫遜"，用同義詞"遜"以避宋英宗趙曙生父趙允讓諱。豫讓：姬姓，畢氏，春秋戰國間晋國著名刺客。

鐵甲皮甲水犀鮫魚

三代秦漢以前軍旅多用皮甲，其曰犀兕者是也。然史傳所載已有鍛金爲甲者矣，顧其用者尚少耳。《管子》曰："葛盧之山，發而出黄金，蚩尤受之以爲劍鎧。"鎧即甲也。注云："言其始也，言以金爲甲自蚩尤始也。"然則前乎三代已有金甲矣，若其軍旅之所通用不勝其多，則直鍛皮爲之耳。許氏《説文》："鎧，甲也。""針，[①] 臂鎧也。""鋞鍜，頭鎧也。"[②] 三者字皆從金，則可以知其必以金鑄矣。《周禮·函人》所典犀甲、兕甲、合甲，凡三甲也。此三甲者，率皆以皮爲札，札成，堅之以火，故《函人》曰"凡鍛不摯則不堅，已敝則撓"是也。此之謂皮，即牛、犀、兕三獸之皮，皆堅韌可用也。牛即耕牛也，犀則一角者也，兕則色青如牛者也。三者惟牛可畜，則可隨須隨有矣。若犀與兕，皆非可畜之獸，其皮亦不可常得也。孔子曰"虎兕出于柙"，柙以畜之，尚或擘裂而出，則是不可豢畜也矣。故《國語》載叔向之言曰："唐叔射兕于徒林，殪，以爲大甲。"葛洪亦曰："屠犀爲甲。"賈逵曰："以兕革爲大甲也。"夫其平日不可使

① "針"，當作"釬"。"釬"篆書作"釬"，與"針"形近，故誤。《説文》："釬，臂鎧也。从金干聲。"

② "頭"，當作"頸"。《説文》："鋞，鋞鍜，頸鎧也。""兜，兜鍪，首铠也。"

出圈柙，而臨用又須屠射，則其材何可常有？若夫牛者，既可豢畜，則臨用不患難辨矣。① 華元曰："牛則有皮，犀兕尚多。"言吾牛皆有皮，皮皆可用，自牛以外，犀、兕亦不乏也。此雖例爲夸言，然亦可以見犀、兕之少於牛矣。勾踐又有水牛之甲，即以水牛皮爲之矣。《荀子》曰："楚人鮫革、犀、兕以爲甲，堅如金石。"鮫魚者，皮上傅砂，其鋩可錯，用以爲甲，亦與犀、兕同堅。於是遂名水犀者，即是本鮫魚之爲水産，而取之以名也。《晋書》載馬隆之討凉州也，夾道累磁石，賊首負鐵鎧，行不得前。隆卒即被犀甲，無所留礙，賊以爲神。則是隆軍有鐵甲可擐而不擐也。王隱《晋書》亦載其事，乃曰："隆兵悉著牛皮鎧，得過。"則是實用牛皮爲之，而名以爲犀焉耳。

市馬

市馬於吐蕃，古記無載，然已有其事。《鹽鐵論》曰"齊陶之縑，南漢之布"，② "中國以一端縵，得匈奴累金之物。驢騾駱駝，可使銜尾入塞"，則漢世已嘗出縑帛買馬塞外矣。顧其時，虜未知中國縑帛真價，故得出一縑一布而得累

① "辦"，原作"辨"，據嘉靖本、學津本、四庫本改。

② "齊陶"，王利器《鹽鐵論校注》作"齊阿"。"南漢"，作"蜀漢"。蜀指四川地區，漢指陝西省漢中地區。齊陶、蜀漢都是漢代盛産麻布的地區。

金之物。至唐世則病其酬帛之多矣。

往省括于度則釋

機者，弩牙也，牙之所以遏弦也。括者，矢之尾末，歧而爲二，可以銜弦也。度者，立爲分寸使可以準望，以求正鵠之所在。故必待其尺寸之實，故力始可發也。虞者，度也入聲。往者，矢尚在弦，未離弩臂之上也，爲其目力已注乎機，即爲往也。欽厥止者，弩人虞度機牙之時也，所止已定，則率祖而行以釋矢乎弦者也。[①] 釋者，發機激矢之時也。楊子曰："奠而後發，發必中矣。"後漢愍王"寵善弩射，十發十中，中皆同處"，李賢注曰："寵射秘法曰：'三微爲經，三小爲緯。經緯相將，萬勝之方，然要在機牙。'"案，此即三微三小者，其措矢之分寸也。目之所注，有分寸可準，則矢之所發，必無毫釐或差，弓弩蓋一律也。夫惟有分寸可準，則虞度所施，正在擬發未發之間矣。三微三小，分寸在弦，而十發十中，往必中鵠，以機牙之分寸，必與正鵠分寸相對也。目注乎此而擬度及彼，是爲往省也。

① "乎"，嘉靖本、四庫本、學津本皆作"于"。

什一税

夏商周賦、助、徹，實皆十取其一。魯哀公曰“二，吾猶不足”，則十二矣。秦始皇多事，征戍繁重，横加役取。故董仲舒曰：“一歲力役，三十倍於古；田租、口賦、鹽鐵之利，二十倍於古。”至班固《食貨志》總言其凡，則又曰“收泰半之賦”。泰半者，三分取二也。三分取二，則又加於一半矣，而亦未至三十其倍，不知二者，孰爲的數也。高祖既定天下，約法三章，省禁、輕田租，什五而税一，則比十一之法既已加輕矣。文帝因晁錯入粟之策，行之數年，邊積饒衍，遂下詔賜民。十二年，租税之半。其曰“賜半”者，此一年内當輸一斗者止輸五升，是爲官賜其年半額也。明年，又遂除民田之租税。此之謂除，則并與當輸一斗之類，全免不收矣。然此之除減，皆是立高帝十五税一以爲之則，而爲除減之數焉耳。後至孝景二年，令民半出田租，則是於高帝所立之額正減其半。如高帝時，應輸一斗者，歲歲常減五升，而所取益以輕少矣。史家計定其數，則曰“三十而税一”也。“三十而税一”是從古者十一之法而三分免二。若引而上之以比古法，則當輸三斗者，止取一斗也。民間種田三十畝，止收一畝而入之官也。漢家賦税之類，至此乃始定爲三十取一也。中更王莽，額固加重，然東漢奉行宣帝之法，不敢增改也，爲其減改太多，故遇國家有事，遂不免停減吏俸以資邊費，所是仲長統約其中而論之曰：①“二十稅一，名之曰貉，況三十稅一乎？夫薄吏俸以豐軍用，事緣於秦，漢承其業，遂不改更也。”據仲氏此論是云取之太輕，故所入不供所出，而至於鐫吏俸以補用，非中制也。《孟子》之論“十一”曰：重於十一者，大桀、小桀也；輕於十一者，大貊、小貊也。反覆究論，則“十一”爲天下中正不刊之論也。

洛陽橋

泉州北二十里有溪，溪通海，每潮來，人輒病涉。蔡端明君謨守泉時，伐石跨溪而橋。知潮力豪大，徒柱不能勝，遂出新意，累石以爲壯趾。其制中間闊，兩頭鋭。鋭故不與潮鬥，闊故能勝鋪架也。橋成，蔡公自書橋旁石曰“萬安渡橋”，而又别爲一記以載首末，今猶巋然也。然蔡公自命爲“萬安”，而土人以及它方皆以“洛陽”冠名，於是橋實在閩而名以“洛陽”，見者多不解。或曰“洛客有經此橋者，樂其山水寛敞，有似洛陽，故以名此”，恐不然也。閩固多山，然投南而至興化，以及泉南，則平夷之地甚多，此地雖闊，不能廣於它處，何以獨擅洛陽之名耶？予案《元和郡縣志》：

① “是”，學津本作“以”。

洛陽天津橋，本維舟爲梁，後以洛漲壞船，貞觀十四年，始令石工累石爲脚。則是不止用獨石爲柱，而累衆石以爲之趾，趾闊而力厚，即萬安橋之所取則也矣。然則橋名洛陽，其必以此之累趾也哉！

注疏箋傳

後世之名注疏者，先列本文於上而著其所見於下。其曰注者，言本文如水之源，而其派流之所分注如下文所言也。至其曰“疏”者，則舉注而條列之，其倫理得以疏通也。若夫古之傳書者，則不然矣，於本文隱奥之義，則立説以發明之，雖不正指本語，而本語意度自昭也。《爾雅》之於《詩》，《孟子》七篇、子思《中庸》之於《論語》，實注疏也，而不嘗合爲一書，於是别出己名以名其著。《列》《莊》《亢》《尹》之於五千言，[1] 亦猶是也。漢興，文帝時有申公《詩》，武帝時有孔安國《尚書》、有淮南王《離騷傳》，則正爲之説以解釋本文矣，而亦未名爲注也。《左氏》之傳《春秋》也，附經立文，其體真注疏矣。然先時亦未嘗合二爲一也，至劉歆大好其書，乃始各附所傳於正經之下，故班固傳之曰：

① “五”，宋本脱，據嘉靖本、學津本、四庫本補。

“初，《左氏》多古字古言，學者傳訓故而已。[1] 及歆治《左氏》，引傳文以解經，然後轉相發明也。”則凡今附注於本文之下者，殆自歆始也。歆之移書，亦嘗舉時論而隨折之矣，曰：“謂《左氏》爲不傳《春秋》，豈不哀哉!”案此，則知班固所書，其得實矣。《周易·十翼》者，《文言》亦其一也。今惟《乾》《坤》兩卦附著《文言》於下，而它卦之有《文言》者，則聚著《繫辭》，不附本卦也。凡爲此者，實王弼也。此蓋古則之在而可證者也。鄭康成之釋《詩》也，別爲注文，附毛公之下，而自名其語曰“箋”。崔豹《古今注》曰：“毛公嘗爲康成鄉州太守，故康成不敢與之齒躐，而以箋爲言。箋猶牋也，與牋記之牋同也。”此説迂也。古無紙，專用簡牘，簡則以竹爲之，牘則以木爲之。康成每條自出己説，別以片竹書之，而列《毛傳》之旁，故特名《鄭氏箋》者，明此箋之語，己實言之也。

---

① “故”，嘉靖本、四庫本、學津本作“詁”。

卷之六

博

博，古固有之，然而隨世更易，制多不同。予前本合晉、宋數事，而附《樗蒲經》，立爲之説，皆可傳無忤矣。李賢注《後漢·梁魯傳》所引諸書格範，[1] 則與晉、宋所傳不同。其説曰："《楚詞》曰：'昆蔽象棋，有六博。'王逸注云：'投六箸，行六棋，故云六博。'"此即已與"劉裕挼五木者"異矣。賢又引鮑宏《博經》曰："用十二棋，六棋白，六棋黑。所擲頭謂之瓊，瓊有五采：畫爲一畫者謂之塞，刻爲兩畫者謂之白，刻爲三畫者謂之黑，一邊不刻者，五塞之間，謂之五塞。"案此以刻畫多少爲采名，而無犢、雉之象。又與劉裕諸人所用不同，殆是隨人各出意變，無定格也。

---

① "梁魯",當作"梁冀",諸本皆未回改,見《後漢書·梁統傳》。梁冀(？—159),字伯卓,安定(今寧夏固原)人,是東漢外戚權臣。本傳稱:"少爲貴戚,逸游自恣。性嗜酒,能挽滿、彈棋、格五、六博、蹴鞠、意錢之戲,又好臂鷹走狗,騁馬鬥雞。"

樗蒲[1]

博者，孔、老皆嘗言之。而樗蒲之名，至晋始著，不知起於何代。要其流派，必自博出也。博用六子，《楚辭》謂之“六博”，而《説文》以爲“六箸十二棋”，[2] 故數繫於六也。至樗蒲，則所用者五子而已，其初刻木爲之，劉裕挼喝五木使之成盧，則其子用木而五也。樗蒲久廢不行，予在泉南，傳得《樗蒲經》，不書作者姓名，然而五木形制、齒數具在，用《劉毅傳》所著“盧雉”之語會合而言之，粗亦可考。然其説多自相矛盾，推説不通，詳求其用，則專施之打馬。則是此書之作，殆出於變格打馬之後耶？故與史語多不合也。葛洪不曉棋道，不識樗蒲齒數，予之拙固與洪似矣。而古事之與樗蒲相關者多，如盧、白、梟、雉，勝負之訣，皆隱其中。苟以素所不嗜而棄之不言，則古事暗昧，故隨見以書，非明奕也，明古也。

---

① “樗蒲”，四庫本、學津本作“摴蒱”，同。下同。

② “六”上，嘉靖本、四庫本、學津本皆有“用”。

投五木瓊櫄玖骰

博之流爲樗蒲，爲握槊即雙陸也，爲呼博，爲酒令，體製雖不全同，而行塞勝負取決於投，則一理也。蔡澤説范睢曰："博者或欲大投。"班固《弈指》曰："博懸於投，不必在行。"投者，擲也。桓玄曰："劉毅樗蒲，一擲百萬。"皆以投擲爲名也。古惟斫木爲子，一具凡五子，故名五木。後世轉而用石、用玉、用象、用骨，故《列子》之謂投瓊，律文之謂出玖。凡瓊與玖，皆玉名也，蓋爲蒲者借美名以命之，[①]未必真嘗用玉也。《御覽》載繁欽《威儀箴》曰："其有退朝，偃息閒居。操櫄弄棋，文局樗蒲。言不及義，勝負是圖。"注云："櫄，瞿營反，博子也。"櫄之讀與瓊同，其字仍自從木，知其初制，本以木爲質也。唐世則鏤骨爲竅，朱墨雜塗，數以爲采。亦有出意爲巧者，取相思紅子納置竅中，使其色明現而易見，故温飛卿《艷詞》曰："玲瓏骰子安紅豆，入骨相思知也無？"凡此二者，即今世通名骰子也。本書爲投，後轉呼爲頭，《北史》：周文命丞郎擲樗蒲頭。則昔云投者，遂轉爲頭矣。頭者，總首之義。本文詳見此後《采》下。自鏤骨爲骰，以後不惟五木，舊制堙没不傳，而字直爲骰，

① "蒲"，學津本作"博"。

不復爲投矣。若其體制，又全與用木時殊異矣。方其用木也，五子之形，兩頭尖鋭，中間平廣，狀似今之仁杏。[①] 惟其尖鋭，故可轉躍，惟其平廣，故可以鏤采也。凡一子悉爲兩面，其一面塗黑，黑之上畫牛犢以爲之章。犢者，牛子也。一面塗白，白之上即畫雉。雉者，野雞也。凡投子者，五皆現黑，則其名盧。盧者，黑也，言五子皆黑也。五黑皆現，則五犢隨現，從可知矣，此在樗蒲爲最高之采。挼木而擲，往往叱喝，使致其極，故亦名呼盧也。其次，五子四黑而一白，則是四犢而一雉也。四犢一雉，則其采名雉，用以比盧，降一等矣。見《晋傳》，詳在後篇。自此而降，白黑相雜，每每不同。故或名爲“梟”，即鄧艾言云“六博得梟者勝”也。或名爲“犍”居言切，謂“五木十擲輒犍，非其人不能”是也。見《御覽》。凡此采名，《樗蒲經》雖皆枚載，然反覆推較，率多駁而不通也。詳别出。至於骰子之制，固知祖襲五木，然而詳略大率不同也。五木止有兩面，骰子則有六面，故骰子著齒，自一至六爲采，亦益多率其大而言之，則是裁去五木兩頭尖鋭，而蹙長爲方，既有六面，又著六數，不比五木，但有白黑兩面矣。五木之制，至晋世猶復用木。然《列子》已言“投瓊”，則周末已嘗改玉、骨也耶？或者形製仍同五木，而質已用玉石也。今世蜀地織綾，其文有兩尾尖削而中間寬廣

① “仁杏”，嘉靖本、四庫本、學津本作“杏仁”。

者，既不象花，亦非禽獸，乃遂名爲樗蒲，豈古制流於機織至此尚存也耶？

采

采本是采色之采，指其文以言也，如黑白之以色別，雉犢之以物別，皆采也。投得何色，其中程者勝，因遂名之爲采。今俗語凡事小而幸得者皆以采名之，義蓋起此也。此正班固所譏，謂“懸於投而不屬乎其人之有德者”也。《齊書》：“李安民與明帝樗蒲，五擲皆盧。帝大驚曰：‘卿面方如田，封侯相也。’”言其投而得雋非一時幸中也，此言相有福也。後周王思政在同州，與太祖樗蒲，大出衣寶，約擲盧者與之。思政斂容跪誓，願得成盧，已，果得盧。又《北史》：“梁主蕭督曾獻瑪腦鍾，周文帝執之，顧丞郎曰：‘能擲樗蒲頭得盧者，便與鍾。’已經數人，不得，至薛端，乃執樗蒲頭而言曰：‘非爲此鍾可貴，但思露其誠耳。’擲之，五子皆黑。文帝即以與之。”用此而言，則得雋而名以爲采其來尚矣。

盧　雉

自有骰子以後，樗蒲尖長之子遂廢閣不用。凡古書古事語及樗蒲者，其名數遂不可曉。雖非要事，要之闕所不知終是懷慊也。《樗蒲經》也者，據其所見立爲之書，有意乎追補亡矣。然古樗蒲事在史而詳者，惟《劉毅傳》爲著。舉此之經語，以與《毅傳》相較，則此書所載，不能與之諧合也，故知其傳不古也。《晋書·毅傳》曰：①“毅於東府聚樗蒲大擲，一判應至數百萬，餘人并黑犢以還，惟劉裕及毅在後。② 毅次擲，得雉，大喜此言衆人先毅而擲，已有得犢者矣，而五木未至純盧也。次傳及毅，則遂得雉，雉者四黑而一白。夫四黑而一白，其采名爲雉也，褰衣繞牀，叫謂同座曰：‘非不能盧，不事此耳。’雉次於盧，盧高於雉，雉亦高於它采。既不得盧而得雉，冀它人不能及，故大爲之言曰：‘非不能盧，直不爲耳。’裕惡之，因挼五木，久之曰：‘老兄試爲卿答。’既而四子皆黑，其一子轉躍未定，裕厲聲喝之，即成盧焉。四子皆黑，其餘一子若不得黑，即必現白。如又現白，即是四黑一白，采當爲雉矣。裕若得雉，即不能勝毅，故一子之轉躍未定者，裕遂厲聲喝之，使現黑采也。黑采既現，即五子皆黑，遂可以成其爲盧也。盧現而雉自降等，故毅怨裕不肯相借也。③ 毅意不快曰：‘亦知公不能以此見借也。’”用《毅傳》所記，以求晋世之樗蒲采名、齒數，予之前説悉與之合也。劉裕所得

① “《晋書·毅傳》”，學津本、四庫本皆作“《晋書·劉毅傳》”。

② “惟劉裕及毅在後”，原作“惟劉裕及劉”，脱“毅在後”三字，據《晋書·劉毅傳》補。

③ “也”下，嘉靖本、四庫本、學津本皆有“哉”。

之盧，是五子之半面爲黑者皆現乎上，而五子之半爲白者皆藏於下。俯仰合計，則五子通爲十面，半白半黑具足無欠，而五木之齒數亦相應協，無欠無餘矣。自斯以往，黑白兩面，交致其雜，亦隨齒立名，而不出乎白黑兩面，是皆有數可數，故亦有象可畫矣。今此經所繪白黑，遂有不可推較者，失在誤添純白、純黑兩色，故其說不與史合耳。今先列舊圖，而後别立新畫，貴其易曉。

《樗蒲經》舊畫只有四木。四木者，博子四個也，不是一木簇爲四角。古蒲子皆言五木，[①] 故知舊經誤畫。

盧  雉 

今定新畫係用五木。五木者，木投凡五個也。

盧  雉 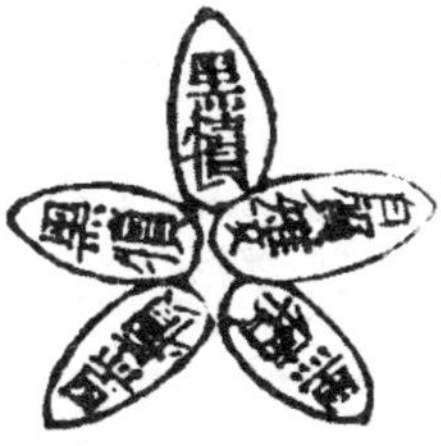

若本《晋傳》而求之，則五黑者，五子固皆爲黑，而黑

① “蒲”，學津本作“博”。

上皆畫爲犢，無有純黑而不爲犢形者也；五白者，五子皆白，白者畫雉，無有純白而不爲雉形者也。於是合而言之，其陽能現五犢，則其陰必藏五雉，二五爲十，而五子之十面無欠無餘，推之而皆可通矣。今舊圖之於五黑也，以其三畫犢，以其二純黑，則是五子之十面者，以其半爲純黑，以其半爲黑犢，乃可應數。不知十面皆黑，安得别有一白越自外來，而間乎四黑之間，可以命之爲雉也耶？若每子皆有四面，兩面有文黑上畫犢，白上畫雉，兩面無文，純白不畫雉，純黑不畫犢。且以劉裕所投言之，四黑已見，其一白，若專是白，而上無畫雉之文，則此之一白而間五黑，何以得名爲雉也？凡此皆推而不通，今故别爲之圖而正《樗經》之誤，① 使史語明白。

五白梟犍

老杜《今夕行》曰："馮陵大叫呼五白，袒跣不肯成梟盧。"觀其意脈，正用劉毅事，而五白非樗蒲所貴，不知杜獨何據也。樗蒲家謂二白三黑爲犍。犍，惡齒也。《御覽》曰六博五擲皆犍，不爲不能。則知犍爲惡齒也。經之梟名甚多，鄧艾曰："六博得梟者勝。"此艾因牙上有梟，姑爲安衆之言耳。《韓子》曰："儒何以不好博，勝者必殺梟，是殺其所貴

① "《樗經》",學津本作"《樗蒲經》"。

也。儒者以爲害義，故不博。”據此言之，則梟固爲善齒，而殺梟者又當得儁，則梟之采品甚低，非盧比也。老杜概言“梟盧”，亦恐未詳。

長短句

魏、晉、唐郊廟歌，率多四字爲句。唐曲在者，如柳枝、竹枝、欵乃句，[1] 皆七字，不知當時歌唱用何爲調也。張華表曰：“漢氏所用文句，長短不齊。”則今人以歌曲爲長短句者，本張華所陳也。《通典·樂門》。

角

《通典·樂門》：“蚩尤帥魑魅與黄帝戰，帝乃命吹角爲龍吟以禦之。其後魏武北征烏桓，減爲半鳴，而尤更悲矣。胡角者，本以應胡笳之聲，後漸用之横吹，有雙角，即胡樂也。張騫入西域，傳其法於西京，後漢以給邊將。和帝時，萬人將軍得之。”

---

① “欵(kuǎn)乃”，當作“欸(ǎi)乃”，詳見本書卷十三“欸乃”條。欸乃：樂府曲名，元結有《欸乃曲五首》，其序曰：“大曆丁未中，漫叟結爲道州刺史，以軍事詣都使。還州，逢春水，舟行不進，作《欸乃五首》，令舟子唱之，蓋以取適於道路云。”形式爲七言四句。

鼓吹

後魏永熙中，諸州鎮各給鼓吹，人多少各以大小等級爲差。諸王爲州，皆給鼓吹，其等以赤、青、黑色爲次。中州刺史及諸鎮戍皆給之。

佛牙

世之尊佛而主其異者，其説曰：“華夷之人，生理一也。此之牙骨若指，其長大皆能倍常，且其色紅潤，與枯骨異，非佛不能有此也。”予固不嘗見佛，亦不嘗見其指骨，然以古書考之，長狄僑如之死也，尸載於車，眉出軾上。古今中國亦未嘗有此巨人矣，而僑如兄弟自生及葬，《左氏》皆能詳記。則佛骨之比常人，特爲長大，自其種類如此，不得資之以信其怪也。若以骨指紅潤爲異，則有見矣。獸惟自病而死，血不蔭骨，則骨遂槁乾。若非自死，則其久而紅潤者，皆以瀝血不盡也。人固不可試矣，試以猪羊骨驗之，其遭烹之骨必且紅潤，而自死者必枯槁，此可驗也。予之立此見也，非爲異也，而舉世信佛，雖爲辨正，① 有不容不辨也。② 顧有事效見前者，可以證予説之非妄也。《五代史・趙鳳傳》："唐明宗時，有西域僧，得佛牙以獻。明宗以示大臣，鳳言世傳佛牙水火不能傷。因以斧斫之，應手而碎。是時宫中施舍已及數千，因鳳碎之，乃止。"此與傅弈用羚羊角擊金剛石者，正同一驗也。世人尊佛太甚，但有一人倡言是佛，俗子萬衆，擎跽畏敬，傾家以施，焚肌以禮，安有敢證其謬者？况敢出意自言，③ 以斧石試擊之耶？故其誕得行，而人惑不可得解也。庚戌二月十七日夜閲《趙鳳傳》書此。

大宅

《黄庭經・天中》篇曰："靈宅既清玉帝游。"梁丘子注曰："面爲靈宅，一名天宅。以眉目口之所居，故爲宅。"《大洞經》云："面爲赤宅。"《黄庭經》者，其書自叙云"扶桑大帝傳授南岳魏夫人也"。魏夫人者，魏公舒女，④ 晋人也。計其世皆在東漢以後，特不知《大洞經》作於何世耳。

---

① "雖"，疑爲"難"，四庫本作"難"。

② 下"不"字，原脱，據學津本、嘉靖本、四庫本補。

③ "言"，原作"信"，據嘉靖本、四庫本、學津本改。

④ "女"，宋本脱，據嘉靖本、學津本、四庫本補。魏公舒，魏舒（前 565？—前 509），名舒或荼，謚號獻。春秋時晋國的武將、政治家，魏氏第五代領袖。

《文選》載枚乘《七發》，説太子以游獵之可樂，而太子陽氣見於眉宇之間，侵淫而上，[1] 滿於大宅也。既曰“陽氣自眉宇而上滿於大宅”，即必在眉兩間矣。以李善之博，而不詳“大宅”所出，惟五臣注劉良曰“大宅，面也”，亦不言得之何書也。良若嘗見《大洞經》亦必引以爲據矣；不言所本，則意度之耳。然則枚乘之在漢世，豈嘗已見道書而知名“面”以爲“大宅”耶？

烏　鬼

《元稹集》十三《聽庾及之彈烏夜啼引》曰：“四五年前作拾遺，謫官詔下吏遣驅。身作拘囚妻在遠，[2] 歸來相見淚如珠。惟説閒宵長拜烏，君來到舍是烏力，妝點烏盤邀女巫。當時爲我賽烏人，死葬咸陽原上地。”案稹此詩，即是其妻爲稹賽烏而得還家者，則唐人祝賽烏鬼有自來矣。[3]

樂營將弟子

開元二年，玄宗以太常禮樂之司不應典優倡雜樂，乃更置

① “淫”，原作“滛”，《五經文字・水部》：“淫，作滛，訛。”

② “拘囚”，《元稹集》作“囚拘”，此指元稹受到貶謫。

③ “祝”，四庫本、學津本作“祀”。

左右教坊以教俗樂。命左右驍衛將軍范及爲之使，又選樂工數百人，自教法曲於梨園，謂之皇帝梨園弟子。至今謂優女爲弟子，命伶魁爲樂營將者，此其始也。《通鑑》二百十一。

白　屋

《春秋》“莊公丹桓宮楹”，① 非禮也。在禮：楹，天子丹，諸侯黝堊，大夫蒼，士黈。黈，黄色也。案，此即自士以上，屋楹方許循等級用采色，庶人則不許，夫是以謂爲“白屋”也。後世諸王皆朱其邸，今世凡官寺皆施朱，有古也。②《南史》有隱士多游王門，或譏之，答曰：“諸君以爲朱門，貧道如游蓬户。”又主父偃曰：③“士或起白屋而致三公。”顔師古曰“以白茅覆屋”，非也。古者宫室有度，官不及數，則屋室皆露本材，不容僭施采畫，是爲“白屋”也矣。是故山楶藻棁，丹楹刻桷，以諸侯大夫而越等用之，猶見譏誚，則庶人之家，其屋安得不白也？白茅覆屋，古無其傳也。後世諸侯王及達官所居之屋，皆飾以朱，故既曰“朱

① “桓”，宋本、嘉靖本、學津本作“威”，避宋欽宗趙桓諱。桓宫：春秋齊桓公的祭廟。

② “有”，四庫本、學津本作“存”。

③ “主父偃”，當作“吾丘壽王”。疑因《漢書》中吾丘壽王、主父偃等在同一傳而混。《漢書·吾丘壽王傳》（吾丘壽王）曰：“三公有司，或由窮巷起白屋，裂地而封。”師古曰：“白屋，以白茅覆屋也。壽王言此者，并以譏公孫宏。”

門”，又曰“朱邸”也，言“朱”以别於“白”也。《鹽鐵論》：文學譏漢俗奢僭曰：“雖白屋草盧，歌謳鼓琴，日給月殫，朝樂暮戚。”

金　鋪

《風俗通義》“門户鋪首”。昔公輸班見水中蠡引閉其户，終不可開，遂象之，立於門户。案，今門上排立而突起者，公輸班所飾之蠡也。“《義訓》曰：門飾金謂之鋪，鋪謂之鏂。鏂音歐，今俗謂之浮漚釘也。”案，此漚者，水上浮漚，狀亦類蠡也。《南史》人借雀以行嘲謔曰：[①]“誰家屋門頭，[②]鋪首浪游逸。”

六　纛

《御覽》三百三十九曰：“纛六口，大將中營建，出引六軍。古者天子六軍，諸侯三軍。今天子十二，諸侯六軍，故有六纛以總軍衆。”案，此即凡今詞人語“建節”者，云植六纛，皆本此也。

① “《南史》”，當作“《北史》”。

② “門”，當作“當”。引文見《北史·王皓傳》。

溛

《世説》:“劉真長見王丞相，盛暑之月，丞相以腹熨彈棋局，曰:‘何如乃溛?’劉既出，人問:‘王公何如?’曰:‘未見它異，惟聞吴語。’”案《玉篇》曰:“溛，音虚觥反，[①] 水石聲也。”腹熨棋局，水石之聲非所言也。今鄉俗狀涼冷之狀者曰“冷溛溛”，即真長之謂吴語也乎。

臘 鼓

湖州土俗，歲十二月，人家多設鼓而亂檛之，[②] 晝夜不停，至來年正月半乃止。問其所本，無能知者，但相傳云此名“打耗”。打耗云者，言警去鬼祟也。《世説》:禰衡作《漁陽》，蹀躞而前。[③] 正是正月十五，案時而言，此説近之矣。然其檛擊不待正月又似不相應也。

① “音”，嘉靖本、學津本作“者”，則可斷句爲“溛者，虚觥反”，亦通。

② “檛”，敲打，擊鼓。嘉靖本、學津本、四庫本皆作“撾”，下同。

③ “蹀”上，宋本有“摻”字，嘉靖本、四庫本、學津本皆無，《世説新語・德行》:“(禰)衡揚枹爲《漁陽》摻檛，淵淵有金石聲，四坐爲之改容。”《後漢書・禰衡傳》:“次至衡，衡方爲《漁陽》參撾，蹀躞而前。”則此處或脱“檛”字，或衍“摻”字。

搏黍

或論仁人明道不計功，曰“人有能輕搏黍者，不能無意於百金；有能輕百金者，不能無意於拱璧”。數以搏黍問人，人無知者。《吕氏春秋》曰：“今以百金與搏黍以示兒子，兒子必取搏黍也。以和氏之璧與百金以示鄙人，鄙人必取百金矣。”論蓋取此語以爲之據也。《特牲饋食禮》曰“侑食搏黍授祝”,[①] 以薦之尸也。禰衡在黄祖坐上，黍臞至，衡先自飽食畢，搏以戲弄，祖怒其戲謾。此即搏黍也。并見《御覽》八百四十二。或以爲搏黍，黄鳥也。王介父詩:[②] “蕭蕭搏黍聲中日，漠漠舂鋤影外天。”説舂鋤，白鷺也，以鷺對鶯也。但不知“搏黍”之爲“黄鶯”何出耳。[③]

平

始，予聞蜀興州有“殺金平”，其名已古，吴璘嘗於平

---

① “侑食搏黍授祝”下，四庫本有“祝授尸，尸受以菹豆，執以親嘏主人。又”等字，他本皆無。“侑食”，《禮記註疏》、四庫本皆作“佐食”。

② “王介父”，四庫本、學津本作“王介甫”。

③ 按，王應麟《困學紀聞·評詩》:“《演蕃露》云‘搏黍爲鸎，不知何出’，蓋未考《詩·葛覃》注也。”《詩·周南·葛覃》:“黄鳥於飛。”毛傳:“黄鳥，搏黍也。”

上大剋金虜，故其名因此而著。予嘗問人何以名平，曰："山之名平者，所在有之，不止此處也。"予後至昌化縣，過一山，其下甚峻，至頂而平夷，名"走馬平"，乃知平之爲義，蓋如此。後又讀道書《太上太霄琅書》，有曰："尸解者，不棺不槨，拂山平之上，掃深樹之下，衾覆於地。"則山平之名，其來久矣。

李白墓

采石江之南岸田畈間有墓，世傳爲李白葬所。累甓圍之，其墳略可高三尺許。前有小祠堂，甚草草，中繪白像，布袍，裹軟脚幞頭，不知其傳真否也。白嘗供奉翰林，終不曾得官，則所衣白袍是矣。范傳正作白碑曰："白之孫女言曰：'嘗殯龍山之東麓，墳高三尺。'"傳正時爲宣歙觀察使，諭當塗令諸葛縱改葬于青山，則在舊瘞之東六里矣，其時元和十二年也。然則龍山、青山兩地皆著白墳，亦有實矣。至謂白以捉月自投于江，則傳者誤也。曾鞏曰："范傳正志白墓，稱白偶乘扁舟，一日千里。"白之歌詩亦自云如此。或者因其豪逸，又嘗草瘞江邊，乃飾爲此説耳。正史及范碑，皆無捉月事，則可證矣。

景鍾

徽宗崇寧四年，鑄景鍾。《大晟樂書》具載其制，曰：“景鍾垂則爲鍾，仰則爲鼎。鼎之中，大爲九斛，中聲所極。九數退藏，則八斛有一焉。”至其律度，在崇寧則用徽宗君指中節，以爲三寸，三三而九，推展用之。紹興十六年四月，再鑄景鍾，有司上崇寧指法。六月，詔《大晟樂書》并金字牙尺，令參用之。段拂等契勘：[①] 若要退藏數在鐘内，又高九尺，則中容可二十斛，不與八斛有一之數相應照。得金字牙尺，用皇祐中黍尺點量，到太常寺見存黄鍾律編鍾一顆，正高九寸，故依此累及九尺，隨宜製造。詔亦可之。予案大晟樂之用君指，正爲古今尺度不同，無所執據，[②] 遂援黄帝之指尺，與夫大禹之身度，而用徽宗皇帝御指，以爲一寸之始。今拂等所定，卻是用太常見存九寸之鍾與皇祐黍尺參用，以爲起度之本，是元不曾用人主君指爲則也。

---

① “段拂”，原作“叚拂”。段拂，字去塵，宋江寧（今南京市）人，大觀年間（1107—1110）進士。《池北偶談》“米元章二婿”：“段拂、吴激皆米元章之婿。拂字去塵，元章有潔癖，見其名字，喜曰‘既拂矣，又去塵，真吾婿也’。以子妻之。拂南渡後仕至參知政事。”

② “所”，四庫本、嘉靖本作“可”。

卷之七

黄　銀

“唐太宗賜房玄齡黄銀帶，欲及杜如晦，而如晦已不在。帝曰：‘世傳黄銀鬼神畏之。’更取金帶遣玄齡送其家。”夫不賜黄銀而别賜金帶，則改賜之帶必爲黄金無疑矣。然則先賜之帶命爲黄銀者，果何物也？世有鍮石者，質實爲銅，而色如黄金，特差淡耳，則太宗之謂黄銀者，其殆鍮石也矣。鍮，金屬也，而附“石”爲字者，爲其不皆天然自生，亦有用盧甘石煮煉而成者，故兼舉兩物而合爲之名也。《説文》無“鍮”字，《玉篇》《唐韻》《集韻》遂皆有之，豈前乎漢者未知以石煮銅，故其名不附石也耶？諺言“真鍮不博金”，甚言其可貴也。夫天然自生者既名真鍮，則盧甘石所煮者決爲假鍮矣。《元和郡縣志》曰“太原出赤銅”，夫不直言出銅，而特言赤銅，似是鍮石矣，而史無明據，不敢堅斷。隋高祖時，辛公義守并州，州嘗大水，流出黄銀，以上于朝，此之黄銀，即太宗用以飾帶而概賜房、杜者矣。今世之言鍮石者，太原所産爲最，而太原即并州也，則公義并州所得，蓋自然之鍮，不經盧甘石煮鍊者也。① 故公義所上，不云赤銅而云黄銀也。黄銀云者，其貴重可以比銀而色又特黄也，是故兼銀、黄兩名而命其美也。且又有可驗者，鬼神畏銅古有其傳矣。佩玉之音，其中商律也，皆去之不用，而廟樂之聲爲商者，亦闕之不奏，即是太宗鬼畏之論所從出也。② 然則黄銀之不爲銀而爲銅，此尤可證也。

渾儀渾象

堯世已有渾儀，璿璣玉衡是也。晋世陸績始造渾象，其晷度與渾儀同，而形模與渾儀反。沈存中嘗譏世人混兩爲一，而不嘗明著其以，③ 故見者未能豁然也。二器之寫天度，皆以渾天家爲主，而古人形容渾天最能明的者，惟葛洪“雞子”之論也。洪之説曰：“天形如雞子，地如雞子中黄。”是爲天包地外，而地在天中也。渾儀也者，設爲四游儀，寫日月星宿於天盤之上，而包括乎厚地，正如雞子之殼也，是爲寫肖本形，而順以求之者也。至於渾象也者，設爲圓球，而橅擬天度，以日星傅置球上。球固可轉，而人遂俯觀，則天

---

① “鍊”，四庫本作“煉”。

② “鬼畏”，嘉靖本、四庫本，學津本作“畏鬼”。

③ “不 ”，嘉靖本、四庫本、學津本作“未”。

盤反在人下，是爲殊形詭制而合於理也。若即其狀而詳言之，則如權衡之上詳刻銖兩鈞斤，而人遂可俯首以觀者也。是如翻倒天度，傳之於外，而人立天外以行省視者也。“儀”與“象”異者，制蓋如此也。至陶弘景又出新意，“造渾天象，高三尺許，地居中央，天轉而地不動，悉與天會”，此則兼采儀、象而兩用之矣。然天中雖立厚地，而元無所資於窺測，又不如四游儀專橅天度，而日星半隱地下者，其制自具也。則其制稍贅，而不如渾象之切用無欠無餘也。

烟脂

古者婦人妝飾，欲紅則塗朱，欲白則傅粉。故曰“施朱太赤，施粉太白”。此時未有烟脂，故但施朱爲紅也。烟脂出自虜地，習鑿齒《與燕王書》云：“山下有紅藍，足下先知否？北方人采取其花，染緋黄，挼取其上英鮮者作烟支，[①]婦人用爲顏色。今始知爲紅藍，後當致其種。匈奴名妻閼氏，今可音烟支。想足下先亦不作此讀《漢書》也。”案，習氏此言，則是采藍花以爲煙支，法本出自虜地，其已審矣。習氏所指之山，即天山也。虜呼天爲祁連故也。《史記·匈奴

① “挼”，原作“接”，據嘉靖本、學津本、《史記·匈奴傳》索隱改，而《北堂書抄》卷一百三十五又作“采”。“烟支”，學津本作“煙脂”，同，即胭脂。

傳》："霍去病出隴西，過居延，攻祁連山。"索隱曰："《西河舊事》：'天山在張掖、酒泉二界上，東西二百餘里，南北百餘里。有美木水草，宜畜牧。匈奴既失二山，二山謂祁連山、燕支山也。乃歌云：亡我祁連山，使我六畜不蕃息。失我燕支山，使我婦女無顏色。'祁連一名天山也。"燕支山正書爲燕支，則必在祁連二百里内也。即此推之，紅藍最初根種必出此山也。采造已成紅色，而名曰烟脂，取閼氏爲況，極其國所貴重者而稱之也。

行　香

沈存中叙行香，謂當以香末散撒，乃爲行香。畢仲荀元豐三年作《幕府燕閒録》曰："國忌行香起於後魏、江左齊梁間，每然香熏手，或以香末散行，謂之行香。"予案《南史》："王僧達好鷹犬。何尚之設八關齋，集朝士，自行香，次至僧達，曰：'願郎且放鷹犬。'"其謂"行香次及僧達"者，即釋教之謂行道燒香者也。行道者，主齋之人親自周行道場之中，燒香者爇之於爐也。東魏静帝嘗設法會，乘輦行香，高歡執香爐步從，鞠躬屏氣。案，凡云行香者，步進前而周匝道場，仍自炷香爲禮也。静帝，人君也，故以輦代步，不自執爐，而使高歡代執也。以此可見，行香只是行道燒香，無撒香之事也。又案，唐人《盧氏雜説》載旌節之制曰：

“旌用銅龍，置之竿首，用紫絹袋盛油囊，垂之寺觀，行香袋與旌略同。”案，此即凡主齋行道之人，必執此袋導道衆以行，而燒香自是一事，非取香於袋而旋加燒然也。《唐會要五十》曰：“天寶十七年敕，華、同等州僧尼道士國忌日各就龍興寺行道散齋。至貞元五年，處州奏：‘當州不在行香之數，乞同衢、婺等州行香。’有旨依。”案，下文處州之乞行香，其上文承行道設齋之下，知其行香者爲行道燒香也。其它如畢仲荀所記，謂唐高宗時李義府爲太子設齋，詔五品以上行香。不空三藏爲神堯已下忌辰行香，恐亦只是行道燒香，無撒香之事。國朝自有景靈宫後，每遇國忌，不復即寺觀行香，而移其供設於景靈東西兩宫。每大忌，宰執率百寮至宫行香。其法：僧道皆集所忌殿廡之下，僧左道右，執事者執香盤中香圓子，隨宰執往僧道立處，人授一圓，齋已收之，不爇也。此之散授，猶存撒香之説耶。

印　書

智者創物，雖則云創，其實必有因藉以發其智也。古未有字，科斗、鳥迹實發制字之智也。蔡邕雖曰能書，若無堊帚，亦無以發其飛白之智。吾獨怪夫刻石爲碑，蠟墨爲字，遠自秦漢，而至于唐，張參輩於《九經字樣》皆已立板傳本，乃無人推廣其事以概經史，其故何也？後唐長興三年，始詔用西京石經本，雇匠雕印，廣頒天下。宰臣馮道等奏曰："請依石經文字，刻九經印板。"則其發智之端可驗矣。詔在《五代會要》八。

放牛租

《通鑑》記周太祖放免租牛。《五代會要》十五。晋天福四年户部已申放矣。

骿　脅

晋文公出亡至曹，曹共公聞其骿脅，欲觀其裸浴，[①] 薄而觀之。注："骿脅，合幹也。"幹者，脅肋骨也。骿云者，脅骨之生兩兩相并也。《莊子》"骿拇枝指"：拇，[②] 大指也。枝，小指也。骿拇即大拇根而兩岐也，枝指是小指兩出也。《左氏》六。

兜鍪爲突厥

《後周書》曰：突厥之先，臣於茹茹，居金山之陽，爲

---

① "觀"，原脱，據學津本及《左傳》補。

② "拇"，原脱，據學津本和《左傳·僖公二十三年》補。

茹茹鐵工。金山形似兜鍪，其俗謂兜鍪爲突厥，因以爲號。

海不波溢

《韓詩外傳》曰："越裳來獻白雉，謂周公曰：'久矣，天之不迅風疾雨也，海之不波溢也，中國殆有聖人！'"今人用"瀛海無波"，皆本此。《御覽》四百一。

方寸

徐庶母爲人所執，曰"方寸亂矣"。古今謂方寸爲心，似始乎此。然而《列子》已嘗曰："吾見子之心矣，方寸之地虛矣。"《御覽》四百一。

方册

《張蒼傳》："主柱下方書。"如淳曰："方，版也。"《中庸》曰："文武之政，布在方册。"① "方册"云者，書之於版，亦或書之竹簡也。通版爲方，聯簡爲册。近者，太學課試嘗出《文武之政在方册賦》，試者皆謂册爲今之書册，不

① "布"，原脱，據嘉靖本、學津本、四庫本補。

知今之書册乃唐世葉子，古未有是也。

端午彩索

裴玄本字諱《新言》曰：“五月五日集五彩繒，謂之辟兵。不解，以問伏君，[①] 伏君曰：‘青赤白黑爲之四面，黄居中央名曰襞方，綴之於複此字疑是“襦”字，以示婦人養蠶之工也。傳聲者誤以爲辟兵。’”予案，此即今人五月彩索也，今索合五色綫爲之。此之所言，乃自用繒，其曰四色爲之四面，即是裁色繒爲方片，各案四方色位而安之於衣，而黄繒居四色繒之中，以此綴諸衣上，以表蠶工之成，故名襞方。襞者，積而會之也。方者，各案其方，以其色配之也。今人用彩綫繫臂益文也。《御覽》八百十。[②]

繒

厚帛也。蔡邕《女誡》曰：“繒貴厚而色尚深，爲其堅韌也。”案，此即厚帛乃始名繒，其著色深也。《御覽》八百十。[③]

---

① “問”，原作“向”，據學津本、《太平御覽》卷八百一十四改。
② “《御覽》八百十”，當作“《御覽》八百十四”。
③ “《御覽》八百十”，嘉靖本、四庫本、學津本作“同前”。

端　匹

《左氏·昭六年》:[1]“豐、賈以幣錦二兩遺子猶。”注云:“二丈爲一端，二端爲一兩，所謂匹也。二兩者，二匹也。”《御覽》八百十五。

錦纏頭

《唐書》:代宗詔許大臣燕郭子儀于其第，魚朝恩出錦三十匹爲纏頭之費。舊俗賞歌舞人以錦彩,[2] 置之頭上，謂之纏頭，宴饗加惠，借以爲詞。《御覽》八百十五。

唐人行卷

唐人舉進士必行卷者，爲緘軸，録其所著文以獻主司也。其式見《李義山集·新書序卷七》曰:“治紙工率一幅以墨爲邊準今俗呼“解行”也，用十六行式言一幅解爲墨邊十六行也，率一行不過十一字。”此式至本朝不用。

---

① “昭六年”,當作“昭二十六年”,事見《左傳》。

② “賞”,原作“費”,據學津本、《太平御覽》八百一十五改。

水土斤兩重輕

世傳水之好者比它水升斗同而銖兩多，故宣州漏水有秤爲此也。杜牧《罪言》曰："幽、并二州，程其水土與河南等，常重十二。"然則不獨水有重輕,① 土亦然也。

東臺西臺南臺

趙璘《因話録》曰："高宗朝改門下省爲東臺，中書省爲西臺，尚書省爲文昌臺，故御史呼南臺，南朝亦同。"又曰："武后朝御史有左、右肅政之號，當時亦謂之左臺、右臺。則憲府未曾有東臺、西臺之稱也，惟俗呼在京爲西臺，東都爲東臺。"案，此言之御史惟一臺,② 别自因事加東、西、南三稱爲别耳。其謂俗呼在京爲西臺者，唐都長安於洛陽爲西，而洛陽亦有留臺，故長安名西臺，而洛陽爲東臺也。《話》卷五。

① "重輕",嘉靖本、四庫本、學津本作"輕重"。
② "惟",四庫本、學津本作"爲"。

正色間色流黄

《環濟要略》曰："正色五謂青、赤、黄、白、黑也，間色五謂紺、紅、縹、紫、流黄也。"《御覽》八百十四。孟子曰：[①]"惡紫，恐其亂朱。"蓋以正色爲尚，間色爲卑也。流黄不知何物，古詩曰："中婦織流黄。"魯直詩曰："明於機上之流黄。"則流黄者，織絲之色也。染色而織，[②]惟錦爲然。今專言流黄，恐是黄繭之絲也。

馬後樂

今郡守馬後樂即古鼓吹也。《古今樂録》曰："後漢以給邊將，萬人將軍得之。"劉熙《釋名》曰："横吹麾幢皆大將所有。[③]班超爲將兵長史，故假鼓吹幢麾也。"《超傳》。其謂假者，超未爲大將，止爲長史，故許借大將鼓吹幢麾而用之也。

---

① "孟子"，當作"孔子"。下引文見《論語·陽貨》，原謂厭惡以邪代正，後喻以邪勝正。如上文言古代以朱爲正色，喻正統，以紫爲間色，喻旁門左道，故云。

② "色"，嘉靖本、四庫本、學津本作"絲"。

③ "麾幢"，下文作"幢麾"，學津本兩處皆作"幢麾"。旌旗儀仗之類。

涼州梁州

樂府所傳大曲，惟《涼州》最先出。《會要》曰：自晋播遷内地，古樂遂分散不存。苻堅滅涼，① 始得漢魏清商之樂，傳于前後二秦。及宋武定關中，收之入于江南。隋平陳獲之，隋文曰："此華夏正聲也。"乃置清商署，總謂之清樂。至煬帝，乃立清樂、西涼等九部。武后朝，猶有六十三曲，如《公莫》《巴渝》《明君》《子夜》等，皆是也。後遂訛爲《梁州》。

絹一匹

《唐·食貨志》曰："開元八年，頒租庸調于天下，闊者一尺八寸，長者四丈。"

麵一斗

天寶元載敕：②"麵今後以三斤四兩爲斗。"

---

① "苻堅",原作"符堅",據四庫本改。
② "元載",《唐會要》卷六十六上、《舊唐書》卷四十八作"九載"。

大斗大尺

開元九年敕：度以十寸爲尺，尺二寸爲大尺。量以十升爲斗，斗三升爲大斗。此謂十寸而尺、十升而斗者，皆秬黍爲定也。鐘律、冠冕、湯藥皆用之。此外官私悉用大者，則黍尺一尺外更增三寸,[①] 黍量一斗更增三升也。《唐志》：租絹長四丈二尺。

肩　輿

百官得於寓京乘轎，自揚州始。後遂不復乘馬，惟從駕則乘之。祖宗時，臣僚雖在外亦不許乘轎也。《唐會要》三十卷曰："開成五年，黎植奏：朝官出使，自合乘驛馬，不合更乘檐子。自此請不限高卑，不得輒乘檐子。如疾病，即任所在陳牒，申中書門下及御史臺，其檐夫自出錢雇。其宰相至僕射致仕官疾病者，許乘之。"

① "三",嘉靖本、四庫本、學津本作"二"。

進士試徹夜

《五代會要》二十一曰："清泰二年，禮部奏：'奉長興二年敕，進士引試，早入晚出。今請依舊例，試雜文，并點門入省，經宿就試。'"唐試連夜，以燭三條爲限。《白樂天集》曰："試許燒木燭三條，燭盡不許更續。"至此因禮部奏乃始達旦也。

堨1①

柳文《永州袁家渴》書作"渴"，② 音曷。渴者，堨也。堨者，遏也，遏水使不通行也。柳蓋疑此"堨"字非古，故更書爲"渴"，而又自爲之音曰："讀當爲曷。"案，《水經·穀水》著"千金堨"之制曰："堨蓋遏穀水，使東流者也。"其書"堨"正爲"堨"。子厚豈疑其來不古而遂以書"渴"爲雅耶？《水經》十六。

---

① 卷十五有"遏"條，内容相似。

② "《永州袁家渴》"，四庫本與宋本同，嘉靖本、學津本皆作"《永州袁家堨》"。

棱觚音孤

觚者，削木爲之，或六面或八面，面皆可書，學者之牘也。《急就章》曰："急就奇觚與衆異。"奇觚，好觚也。班固《兩都賦》曰："捃建章而連外屬。[①] 設璧門之鳳闕，上棱觚而栖金爵。"金爵者，金爲鳳凰也。建章宫之外闕，其上立有棱之觚，觚上立金鑄之鳳，夫是以謂爲鳳闕也。《文選》一，《急就章》一。

洪州石爲城

龍圖張存守洪州，累石爲城。明年，大水淹及城半，賴石爲捍，城以堅全。朱興仲《歸田録》。[②] 石城至今尚在。

霓　裳

樂天《和元微之霓裳羽衣歌》略曰："移領錢唐第二年，

---

① "連",原脱,據班固《兩都賦》和學津本補。

② "《歸田録》",當爲"《續歸田録》"或"《歸田後録》",爲朱定國(1011—1089,字興仲)模仿歐陽修《歸田録》而作。

始有心情問絲竹。玲瓏箜篌附好箏,① 教得《霓裳》一曲成。前後祇應三度案，聞道而今各星散。今年五月至蘇州，忽憶《霓裳》無處問。聞君部内多樂徒，問有霓裳舞者無?”元答云：“七州十萬户，無人知有霓裳舞。惟寄長歌與我來，題作霓裳羽衣譜。”案此乃樂天守杭日，自教官妓玲瓏習爲霓裳舞。至樂天鎮蘇時，習舞者已皆不存，元微之爲越守，樂天求此舞人於越，而越中無之，但寄得《霓裳歌》以爲之譜耳。元、白距明皇不遠，此時此曲已自無傳，況今日乎?

馬　人

退之《上廣帥》詩曰：“上日馬人來。”《傳燈録》曰：“富那夜奢，昔爲毗舍利國王，其國有一類人如馬倮露，王運神力，分身爲蠶，彼乃得衣。王後復生中印度，馬人感戀悲鳴，因號馬鳴大士。”案，中印度在西域,② 西域地與廣近，豈唐時嘗有中印度人來至廣境耶?退之與佛異趣，而此馬人

---

① “附好”,當作“謝好”,諸本皆未回改。樂天詩:“玲瓏箜篌謝好箏,陳寵觱栗沈平笙。”玲瓏,即商玲瓏,善箜篌;謝好善箏;陳寵善觱篥;沈平善笙。四人皆爲白居易在杭州物色到的善長吹彈管弦樂器的女樂人。

② “中印度在西域”,王應麟认爲程大昌这种說法有誤。《困學紀聞·評詩》:“《送廣帥詩》:‘上日馬人来。’《唐書·環王傳》:西屠夷盖馬援還留,不去者才十户,隋末孳衍至三百,皆姓馬,俗以其寓,故號馬留人。與林邑分唐南境。《演蕃露》引《傳燈録》‘中印度乃在西域’,其說誤矣。”

乃出佛典，當是佛教已通中國，馬人已來，亦同民庶赴上日衙集耶？故退之得而記之也。《荀子·蠶賦》曰："此夫身女好，而頭馬首者歟？"今蠶頭實不似馬，而卿乃云爾，則蠶爲馬類，古有其傳矣。《周禮》"禁原蠶"，爲妨馬也。今術家末僵蠶，塗傳馬齒，馬輒不能齕草，則蠶、馬同類信矣。《傳燈》之説，固專尊佛，而自《周禮》以及《荀子》皆在佛教未入中國之前，其说已如此，殆古來已有此傳矣。然蠶背悉有黑紫迹對出，宛如馬蹄，而頭實不似也。

章　臺

漢章臺即秦章臺也，地在渭南，而秦咸陽乃在渭北。《通鑑》：秦昭王六年，楚懷王爲秦所詐，入秦，至咸陽，朝章臺，如藩臣禮。則秦之章臺乃在咸陽渭北也耶？以予考之，蓋秦之咸陽跨渭而南北焉，故武庫、章臺雖在長安，亦統之咸陽，非正在渭北之咸陽也。《通鑑舉要》。

周　鼎

武王伐商，遷九鼎于洛邑，故洛陽南面有定鼎門及郏鄏陌。此之九鼎乃夏鼎也，既嘗自夏入商，又遂自商入周也。《春秋》時世與之相近，所記必不誤也。《史記》言周王入秦獻其九鼎，則是鼎嘗入關矣。然自漢以後，不聞關中有鼎，不知已入關後竟復何在也。《史記》始皇二十八年，過彭城，使千人没泗水求周鼎，不得。東坡曰："此周人懲問鼎之禍，沉之泗水以緩禍。"此説非也。泗水屬彭城，彭城非商都，亦非周都，何緣九鼎可没此水也？或是周别有鼎，而人誤傳耶？

持節舉要

漢武天漢二年，遣直指綉衣使者暴勝之等逐捕盜賊，以軍興從事，得擅斬二千石以下。案，舊制，凡銜帶使持節者，得擅斬殺，其制自漢世已有之矣。

霸陵折柳

《黄圖》曰："霸橋跨霸水爲橋也。"漢人送客至此橋折柳爲别，故李白樂府曰："年年柳色，霸陵傷别。"而王維亦曰："渭城朝雨浥輕塵，客舍青青柳色新。勸君更盡一杯酒，西出陽關無故人。"審求其地，則在渭北，蓋漢分秦咸陽，置縣名渭城也。若霸陵則在渭南不在渭北矣。維之所餞者，其人出戍陽關，而賦詩之地乃在渭北，仍援折柳爲詞，則仍用霸陵故事也。

頌繫

《通典·刑法門》百六十二“景帝詔頌禁”，注：“頌讀曰容。容寬不桎梏。”

蘇塗

《通典》：“東夷馬韓祭鬼神，立蘇塗，建大木以垂鈴鼓。”注：“蘇塗有似浮塗。”案，浮塗即浮圖，浮圖即塔也。

謎

古無謎字，若其意制，即伍舉、東方朔謂之爲隱者是也。隱者，藏匿事情，不使暴露也。至《鮑照集》則有《井謎》矣。《玉篇》亦收“謎”字，釋云“隱也”，即後世之“謎”也。鮑之《井謎》曰：“一八，五八，飛泉仰流。”“飛泉仰流”也者，垂綆取水而上之，故曰仰流也。一八者，井字八角也。五八者，析井字而四之，則其字爲十者四也。四十，即五八也。凡謎皆放此。

秬鬯

大祭祀必用鬱鬯。鬱鬯也者，釀秬黍以爲質，而資鬱金草以爲之色。故詩人形容其狀則曰“黄流”也。黄流者，用以灌地，而求神最重之禮也。天子自祭，則以圭柄之勺酌鬯而灌。《書》謂“王入太室祼”者，是成王親行灌鬯之禮也。方成王未自至洛，而先命周公告之文、武，則其文曰：“予以秬鬯二卣。”周公以其禮之重也，故得之而不敢更宿，即禋于文王、武王，則用鬯之禮乃如此其重也耶！《禮記》曰：“天子賜珪瓚，然後爲鬯，未賜，則資鬯於天子。”《文侯之命》曰：“錫爾圭瓚,[①] 秬鬯一卣。”此則初賜圭瓚，未及自爲之鬯，即并鬯以賜，使歸告之也。召虎之詩亦曰“錫汝圭瓚，秬鬯一卣，告于文人”也。

---

① “圭瓚”，嘉靖本、四庫本、學津本作“珪瓚”，下同。

卷之八

褐裘背子道服襦裙

襦者，短衫也。《莊子》曰：“未解裙襦。”《廉范傳》曰：“昔民無襦，今五褲也。”褐者，裾垂至地。《張良傳》：“有老父，衣褐，至良所。”師古曰：“褐制若裘，今道士所服者是也。”裘即如今之道服也，斜領交裾，與今長背子略同。其異者，背子開胯，裘則縫合兩腋也。然今世道士所服，又略與裘異。裘之兩裾，交相掩擁，而道士則兩裾直垂也。師古略舉其概，故不能詳也。長背子古無之，或云近出宣、政間。然小説載蘇文忠禪衣襯朝服，即在宣、政之前矣。詳今長背，既與裘制大同小異，而與古中單又大相似，殆加減其制而爲之耳。中單掖下縫合，而背子則離異其裾；中單兩掖各有帶，穴其掖而互穿之，以約定裏衣，至背子則既悉去其帶，惟此爲異也。至其用以襯藉公裳，則意制全是中單也。今世好古而存舊者，縫兩帶，綴背子掖下，垂而不用。蓋放中單之交帶也，雖不以束衣，而遂舒垂之，欲存古也。《太平御覽》有《仙公請問經》，其文曰："太極真人曰：'學道當潔淨衣服，備巾褐制度，名曰道之法服也。'"巾者，冠中之巾也。褐者，長裾通冒其外衣也。巾褐皆具，乃中道家法服之制。今世衣直掇爲道服者，必本諸此也。又《傳授經》曰："老子去周，左慈在魏，并葛巾單裙，不著褐。"則是直著短衫，而以裙束其上，不用道家法服也。晋王獻之書羊欣練裙，朱公叔《絶交論》謂西華之子冬月葛衣練裙。① 蓋古人不徒衣袴，必以裙襲之，是正上衣下裳之制也。

月受日光

月不能自出光景，凡其有光，悉日力也。楊子雲曰："月未望則載魄于西，既望則終魄于東，其溯於日乎。"謂月爲溯日，理固該盡矣，而不如沈括之語能發越其狀，使聞者豁然也。括之言曰"月如銀圜，圜本無光，日耀之乃有光"矣。用其銀圜之説而思之，則其魄也，是銀圜之背日而暗者也，

---

① "朱公叔《絶交論》"，當作"劉孝標《廣絶交論》"。"西華"，當作"任昉"。據《南史・任昉傳》："（昉）有子東里、西華、南容、北叟，并無術業，墜其家聲。兄弟流離，不能自振，生平交友，莫有收恤。西華冬月着葛帔練裙，道逢平原劉孝標，泫然矜之，謂曰：'我當爲卿作計。'乃著《廣絶交論》以譏其舊交。"朱公叔，名穆，東漢順帝、桓帝時期人。明軍事、有政績，以文章名世，其《絶交論》梗概保存在李賢《後漢書注》中，宗旨在論述古人無私交，一切以天下爲利，批判了今人"犯禮以追之，背公以從之"的非正常的交往，與劉孝標的《廣絶交論》主旨不同。

故闇昧無睹也。其明也，則是其圜得日而銀彩焕溢者也。月十五日，兩耀相當，銀圜也者，通身皆受日景，故全輪皆白而人以爲滿也。過望則月輪轉與日遠，爲之圜者，但能偏側受照，而光彩不全，故其暗處遂名爲魄也。魄者，暗也。究其實致，則是日光所及有全有不全，而月質本無圓缺也。故楊子溯日之説，已得其理，而沈氏耀圜之説，又能發揚其狀也。是説也，予初得之，以爲括之所創也，偶讀《酉陽雜俎》，乃知其説古嘗有之，而括善加發揮焉耳。《雜俎》之言曰："大和中，[1] 有人游嵩山，遇修月户，謂之曰：'君知月七寶合成乎，月勢如丸本字諱，[2] 其有影處，乃是日爍其凸也。'"此云修月户者，必誕矣，而爍凸之理，即沈氏之説所從以出也。若其增一銀字，而明之與魄粲然有狀，括其能言也哉。

養不吠之犬

東坡《上神宗萬言書》曰："蓄犬本以防奸，[3] 不可以無奸而養不吠之犬。"《北史・宋游道傳》：畢義雲奏劾游道，楊遵彦曰："譬之畜狗，本取其吠。今以數吠殺之，恐將來無

① "大和"，四庫本、學津本作"太和"，同。

② "丸"，原作"圓"。《酉陽雜俎・天咫》："月勢如丸。""丸"古與"桓"音近，避欽宗趙桓之諱改。

③ "蓄"，四庫本、學津本作"畜"，通。

復吠犬。”詔除名。

立乘車

古者乘車皆立不坐。車前横木曰軾，在車遇所敬，則俯身以手案式。武王式箕子閭，蓋如此其式也。惟安車乃始坐乘,“杜延年賜安車駟馬”，顔師古曰“安車，坐乘車”是也。

日食加時

予奉詔定“乾道曆”，曆官劉孝榮曰:“後世曆法太密於古，今之論曆者太責備。且如日蝕，古來能知其食在何日，則爲驗矣，而未剋定某時當食、食當幾時幾分而復也，至魏黄初始言食於何時。”予甚然之。今按《杜欽傳》上封事曰:“日以戊申蝕時加未。”且説戍未當爲何應，則不待黄初已嘗加時矣，恐史官失書耳。

物産有無

汶南無鸜鵒，江南無狐，粤無馬、虎。《前地志》。廬山人見駝以爲山精，潤洲人見蝎以爲主簿蟲。

州麾

自《五君咏》言顔延之"一麾出守",[①] 而杜牧用其語曰:"擬把一麾江海去。"人遂以建麾爲太守事。張師正辨《五君咏》曰:"麾猶秉白旄以麾也。一麾猶言爲人之所擠排也,屢薦不嘗得官,一遭擠排,遽出爲守,所以嘆也。"此説是也。或謂《周禮》州長建麾,則州麾自可遵用,此又非也。周之州絶小,不得與漢州爲比。周制累州成縣,而漢世累縣爲郡,累郡乃始爲州也。若夫崔豹《古今注》則又異矣,其説曰:"麾所以指也,乘輿以黄,諸公以朱,刺史二千石以纁。"則漢以來,自人主至二千石莫不有麾也,則謂太守爲"把麾"亦自可通也。

羽扇

《語林》曰:"諸葛武侯與晋宣帝戰於渭濱,乘素車,著

① 此句順序當爲"自顔延之《五君咏》言'一麾出守'"。南朝宋顔延之《五君咏·阮咸》:"屢薦不入官,一麾乃出守。"顔延之此詩正是歌咏阮咸之遭際,用"一麾出守"指阮籍受排擠出任始平太守。阮咸是阮籍的侄子,叔侄皆爲竹林七賢成員。阮咸精音律,然放浪不羈,仕途坎坷,歷官散騎侍郎,受排擠,出補始平太守。後"一麾出守"遂指京官被排擠外放。

葛巾，揮白羽扇，指麾三軍。"《晋書》：顧榮征陳敏，自以羽扇麾之，敏衆大潰。是皆特持羽扇以自表異，而令軍衆瞻求易見也。《晋中興徵説》曰："舊羽扇翮用十毛。王敦始省改，止用八毛，其羽翮損少，故飛翥不終。此其兆也。"據此語以求其制度，則是取鳥羽之白者，插扇柄中，全而用之，不細析也。今道家繪天仙象，中有秉執羽扇者，皆排列全翮，以致其用，則制可想矣。

吹　鞭

馬融《笛賦》云："裁以當簻便易持。"李善注云："簻，馬策也。裁笛以當馬簻，故便而易持。"沈括辨之曰："潘岳《笙賦》：'修簻内辟。'言此笛但裁一簻，五音皆具，故曰易持也。馬簻安可爲馬策也?"予案，《急就章》曰："吹鞭箛篍課後先。"① 《唐韻》曰："箛，竹也。"《説文》曰："篍，吹筒也。"《玉篇》亦曰：② "篍，吹筒也。"以竹爲鞭，中空可吹，故曰吹鞭也。簻即馬策，可以策馬，又可爲笛。一物兩用，軍旅之便，故云易持也。今行陳間皆有笛，即古吹鞭

① "吹鞭箛篍課後先"，顔師古《急就篇注》、宋陳旸《樂書》作"箛篍起居課後先"，與程氏所言不同。師古注："箛，吹鞭也。篍，吹筒也。起居，謂晨起夜卧及休食時也。言督作之司吹鞭及竹筒爲起居之節度。"

② "玉"，原作"王"，據嘉靖本、學津本、四庫本改。

之制也。括豈不見《急就》全書而臆立此？難也耶！

尺　蠖

尺蠖之屈，以求信也。《方言》曰："蠀資蠾子六反，謂之尺蠖。"郭璞釋之曰："步屈也。"步屈云者，一步一屈也。多在桑上，其體質似蠶，色灰褐，而身瘦長。其腹下兩頭有足，足亦如蠶。每欲進步，先聚屈其體，前後幾相連著，而脊背橋起，直如笄釵兩頭環曲之處也，此其所以爲屈也。已屈而聚，聚已而舒，則遂寸寸前進，是其所以爲伸也。吾鄉俗呼度音鐸蟲。度者，蠖音之訛也。《爾雅》曰"尺蠖"，《説文》則曰"曲信蟲"，韓集《城南聯句》曰"桑蠖虚指"，①皆可互相發明也。

土部魚

《説苑》二卷曰："莊周貸粟於魏文侯，曰：'周之來，見道傍牛蹄中有鮒魚焉，得斗升之水斯活矣。'"鮒今俗名土部，蓋聲訛也。此魚質沉，常附土而行，不似它魚浮水游逝

---

① "桑蠖虚指"，韓愈《城南聯句》作"桑蠖見虚指"，學津本認爲本奪"見"字，因補，然或程大昌省文專著蠖名亦未可知。桑蠖：桑上蟲。蠖，一名虚指。

也，故曰土附也。顧後人加魚去部，則書以爲鮒焉耳。《談苑》之謂牛蹄者，牛足踐泥，泥爲之窪，窪中水停不通，故此魚附著，亦不能去。若得斗升之水，則可它適而活也。諺言“涔蹄之水不容吞舟之魚”，正舉此以爲之況也。吴興人名此魚即云鱸鯉，以其質圓而長與黑蠡相似，① 而其鱗斑駁又似鱸魚，故兩喻而兼言之也。《埤雅》指爲鯽魚，失之矣。

易

漢武帝“棄輪臺詔”曰：“匈奴縛馬城下。《易》之卦得《大過》，爻在九五。”案，此之謂爻在九五者，言《大過》爲所得之卦，而九五爲用事之爻也。九五之繇曰：“枯楊生華，何可久也？”故縛馬一事，筮史主此一語，以爲吉凶之決，而曰：“匈奴困敗不久也。”其謂爻在九五者，蓋主九五一爻爲用也。然而卦得《大過》，自初至四，以及乎六，皆不爲用，而獨九五一爻爲用者，《易》法以變者爲占，在一卦之中何爻適當變初，則此之一卦，獨主此之一爻也。然則何以見其獨變也？曰：“予於《易原》嘗詳及之矣。”《大過》之卦，其初爻爲偶，此之爲偶，必其揲蓍而必得八，八固不變矣。及其二、三、四爻皆爲奇，則其揲蓍必得七，七亦不

① “黑蠡”，清張英《御定淵鑑類函》作“黑鱧”。

變也。更四爻揲而及五爻,① 則其蓍爲九，而不爲七矣。《易》法九六必變，而此之第五爻者，在四爻不變之後，創初得九，故此爻當爲變始也，是爲用事之爻也。若此之五爻，既已得九之後，九已當變，則其爻爲用事之爻矣。若後來第六爻便更正得六數，亦止仍爲上六，不爲上九。故爻既遇變，後來不復再變也。此乃通《易》一書，占筮凡例，類皆如此，故詳及之。若夫九五也者，既當變九爲六，則其以此之變而會之六爻，則《大過》之卦轉而爲常矣。案，《大過》䷛《巽》下《兑》上，《恒》則《巽》下《震》上䷟,② 蓋《大過》第五爻得九而變爲六，於是《大過》九五既變爲《恒》之六五，則正卦猶爲《大過》，而之卦則遂以爲《恒》也。今此漢詔獨言《大過》，而不及《恒》者，武帝方擿占者之不驗，故但即《大過》九五以言，而未暇談及《恒》之六五也。非有變爻而無之卦也。

龍 門

秦再思《記異録》曰："《地志》：慈州文城縣搔口，本夏禹鑿山通河，年年魚化之地也，每春大魚并河西上。唐人

① 上"爻",原作"大",據嘉靖本、學津本和前後文改。
② "《恒》",原作"《常》",避宋真宗名趙恒諱改。下同。

嘗敕禁采捕，至仲春後，有點額不化者，傍岸求死，終不過富平津浮梁，孟州歲以致貢。柳宗元嘗爲文刻置禹廟。”此蓋因地之有是魚而《禹貢》又有龍門之文，遂從而爲之說，曰“過門者爲龍，而其浮死自下者，則是不能變化而遭退者也”。予疑此語久矣，於《禹貢論》不敢辨正者，以龍門之名其來已古，而化龍之說世亦信之，故付之不辨，然終含糊不快也。以《書》類求之，導河自熊耳。熊耳者，地書以爲形似熊耳也。其曰似者，肖之而已，豈其實嘗有熊分耳爲山也乎？砥柱、析城，實皆如柱如城，而何人建爲此柱、析爲此城，無有能言其自者也。并類而言，則夫龍門也者，正以湍峻束狹意象如門。而又龍者水行之物，故取象以名，未知真有魚嘗化龍之事也乎。然而其事又有不可不究者四：瀆未嘗無魚，何爲此地獨有大魚暴鰓而下，下又不過富平也。以予所見，蓋河魚趁水而上，於湍急處産子，及其困極，故翻腹隨流，不能自主。富平雖爲大河，而有浮梁横亘津面，魚已困浮，又爲津梁所約，不能潛泳以過，人因得乘困而拾取之耳。其爲點額而浮者，蓋跳擲産子，爲木石之所撞拉耳，非有司其黜陟而點額以記如世傳所云也。天下事大小有異，而理之所在四海一也。凡魚産子，必并木根草幹戛刮其腹，子乃得出。出則粘著根莖之上，離離如珠，然後泥不能淹，浪不能漂，其子乃得成魚也。龍門予所不歷，無能驗其的爲如何矣。此之所云，乃在吾鄉而親常目擊者，非得之傳聞也。

魚之戛腹而子得出也，則已奮躍勞憊，不復更能潛泳，則遂仰卧露白，浮水而下，邊岸之人，白手取之，不用器械也。此乃吾鄉之所嘗見，以類明類，則龍門之魚可想矣。吾鄉小溪淺澗，安得試龍之地而鱗鰓亦遭損暴也？此其事理可以互相發揮者，故詳記之。

滎　澤

《左傳》："衛與狄戰于滎澤。"釋者或以爲在河北，蓋以衛都河北也。"衛爲狄滅，乃始東徙渡河，野處于漕"，豈其方渡未至，而狄猶攻之，故戰其地耶？蓋滎澤記地也，不必戰于滎澤之中也。《戰國策》記魏將之與秦攻韓也，朱已之説魏王曰：[①]"韓亡，秦盡有鄭地，得垣雍，決滎澤，而水大梁，[②]大梁必亡矣。"案，此時秦方逐穰侯，則秦昭襄王之世也，朱已謂滎澤可決，則滎猶不枯也。

薇

《詩》之言及采薇者甚多，即伯夷首陽之所食也。《説

---

① "朱已"，《戰國策》宋鮑彪注"朱已"稱"《史》作無忌"。《史記·魏世家》作信陵君"無忌"。

② "水大梁"，《史記》作"水灌大梁"。

文》："薇似藿。"藿，豆也。豆葉本圓而末尖，皮微皺澀。薇葉正與之肖，山中極多，吾鄉俗呼苦遮，據俗語直言，貴易曉。味苦，以芼火肉最相諧宜。其苗，春則盛發，至秋冬老硬，然不萎死，雖雪中亦可采也。《采薇》之詩曰"薇亦作止"，謂春而苗茁也。又曰"薇亦柔止"，謂及夏而夭脆也。又曰"薇亦剛止"，謂霜露降而苗葉堅勁也。

朱朱盧盧

紹興中年，秦檜專國，獻佞者至形之文牘謂爲聖相。郡縣用此意遞相尊尚，凡所稱呼皆非其實。無名子或爲之詩曰：[①]"呼雞作朱朱，呼犬作盧盧。[②]文官稱學士，武官稱大夫。"聞者莫不大笑。案，世人呼雞皆曰"朱朱"，呼犬皆曰"盧盧"，不問何地，其聲皆同，雖是傳習，要亦有本。《神仙傳》祝雞翁居尸鄉養雞百數，皆有名字，呼之輒至，人號爲祝雞翁。朱者，祝之訛也。事見《酉陽雜俎》第三卷。又竇志對胡后問國祚曰："把粟與雞吃，呼朱朱。"朱朱，蓋爾朱也。則呼雞之爲朱朱，其來已久。犬呼盧盧，別無所見，是借韓盧之名與犬爲高耶？盧，黑也，以色言也。

---

① "之"，四庫本、學津本無，更佳。

② "盧盧"，原作"驢驢"，據題目及嘉靖本、四庫本、學津本改。

倍蓰

《孟子》："或相倍蓰。"古書罕有用"蓰"字者。《史記·周本紀》："其罰倍蓰。"① 徐廣曰："一作蓰，五倍曰蓰。"孔安國曰："倍百爲蓰，二百鍰也。"

清河

晋太和四年，桓温自姑孰伐燕，引舟師自清水入河。《水經》有桓温清水。據此，即晋時未有隋汴，故自清水入河。

白紗帽

侯景僭立，时著白紗帽而尚披青袍。《舉要》三十二。宋泰始元年，群臣欲立湘東王，遂引入西堂登御座，② 著白紗帽。按，此即白紗帽乃人主之服，故以此爲定。《舉要》二十五。宋蒼梧王死，王敬則取白紗帽加蕭道成首，使即祚，③ 曰："誰敢復動。"道成不肯。

---

① "蓰"，四庫本、學津本、《史記》作"灑"，《集解》徐廣曰："一作蓰。"

② "堂"，四庫本、學津本作"臺"。

③ "祚"，四庫本作"阼"，可。

匆 匆

古旗有名“勿勿”者，集衆則用之，後人轉爲匆匆。匆匆者，亟遽之辭也。杜牧《遣興》曰：“浮生長勿勿，兒小且嗚嗚。”《杜集》四。

九 鼎

周慎靚王五年，[①] 秦惠王欲伐蜀。張儀曰：“不如伐韓，[②] 下兵三川，臨二周之郊，據九鼎，挾天子以令天下，此王業也。”司馬錯曰：“周自知失九鼎，則以鼎與楚，[③] 王弗能止也，不如伐蜀。”按，赧王在位五十九年，入秦盡獻其邑，[④] 上距靚王五年，六十一年矣，此時九鼎猶在周。東坡謂周人沉鼎於泗水以緩禍者，非也。當時周人以它鼎沉泗耳。《通鑑》。又《通鑑》四曰：“楚欲圖周，王使東周武公謂楚令尹

① “周慎靚王（？—前315）”，宋本、嘉靖本作“周真靚王”，避宋孝宗趙昚諱。

② “不如伐韓”，嘉靖本、四庫本、學津本作“親魏善楚”。按，此引文見《資治通鑑·周紀三》，程氏雜糅兩段引文，原文作：“司馬錯請伐蜀，張儀曰：‘不如伐韓。’王曰：‘請聞其説。’儀曰：‘親魏善楚，下兵三川，攻新城宜陽，以臨二周之郊，據九鼎，按圖籍，挾天子以令于天下，天下莫敢不聽，此王業也。’”

③ “以”上，嘉靖本、四庫本、學津本有“必”。

④ “秦盡”，嘉靖本、四庫本、學津本皆脱，亦通。

昭子曰：‘西周之地，絶長補短，東西不過百里，裂其地不足以肥國，攻之者名爲弑君，然而猶有行攻之者，[①] 見祭器在焉故也。今子欲殘天下之共主，居三代之傳器，南則兵至矣。’於是楚計輟不行。”按，此即九鼎傳器也。樂毅入齊臨淄，取寶物祭器，輸之於燕。孟子謂“王速出令，返其旄倪，止其重器”，即樂毅所取之器也。《通鑑》：“漢文十六年，新垣平言：‘周鼎亡在泗水中。今河決通於泗，可祠而出之。’”

纳粟拜爵

秦始皇四年，令民纳粟千石拜爵一级。按，此即晁错之所祖效，非错創意也。

大　家

公主者，言其嫁時上公主之也。今人呼公主爲大家，則於義無依，當是擇婦女中之佳者以自附托耶。後漢班彪女將嫁曹世叔，博學善屬文。和帝時召入宫，令皇后、貴人師事焉，號曰“大家”，而冠其夫之姓曰“曹大家”。[②] 後世爲其

---

① “行”，嘉靖本、四庫本、學津本作“慾”，是。
② “夫”下，原衍“人”字，據嘉靖本、學津本、四庫本删。

文學嘗爲皇后、貴人所師，故公主取之以爲稱號。亦猶周女姓姬，世人貴之，故凡婦女不論何姓，皆以姬稱之，如姬、戚姬之類是也。

罷太守銅魚

唐制：太守交事，皆合銅魚爲信。周世宗顯德六年，以除州自有制書罷銅魚不用。《實録》。

三　關

世宗自滄州北順水而行，先降益津關，次瓦橋關，次瀛州。以瓦橋關爲雄州，以益津關爲霸州。瀛州只仍舊名。

上　宫

《孟子十四》："孟子之滕，館於上宫。"趙岐曰："上宫，樓也。孟子舍止賓客所館之樓上也。"《詩》曰："期我乎桑中，要我乎上宫。"《通鑑》十八。漢陳皇后雖廢，供奉如法，長門無異上宫也。

爵

秦爵凡二十級，其第十九爵爲關内侯，更上一級即列侯矣。此亦即周家五等爵名之下，立爲此制，亦名爲爵也。於是史凡言賜爵一級者，謂秦二十等爵中之一等也。自秦及漢初，凡有爵者皆得除罪，然不得爲吏也。《高紀》：二年，賜民爵。臣瓚曰："爵者，禄位。民賜爵，有罪得以減。"是其制也。惠帝元年，民有罪得買爵三十級以免死罪。應劭曰："一級直錢二千，凡爲六萬六萬，六十緡也。"師古曰："令出買爵之錢以贖罪。"不知此之六十緡者，官受之耶，或許有爵者移賣於人也?[①] 至惠帝六年，始令民得賣爵，前此未見。豈前此元年之許其買之於官，至此乃覺其非，而許民自賣，所以貴其爵，令民有所利也。文帝時，晁錯説上："欲民務農，在於貴粟，貴粟之道，在於使民以粟爲賞罰。今募天下入粟縣官，得以拜爵，得以除罪。如此，則富人有爵，農民有錢，粟有所渫。"於是文帝從錯之言，令民入粟於邊。六百石爵上造，稍增至四千石爲五大夫，萬二千石爲大庶長。此則入粟授爵之概。於是惠帝所許賣爵者，其入錢高下以等級爲差，而晁錯師用其意，改易其制，而直令民入粟，買之於官，非

① "賣",原作"買",據嘉靖本、四庫本、學津本改。

買諸得爵之民也。至武帝置賞官，名曰武功爵，即是有功而得爵，亦許其移賣。秦爵二十等，如五夫、樂卿之類是也。武帝爵但見諸臣瓚注引《茂陵書》，止十三等，當是舉載不盡也。既不與惠帝許民户自賣者同，而又更入粟以爲緡錢，亦不同也。而有大不同者，舊爵止得用以除罪，而武帝即令入官。故其制曰“諸買武功爵官首官首，爵名也。[1]者，試補吏”。則遂得以買爵入官矣。如卜式爲郎，則其尤者也。故班固謂爲吏道雜而多端，官職耗廢也。

汴

《通鑑》：景帝時，七國反。條侯據滎陽，堅壁不出，而使弓高侯等將輕騎兵出淮泗口，絶吴、楚兵後，塞其餉道，吴糧絶，士卒果飢，奔壁求戰，竟以此敗。按，淮即今淮水也，泗即今謂南清河也，此時未有隋汴也，吴餉道自淮入泗，則轉海而至淮上，又自淮泝淮而上清河，故條侯既絶淮泗，則南船不得北上矣。以道路言之，可見隋汴未有也。

① “官首，爵名也”，四庫本、學津本作“官爵，名首也”。

螢囊

沈存中《清夜録》：丁朱崖敗，有司籍其家，有絳紗籠數十，大率如燭籠而無跋無炧，不知何用。其家曰“聚螢囊”也 。詳其此製，有火之用，無火之熱，亦已巧矣。然隋煬帝已嘗爲之，曰“大爲之囊，照耀山谷”也。丁氏之囊，蓋其具體而微者耳。

卷之九

厨　傳

宣帝元康二年,[①] 詔曰：吏或擅興徭役，飾厨、傳，以稱譽過客。[②] 按，厨、傳兩事也。厨，庖也，以好飲食供過客，則爲飾厨也。傳者，驛也，具車馬，資行役，則爲飾傳也。今人合厨傳爲一，概謂豐饌爲厨傳，非也。

于定國無冤民

古今稱于定國“爲廷尉，天下無冤民”，此特舉其多者言之耳。宣帝之臣，如蓋、趙、韓、楊，有譽有勞，而皆傳致以法，入之死地。然四人之中，楊惲專以口語怨望，尤其可矜者。史家特書惲獄實定國所定，有深意也。然則謂天下

① “二”,原作“三”,據嘉靖本、學津本、《漢書·宣帝紀》改。

② “以稱譽過客”,《漢書·宣帝紀》作“稱過使客”。師古曰“使人及賓客來者,稱其意而遣之,令過去也”。

全無冤民，吾恐楊惲懷恚於地下也。

澄心堂紙

江南李後主造澄心堂紙，前輩甚貴重之，江南平後六十年，其紙猶有存者。歐公嘗得之，以二軸贈梅聖俞，梅詩鋪叙其由而謝之曰：“江南李氏有國日，百金不許市一枚。當時國破何所有，帑藏空竭生莓苔。①但存圖書及此紙，棄置大屋牆角堆。幅狹不堪作詔命，聊備粗使供鸞臺。”用梅詩以想其制，必是紙製大佳，而幅度低狹，不能與麻紙相及，故曰“幅狹不堪作詔命”也。然一紙已直百錢，亦已珍矣。《梅集》七。

十　金

薛宣曰：“十金法重，不忍相暴章。”“匡衡坐多取封邑四百頃，②監臨盜所守十金以上，免爲庶人。”按，漢以黃金一斤爲一金，十金之重者，言其臧直滿十金也。

---

① “莓”，宋本、嘉靖本、四庫本作“萎”，據學津本、《宋詩抄》《宋元詩會》改。

② “匡衡”，宋本、嘉靖本、學津本作“康衡”，避宋太祖趙匡胤諱而改字。事見《資治通鑑》卷三十《漢紀二十二》。

白蓮花

洛陽無白蓮花，白樂天自吴中帶種歸，乃始有之。《集》五。有《白蓮泛舟》詩曰："白藕新花照水開，紅窗小舫信風迴。誰教一片江南興，逐我殷勤萬里來。"又《種白蓮》詩曰："吴中白藕洛中栽，莫戀江南花懶開。萬里携歸爾知否，紅蕉朱槿不將來。"① 卷五。②

浮　石

衢州之下十里許，深潭中有石，兀立水面，土人命爲浮石。《白樂天集》三卷有《謝衢州張使君》詩，③ 曰"浮石潭邊停五馬"，則此水之有浮石，其來久矣。先是土人嘗有謡讖曰："水打浮石圓，龍游出狀元。"口口相傳，亦莫知其語之爲何自也。石之出水也，本甚嶄巖不齊。紹興甲子歲，兩浙大水，漫滅垠岸，浮石没焉，水退石仍出，而嶄巖者皆去。

① "蕉"，原作"焦"，據嘉靖本、四庫本、學津本改。

② "卷五"，嘉靖本、四庫本、學津本作"見《長慶集》卷五"，是。

③ "張使君"，原作"張史君"，據嘉靖本、學津本、《全唐詩》改。張使君當爲唐長慶四年(824)的衢州刺史張聿，時白居易爲杭州刺史，他們關係密切，交往頻繁。白居易有《歲暮枉衢州張使君書并詩因以長句報之》。

蓋爲猛浪沙石之所淙鑿，乃此圜渾也。又一年，歲在乙丑，龍游縣人劉端明章魁廷試。[1]

嘌

凡今世歌曲，比古鄭、衛又爲淫靡，近又即舊聲而加泛灩者，名曰嘌唱，嘌之讀如瓢，《玉篇》嘌字讀如飄，引《詩》曰“匪車嘌兮”，言嘌嘌無節度也。元不音瓢。《廣韻》：“嘌讀如杓，疾吹也。”亦不音瓢。

鞠

《楊子》曰：[2]“捖革爲鞠，[3] 亦各有法。”革，皮也。“捖革爲鞠”，即後世皮球之斜作片瓣，而縫合之。故唐人借皮爲喻而爲詩以誚皮日休，曰：“六片尖皮砌作球，火中燖了水中揉。一包閒氣如長在，惹踢招拳猝未休。”其謂砌皮包氣，即今之氣球也矣。古今物制固多不同，以其類而求之於古，即《霍去病傳》謂爲“穿域踏鞠”者，其幾於氣球也

① “章”，嘉靖本、四庫本、學津本爲大字，可。
② “楊”，四庫本、學津本作“揚”，同。
③ “捖”，宋本、嘉靖本、四庫本作“梡”，據學津本改，下同。刮磨。

矣。其文曰："去病貴，不省事，① 在塞外，卒乏粮，或不能自振，而去病尚穿域踏鞠也。"師古曰："鞠，以皮爲之，實之以毛，踏蹙而戲也。"今世皮球中不置毛，而皆砌合皮革，待其縫砌已周，則遂吹氣滿之。氣既充滿，鞠遂圓實，所謂"火中燖了水中揉"者，欲其皮寬而能受氣也。詳此意制，當是古時實之以毛，後加巧而實之以氣也。《吕后傳》曰：太后断戚夫人手足，使居鞠域中。師古曰："鞠域如踏鞠之域，謂窟室也。"今築氣球者，以脚蹙使之飛揚上騰，不復拘於窟域矣。而軍中打球之戲，則以杖拂球，使之馳走，而用快馬逐之，尚存鞠域之法。故疑古今因革，如予所言也。

小步馬

《西域傳》烏秅國出小步馬。師古曰："小，細也。言其能蹀足，即今所謂百步千迹者也。"韓退之詩曰："横飛玉盞家山曉，細蹀金珂塞草春。"② 用此也。

---

① "事"，當作"士"。《史記·衛將軍驃騎列傳》《漢書·霍去病傳》《資治通鑑·漢紀十一》皆作"士"。不省士：師古曰："省，視也。不恤視也。"胡三省曰："言不恤視軍士也。"

② "細"，《韓愈集》作"遠"。

按　字[①]

醫有按摩法。案者，以手捏捺病處也；摩者，挼搓之也。字當從手，[②] 則其書當爲按矣。《玉篇·手部》無按字。《廣韻》有按字，卻從才，别出案字，從木，注曰："几屬也。"

酴　醾

今世花之品目有荼蘼，而《廣韻》無荼字。《玉篇》云：荼，苦草也，又苦菜也。因引《爾雅》之言曰："檟，苦荼。荼，荼也。"《篇》《韻》皆無蘼字。諸家字書皆有酴醾字，注云："酒也。"錢希白《南部新書》曰："唐清明賜宰臣以下酴醾酒。"酴醾酒即重釀酒也。

葑　菲

《詩》曰："采葑采菲，無以下體。"《玉篇》："葑，蕪菁也。菲，菜名也。"按，下體也者，古者祭之用牲以上體爲

① "按"，原作"案"，據嘉靖本、四庫本、學津本改。
② "字"，原作"手"，據嘉靖本、四庫本、學津本改。

貴。羊首、牛首、肩臑、心肺，皆上體之物也。至於腎、腸、臂、足之類，皆不用，以其在下而污穢也。蕪菁之葉可食而不如其根之美，故采葑者不棄下體也。

菩薩石

楊文公《談苑》曰：“嘉州峨眉山有菩薩石，[1] 人多收之，色瑩白如玉，如上饒水晶之類。日射之有五色，如佛頂圓光。”文公之説信矣。然謂峨眉山有佛，故此石能見此光，則恐未然也。凡雨初霽，或露之未晞，其餘點綴于草木枝葉之末，欲墜不墜，則皆聚爲圓點，光瑩可喜，日光入之，五色具足，閃爍不定。是乃日之光品著色於水，而非雨露有此五色也。峨眉山佛能現此異，則不可得而知，此之五色，無日則不能自見，則非因峨眉有佛所致也。

鏖　炰

鏖，於刀切。《玉篇》引《説文》云“温器也”。世言“爊某肉”，當書爲“爊”，言從此鏖器之中，和五味以致其熟也。今人見《霍去病傳》有“鏖戰”之文，又注家以多殺

① “峨”，原作“娥”，據嘉靖本、四庫本、學津本改。下同。

人爲鏖，遂書爲“鏖”，非也。又今人食饌有雜五味於肉中而熟之，當爲米焦，而皆書爲“米脯”，尤無義理也。《齊民要術》：雜五味於米肉而熟之。書爲“米焦”，言和米而熟之於焦也。《玉篇》音焦，且云“火熟也”。

箙　韔

《董卓傳》六十二：“卓膂力過人，雙帶兩韔，左右馳射。”注：“《方言》曰：‘所以藏箭謂之箙，藏弓謂之韔。’”《左氏傳》云：“右屬櫜韔。”

五　伯[1]

《後漢·虞詡傳四十八》注：“《續漢志》：‘伍伯，公八人，中二千石六人，千石、六百石皆四人，自百石已下皆二人，黄綬。武官伍伯，文官辟車。[2] 鈴下、[3] 侍閤、門蘭、部署、街走卒，皆有程品，多少隨所典領，率皆赤幘絳韝。’即今行鞭杖者也。”

---

① “五伯”，下文及四庫本作“伍伯”，通，亦作“伍百”，多爲輿衛前導或與執杖行刑役卒類。

② “文”，原作“六”，嘉靖本、學津本同，據《後漢書·志第三十》、四庫本改。

③ “鈴”，原作“鈐”，據嘉靖本、學津本、四庫本、《後漢書》改。

華　陽

《後漢傳三十八贊》注："梁州北拒華山之陽，南距黑水，故常璩叙蜀事謂之《華陽國志》也。"

魚　笱

《唐書·王君廓傳十七》:[1]"君廓無行，善盗。嘗負竹笱如魚具，内置逆刺，見鬻繒者，以笱囊其頭，不可脱，乃奪繒去，而主不辨也。"按，魚具而内有逆刺，此吾鄉名爲倒鬚者也。

方　書[2]

《通典二十四·御史門》曰："張蒼爲御史，主柱下方書。"如淳曰："方，板也，謂事在板上也。"《周禮》："以方出之。"書於板也。

---

① "王君廓(？—627)",宋本、嘉靖本、四庫本、學津本作"王君郭",避南宋寧宗趙擴諱,下同。并州石艾(今山西平定)人,唐初名將。王君廓早年曾聚衆爲盗,後歸附唐朝,封上柱國,遷右武衛將軍,進爵彭國公。

② "書",原脱,據嘉靖本、學津本、四庫本補。

朱書御札

昭宗在鳳翔，李茂貞白上，[①] 三以朱書御札召崔胤本字諱，[②] 胤竟不至。《紀事》三十八。《五代史·豆盧革傳》：莊宗時大水，“以責孔謙，謙不知所爲。小吏段徊曰：‘臣嘗見前朝故事，國有大故，天子以朱書御札問宰相。’莊宗乃命學士草詔，手自書之”。按，今世上自人主，下至臣庶，用道科儀奏事於天帝者，皆青藤朱字，名爲青詞，恐初立此體時，是仿道儀也。

背嵬

沈存中《筆談》載拱宸管樂之辭曰：“銀裝背嵬打回回。”背嵬者，大將帳前驍勇人也。章氏《槁簡贅筆》曰：“背嵬即團牌也，以皮爲之。朱漆金花，焕耀炳日。”予將漕時，都統郭剛者，韓蘄王背嵬也。讀嵬如崔嵬，蓋平聲也，如沈存中歌，則去聲也。予以背嵬之義問郭，郭不能言，惟

① “貞”，宋本、嘉靖本、學津本作“正”，“貞”與“禎”音同，原作“正”以避宋仁宗趙禎之諱。

② “崔胤”，宋本、嘉靖本、學津本作“崔嗣”，避宋太祖趙匡胤諱而改字。四庫本缺末筆避諱雍正帝胤禛諱。下同。自注“本字諱”正指“胤”字。

章氏書號爲皮牌耳。

竹 簽

《白樂天集》十一《入峽詩》曰："苒蒻竹篾簽，欹危機師趾。"簽即百丈也。

半 池

《白樂天集》五十三《池上竹下作》云："穿籬繞舍碧逶迤，十畝閒居半是池。"

三宫三殿

國朝有太皇太后時，并皇太后、皇后稱三殿。其後乘輿行幸，奉太后偕皇后以出，亦曰三殿。人或非之。按，《王嘉傳》云："自貢獻宗廟，[①] 猶不至此。"顔師古注謂天子、太后、皇后。則三殿亦可通稱也。唐有三殿，則一殿而三面有殿也。方鎮、外國來朝，則宴於此，從銀臺門入。

① "自貢獻宗廟"，當爲"自貢獻宗廟三宫"。見《漢書·王嘉傳》。

象魏

《國語》六：管子對齊桓公曰：[1]“昔吾先王，[2]世法文、武，設象以爲民紀。”韋昭曰：“設教象之法於象魏也。”按，此單言設象，知象魏所垂，真有其象也。《國語》於此下又對文曰：“式權以相應，比綴以度權。”度，衡尺有器之物，知象魏爲畫象決也。

繫馬

桓公城楚丘以封衛，[3]其畜散而無育，公與之繫馬三百。韋氏謂“良馬在閑而不放散也”，則知“繫馬千駟，弗視”，言雖甚良而不取也。

都盧緣

唐人以緣橦者爲都盧緣。按，《國語》胥臣對晋文公曰：“侏儒扶盧。”韋氏謂：“扶，緣也。盧，矛戟之柲。緣之以爲戲。”

---

① “桓”，原作“威”，避宋欽宗趙桓諱。
② “吾”，原作“居”，據學津本、《國語・齊語》改。
③ “桓公”，原作“威公”，避宋欽宗趙桓諱改。

上元觀燈四日

《會元》引《唐志》云："先天二年，用胡僧婆隨請夜開門，燃百千燈觀樂，凡四日。"按，本朝諸書或言太祖特命正月十七日後更放燈二日，或言錢王來朝，進錢買燈兩夕，特爲展，十七、十八仍爲燈夕。予嘗於《秦王進奉録》辨其事曰："不起秦王買燈也，然以先天事考之，則其時自上元觀燈後，凡更有三日，則買燈展日之法，愈爲無據。"又唐朝三元，謂正月、七月、十月望日，皆燃燈，至中年方罷中、下元兩節放燈也。

上中下褚衣

《南粤王傳》：陸賈往賜尉佗上、中、下褚衣。師古音云：綿裝衣，以綿多少分三品。

閥　閱

《史記》：古人之功有五，[1] 以德、以言、以功，明其等

---

① "五"，學津本作"三"。按，《史記》原文爲："太史公曰：古者人臣功有五品：以德立宗廟定社稷曰勳，以言曰勞，用力曰功，明其等曰伐，積日曰閱。"

曰閥，積曰閱。[1]

衣錦夜行

《東觀漢記》："建武二年，封景丹爲櫟陽侯。上謂曰：'富貴不歸故鄉，如衣錦夜行，故以封卿。'"《御覽》二百。按，《前漢》皆言"衣綉"，惟此言"衣錦"。

棨戟當斧鉞

《漢雜事》："竇固征匈奴，騎都尉秦彭擅刺軍司馬，固奏劾之。公府掾郭躬或爲郎躬。曰：'漢制，假棨戟以當斧鉞，彭得斬人。'"

朱衣非舊制

王儉爲司右長史。晋令，公府長史著朝服，宋大明以來著朱衣，儉言："宜復舊制。"時不許。

---

① "積曰閱"，當作"積日曰閱"，見《史記·高祖功臣侯者年表第六》。積，累積。

扁舟五湖

《隗囂傳》：方望以書辭囂曰："范蠡收責勾踐，乘扁舟於五湖。"注曰："計然云：'范蠡乘扁舟於江湖。'"①

丈二之組

《嚴助傳》淮南王曰："陛下以方寸之印，丈二之組，鎮撫方外。"《漢官儀》曰："綬長一丈二尺，法十有二月。"《御覽·綬門》。按，"綬""組"同，朱買臣懷綬，邸吏引綬，即太守章，則綬也者，以之佩玉、佩印皆同也。又《續漢書·輿服志》曰："百石青紺綸，一采宛轉繆織，長丈二尺。"《御覽》八百十九。

刺

《漢·外戚傳二十七下》成帝答許皇后詔曰："皇帝有所疑，② 便不便，其條刺，使大長秋來白之。"師古曰："條謂

① "江湖"，嘉靖本、四庫本、學津本作"五湖"，是。

② "帝"，嘉靖本、四庫本、學津本同。當作"后"，《漢書》卷九十七，《外戚列傳》作"后"。

分條之，刺謂書之於刺板也。刺，音千賜反。”

天子服璽

《漢·元后傳》：高祖即位，即服秦傳國璽。王莽時，孺子嬰未立，璽臧長樂宮。[①] 按此知天子亦佩璽也。故孫萬世謂昌邑王曰：“而聽人解脱其璽綬乎？”是每朝即佩也。

浯[②]

世傳浯溪本無“浯”字，元結自名之，恐不然也。《説文》：“浯，水。出琅琊靈門壺山，東北入濰。從水吾。”[③] 則“浯”非結之所名也。

① “臧”，嘉靖本、四庫本、學津本作“藏”。

② 嘉靖本、四庫本、學津本此條在卷十四，内容完全相同，依宋本放在卷九，不再重出。

③ “從水吾”，《説文》作“從水吾聲”，是。

箭貫耳 1①

《原陟傳》:②“茂陵守令尹公捕原陟，迫窘，諸豪説尹曰:③‘原巨先犯法不得，使肉袒自縛，箭貫耳，詣廷門謝罪耶。’”按，《玉篇》引《説文》云：軍法：以矢貫耳爲聅。聅，音恥列反，又徒安反。司馬法曰：“小罪聅，中罪刖，大罪剄。”“子玉治兵於蔿，貫三人耳。”

五　稷

《職方氏》:“并州宜五稷。”鄭玄曰：“黍、稷、麥、稻、菽。”后稷、社稷皆取此，以其該五種名之也。

丹　圖

《秋官》:“司約，凡大約劑，書於宗彝；小約劑，書於丹圖。”注：“《春秋傳》曰：斐豹，隸也，著於丹書。”

---

① 卷十四亦有此條,但内容稍有不同。

② “原陟”,當作“原涉”,諸本皆未回改。原涉(？—24):字巨先,出生於大姓豪族之家,王莽新朝時期著名游俠。《漢書》有傳。

③ “尹曰”,四庫本、學津本作“尹公”,可。

《漢·高紀》:“鐵券與功臣剖符作誓,丹書鐵券,藏之宗廟。”

象刑

《司圜》:“掌收教罷民,凡害民者弗使冠飾,而加明刑焉。”注:“弗使冠飾者,著黑幪,若古之象刑歟。”

卵翼

《左傳·哀公下》曰:“子西曰:‘勝如卵,余翼而長之。’”① 今人言卵翼之恩,本此。

窗牖

《说文》:“穿壁以木爲交窗。”“所以見日也。”“向,北出牖也。”“在牆曰牖,在壁曰窗。”②《御覽》百八十八。

---

① “長”,原作“張”,嘉靖本同。據四庫本、學津本、《左傳》改。《左傳》杜林合注本,宋林堯叟曰:“勝如鳥之卵,我如鳥覆翼而長育之。”

② “壁”,嘉靖本、四庫本同,學津本作“户”;《説文》《御覽》皆作“屋”,是。

宰相直筆

《舊唐書》："至德中，宰相迭秉筆處斷，每十日一易。及賈耽、趙憬、陸贄、盧邁同平章政事，百寮有所關白，更相避不言，於是奏議請旬秉筆者出應之。"時貞元九年也。其後又請每日更筆，其年迭以應事，皆從之。

櫓

許氏《说文》曰："櫓，大楯也。"① 案，今城上雉堞曰櫓，爲其在城上可以蔽人，如人之被楯也。

公侯干城

《方言》曰："楯，自關而東謂之瞂音代，或謂之干扞也，關西謂之楯。"案，此即《詩》謂"公侯干城"，鄭氏謂爲捍城者。② 捍者，櫓也。雉堞可以蔽障城，是捍城也。

---

① "楯"，學津本作"盾"，古同。下同。

② "捍"，學津本、四庫本、學津本作"扞"。下同。

玉　堂

《漢武故事》："玉堂去地十二丈，基階皆用玉。"

孔子食昌歜追文王

文王嗜昌歜，仲尼食之以取味，事見《吕氏春秋》，曰："文王好菹，孔子聞之，蹙頞而食之，三年然後美之。"按，此《御覽》所記，恐"菹"字上脱一"昌歜"字。

餛　飩

世言餛飩是虜中渾氏、屯氏爲之。案，《方言》："餅謂之飥徒昆反，[①] 或謂之餦音張，或謂之餛音渾。"則其來久矣，非出胡虜也。并《御覽》。

漆雕几

《鄴中記》："石虎御座几悉漆雕，皆爲五色花也。"按，

① "飥"，原作"餛"，餅。據學津本、四庫本、《方言》卷十三改。

今世用朱黄黑三色漆，沓冒而雕刻，① 令其文層見叠出，名爲犀皮，與虎刺同。又《異苑》：“有神人著平巾褲褶，語秀云：② ‘聞君巧侔班魯，刻几尤妙。太山府君相召。’” 又《漢書》貢禹奏曰：“見賜杯案，畫文金銀飾，非所以食臣下也。” 魏武《上雜物疏》曰：③ “御物有純鉏参鏤帶漆畫案一枚。”④《鹽鐵論》曰：“文杯畫案，所以亂治也。” 又梁簡文帝《書案銘》曰：⑤ “刻香鏤采，纖銀卷足。漆花曜紫，畫製舒緑。怪廣知平，人雕非曲。”⑥

嶧 山

《爾雅》曰：魯國鄒縣有嶧山，純石相積構，連屬而成山。又《史記》：“始皇二十八年，上鄒嶧山，立石刻秦功德。”《鄒山記》曰：“山東西二十里，南北十三里。高秀獨

---

① “沓冒”，原作“杳冒”，據學津本改。多層交替覆蓋的一種塗漆方法。

② “秀”，學津本《異苑》（卷五）、《太平御覽》（卷七百十）、《太平廣記》（卷三百二十四）作“石秀之”。關於“之”字，有人認爲六朝人雙名後所帶“之”字，往往可省略，非脱文。《幽明録》有“賈弼”條，《藝文類聚》卷一七及《廣記》卷三六〇作“賈弼之”。而《太平御覽》卷三六四及《太平廣記》卷二七六引作“賈弼”。而正史所載亦有兩歧，《南齊書》卷五二、《南史》卷七二《賈淵傳》稱“祖弼之”，《南史》卷五九《王僧孺傳》乃無“之”字。

③ “疏”，原作“數”，據四庫本改。

④ “鉏”，《太平御覽》卷七百十作“銀”。清陳元龍《格致鏡原》卷五十三作“魏武《上雜物疏》：御物有純銀鏤帶漆畫書案一枚”。

⑤ “案”，原作“按”，據嘉靖本、學津本、四庫本、《藝文類聚·服飾部》改。

⑥ “人”，嘉靖本、四庫本作“入”，《藝文類聚》作“文”，中華書局版《太平禦覽》作“人”，未詳孰是。

出，積石相臨，殆無壤土。石間多孔穴，洞達相通，往往有如數間居處，其俗謂之嶧孔。”《太平廣記》。其石玲瓏如此，宜孤桐清響，中琴瑟也。

石墩銘

《莊子》八，狶韋曰：“靈公死，卜葬於故墓，不吉，卜葬於沙丘而吉。掘之數仞，得石墎焉，洗而視之，有銘焉，曰‘不馮之子，靈公奪而埋之’，[①] 夫靈公之爲靈也久矣。”

棋　道

今棋方十九道，合枰爲棋子三百六十一。[②] 案，李善注：韋昭《博弈論》：“枯棋三百。”引邯鄲淳《藝經》曰：“棋局縱横各十七道，合二百八十九道，白黑棋子各一百五十枚。”《選》五十七。[③]

---

① “埋”，《莊子・則陽》、陸德明《經典釋文・莊子音義》皆作“里”，釋爲“居處”。《莊子・則陽》篇作“不馮其子，靈公奪而里之”。李勉云：“察上下文，此石椁是先天預置，故云‘不憑其子’也。蓋父之死，必憑其子安葬，今石椁已天爲預置，故不須依憑其子爲之置也。奪，取也。里，居也。”

② “枰”，原作“抨”，據學津本、《方言》改。棋局，棋盤。《方言》卷五：“所以投簿謂知枰，或謂之廣平。”“三百六十一”，原作“三百六十二”。據嘉靖本、學津本、四庫本、《孫子算經・卷下》改。《孫子算經・卷下》：“今有棋局方一十九道，問用棋幾何，答曰：‘三百六十一。’”

③ “《選》”，學津本作“文選”，是。

卷之十

白板天子

《國璽傳》注引蕭子顯《齊書·輿服志》云:“晉亂,國璽没胡,人號晉諸帝爲白板天子。”白板,如今板授之官無詔敕也。魏晉至梁陳,授官有板,長一尺二寸,厚一寸,闊七寸。授官之辭,在於板上,爲鵠頭書。“白板天子”,言不得璽,如無告命官也。

襘

領之交會也。《五行志》引昭公十一年叔向言:①“衣有襘,視不過結襘之中。”視下言徐。

① “十一”,宋本、嘉靖本、四庫本作“十”,據學津本和《左傳》改。《五行志》:即《漢書·五行志》,爲正史記載天災人禍祥異的最早專志。

鎗

《御覽·鐺門·笑林》云："太原人夜失火，欲出銅鎗，誤出熨斗，曰：'異事，火未至，已燒失脚。'"

白日衣綉

《風俗通義》："江夏張遼爲兗州太守，以兩千石尊過鄉里，白日衣綉，榮羨如此。"[①]《御覽》九百五十二。

齊鼓盆瓮爲樂

《晏子春秋》曰：景公飲酒，數自去冠被裳，自鼓盆瓮。召晏子，至，請去禮。晏子不可，乃糞洒席，召衣冠以逆晏子。按，此則鼓盆佐樂，不止秦人，齊有之矣。[②]《易》曰："不鼓缶而歌，則大耋之嗟，凶。"

---

① "榮羨如此"，《太平御覽》作"榮美如此"。

② "有"上，嘉靖本、四庫本、學津本有"亦"字。

地圖一寸折百里

貞元十一年，賈耽進《華夷圖》，廣三丈，率以一寸折百里。《太平廣記》。

羽　檄

《魏武奏事》曰："有急，以雞羽插木檄，謂之羽檄。"《説文》曰："檄，以木簡爲書，長尺二寸。"《光武紀》注。

太公丹書

《大戴禮》曰："武王問：'有藏約可以爲子孫者乎？'師尚父曰：'在丹書。'王齋三日，尚父端冕奉書而入，則負屏而立，王下堂，南面而立，受之，曰：'敬勝怠者吉，怠勝敬者滅。'"《太平》五百九十。

白接籬

竇華《酒譜》:[1]“白接籬，巾也。”

龜　符

張鷟《朝野僉載》:[2]“漢發兵用銅虎符。唐初爲銀兔符，以兔爲符瑞也。又以鯉魚爲符瑞，遂爲銅魚符以佩之。至僞周，武姓也，玄武，龜也，又以銅爲龜符。”又云:“上元中，令九品以上佩刀礪筭袋，仍爲魚形，結帛作之。取魚之衆、鯉之強兆也，至僞周乃絶。景雲唐復興，又準前結帛爲飾。”

---

① “竇華”,當作“竇苹”。竇苹,據《四庫全書總目》引晁公武《郡齋讀書志》知,苹,字子野,汶上人,當爲仁宗時人。文獻徵引有“竇華”“竇革”“竇萃”等,皆“竇苹”之形訛。竇氏之名應取義於《詩經·鹿鳴》“呦呦鹿鳴,食野之苹”,故名苹字子野最爲合理。除《酒譜》之外,还有《唐書音訓》,但今已失傳。《酒譜》今存,《四庫全書》共收 15 條。

② “張鷟(yuè)”,當作“張鷟(zhuó)”。《新唐書·藝文志》載:“張鷟,《朝野僉載》二十卷,自號浮休子。”張鷟,字文成,號浮休子,唐饒陽(今河北饒陽縣)人,曾官司門郎。有《龍筋鳳髓判》《朝野僉載》。《朝野僉載》爲唐代筆記小説集,記載朝野佚聞,尤多武后朝事。

金吾1[①]

楊子雲《執金吾箴》:[②]“吾臣司金，敢告執璜。”則知金吾者，以金飾其兩末也。今管軍官入朝所執之杖，皆金扣其末也。《漢志》謂金吾爲馬，非也。

羲　和

《山海經》:“海外有女名羲和，浴日於甘泉。”

胡　牀

隋高祖意在忌胡，器物涉胡言者，咸令改之。其胡牀曰“交牀”，胡荽曰“香荽”，胡瓜曰“黄瓜”。然江都執帝者，乃令狐行達也。趙毅《大業略記》。秦得讖書言“亡秦者胡”，乃起長城以捍胡，不知亡秦者乃胡亥也。

---

① “金吾”,學津本作“飾金吾”。卷之十四亦有此條,内容更詳。

② “楊子雲”,四庫本和學津本作“揚子雲”,同。

百丈1[①]

《南史·朱超石傳》："宋武北伐，超石前鋒入河，軍人緣河南岸牽百丈，有漂度北岸者。"杜詩上蜀多言"百丈"也。

鄣扇1[②]

諸王鄣扇，不得雉尾。《義恭傳》。

螭　魚

螭魚四足，長尾，鱗成五色，頭似龍，無角。《南詔録》。

金馬碧雞祠

二高山：東有碧雞、西爲金馬者，云漢武使王褒祠二神

---

① 卷十五亦有"百丈"條，詳於此條。

② 卷十五有同名條目，作"障扇"，較此條爲詳。鄣扇：爲帝王儀仗之一。《南史·武帝諸子傳》："鄣扇不得雉尾。"晋崔豹《古今注·輿服》："鄣扇，長扇也。漢世多豪俠，象雉尾扇而制長扇也。"

於彼。[1] 其地當在西蜀，在彼者恐未真也。

鳳栖梨

陜州有棠樹，貞觀中，有鳳止其上，結實香脆，其色赤黄，號鳳栖梨。《洛中記異》。

碧落觀

絳州碧落觀，龍朔中，刺史李諶爲母太妃追薦所造，神人所篆。《洛中記異》。

旌表門閭

《册府元龜》：石晋天福二年“閏七月壬申，尚書户部奏：‘李自倫義居七世，準敕旌表門閭。先有登州義門王仲昭，六代同居，其旌表有廳事步欄，前列屏樹，烏頭正門，閥閲一丈二尺，二柱相去一丈，柱端安瓦桶，[2] 墨染，號爲烏頭。築雙闕一丈，在烏頭之南三丈七尺，夾街十有五步，

---

① “漢武”，當作“漢宣（帝）”。《漢書·王褒傳》：“後方士言益州有金馬、碧雞之寶，可祭祀致也。宣帝使褒往祀焉。”

② “桶”，當爲“桷”，《舊五代史·晋書四》作“桷”，方形的椽子。諸本皆訛。

槐柳成列。今舉此爲例，則令式不該。’詔：‘王仲昭正廳烏頭門等事，不載令文，又無敕命，既非故事，雖黷大倫。宜從令式，只表門閭。於李自倫所居之前，量地之宜，高其外門，門安綽楔。門外左右各建一臺，高一丈二尺，廣狹方正，稱臺之形，圬以白泥，四隅染赤。其行列樹植，隨其事力。其同籍課役，一準令式。’”

鍾　釜

《晏子》曰：“齊其歸陳氏矣，① 公棄其民而歸於陳。② 齊舊四量：豆、區、釜、鍾。四升爲豆，自其四，③ 以登於釜。”注：“四豆爲區，區，斗六升也。四區爲釜，釜，六斗四升也。釜十則鍾，六斛四斗。”陳氏三量皆登一焉，鍾乃大矣。

明皇孝經

玄宗開元中親注《孝經》，并製序，八分書之，立于國學，以層樓覆之。秦再思《洛中記異》。

---

① “歸”，學津本作“爲”。

② “陳”，學津本作“陳氏”。

③ “自其四”，學津本作“各自其四”，是。

黄屋左纛

黄屋者，天子車蓋以黄爲裹也。左纛者，以牦牛尾爲之，大如斗，在最後左騑馬鬃上也。繁纓，在馬膺前，如索裙，即馬纓也。《獨斷》。

犀　車

《韓子》：“國有法術、賞罰，若陸行之有犀車、良馬。”

殺　青

劉向《列子序》：“皆殺青書。”注：“謂汗簡刮去青皮也。”

尋　常

八尺爲尋，倍尋爲常。

神道碑

裴子野葬，湘東王爲墓志銘，陳于藏内。邵陵王又立墓志，堙于羡道。道列志自此始。

墓　石

《南史》：宋張永開冢，内得銅威斗，有一石銘“大司徒甄邯之墓”。

石　室

黄瓊曰：“陛下宜開石室，按《河》《洛》，外命史官條上災異。”注云：“石室，藏書之府。”

三　尺

杜周曰：“‘三尺’安出哉？”注：“以三尺竹簡書法律也。”

獲生人亦爲級

《衛青傳》："斬二千七百級。"[①] 師古曰："本以斬敵一首拜爵一級，故謂一首爲一級，因復名生獲一人爲一級也。"此意與車稱"兩"、馬稱"匹"同。

栭　栗

《詩·皇矣》："其檿其栵。"音栵爲列，或爲例。陸德明音云："舍人注《爾雅》云：'江淮之間，呼小栗爲栭栗。'"吾鄉有小栗叢生，其外蓬中實皆與栗同，但具體而微耳，故名栭栗。"栭"猶"兒"。

鐵券1[②]

形似半破小木甑子，曲處著肚，上有四孔穿縚處，其文於外面鐫陷金。辛齊旻《玉堂新制》。

---

① "二千七百",原作"三千七百",據學津本和《史記·衛將軍驃騎列傳》改。

② 卷十五有同名條目,内容更詳。

八　投

《王莽傳》："平原女子遲昭平能説經，博以八投。"服虔曰："博弈經，以八箭投之。"

齊　斧

《易》："喪其齊斧。"應劭曰："齊，利也。"《莽傳》。

銅柱 1

楚王馬希範既破群蠻，"自以爲伏波之後，以銅五千斤鑄柱，高丈二尺，入地六尺，銘誓狀於上，立之溪州"。

古　貝

《唐·環王傳》出古貝。古貝，草也。緝其花爲布，粗曰貝，精曰氎。按，今吉貝亦緝花爲之，而古、吉二字不同，豈訛名耶？抑兩物也？

銅作兵

《食貨志》：賈誼言：“收銅勿布，以作兵器。”注：“古以銅爲兵。”按，此則漢猶以銅爲兵也。

飛　子

武帝時“募民田南夷，入粟縣官，而内受錢於都内”。注：“入穀外縣而受錢於京師主藏者。”按，此則國初入中之法，漢有之矣，亦唐人飛子錢之類。飛子，見《唐會要》。

籟

莊周天地人皆言“籟”。《説文》曰：“三孔籥也。大者謂之笙，中謂之籟，小者謂之箹。”

瓊

《説文》：“瓊，赤玉也。”《詩》有“瓊琚”“玉佩”。

《左氏》："楚子玉爲瓊弁玉纓。"[①] 玉與瓊皆對别言之，若等爲一玉，不分言也。今人用瓊比梅、雪，皆誤。

夷 玉

《説文》珣、玗、瑾，皆醫無閭玉。《周書》所謂夷玉也。

球

玉磬也。

追鋒車

《魏志·高貴鄉公》注云："帝與司馬望、王沈、裴秀、鍾會等講宴於東堂。帝性急，請召，欲速。秀等在内職，到得及時。以望在外，特給追鋒車，[②] 每有集會，望輒奔馳而至。"

① 上"玉"字，原脱。據學津本及《左傳·僖公二十八年》補。楚子玉：即楚國成得臣（？—前632），芈姓，成氏，名得臣，字子玉，因戰功被子文推薦爲令尹。

② "鋒"，原脱，據嘉靖本、四庫本、學津本和《魏志》裴松之注補。追鋒車：古代一種輕便的驛車，因車行疾速得名。

酺音蒲

文帝賜天下“酺五日”。文穎曰：“漢律：三人以上無故群飲酒，罰金四兩。今詔賜得令聚會飲食五日也。”此即周“群飲，汝勿佚”。《文紀》。

箏

“鼓弦竹身樂也。”① 按，今箏未有以竹爲之者。

箋

“表識書也。”鄭箋《毛詩》，崔豹釋説甚多，至謂毛公嘗爲鄭康成郡守，故不同它書直注釋之，其云箋者，猶上箋之義，尊之。其説雖無害義，而迂曲不徑。如許氏所説，則直以簡隨本文，表識其義，猶曰鄭氏簡之云耳。史以册書祝曰册祝，後人以聯簡著古書曰某人編，其義一也。

---

① “竹”，段玉裁《説文解字注》認爲當爲“筑”，“筑”爲樂器，段曰：“言五弦筑身者，以見箏之弦少於筑也。”

《説文》毅攺二字重出

《殳類》釋“毅”曰：毅，[1] 大剛卯也，以逐精鬼。从殳，亥聲。”《攴類》釋“攺”曰：[2]“攺，[3] 大剛卯以逐鬼彪也。音義如魅。从攴，巳聲，讀若巳。”剛卯豈王莽時所鑄，此時改而大之，以爲禳祟之物耶。二物同用，設有二聲，止合附著一類，不應兩出。

天鹿辟邪[4]

烏弋有桃拔。[5] 孟康曰：“桃拔一名符拔，似鹿，長尾，一角者或爲天鹿。[6] 兩角者或爲辟邪。”《西域傳》。[7]

---

① “毅”，原作“改”，據嘉靖本、四庫本、學津本改。

② “攺”，原作“㪅”，據嘉靖本、學津本和《説文解字》和下文改。

③ “攺”，原作“改”，據嘉靖本、四庫本、學津本改。

④ 嘉靖本、學津本、四庫本“天鹿辟邪”條在卷十六，内容完全相同，依宋本放在卷十，不再重出。

⑤ “桃拔”，靖本、學津本、四庫本皆作“挑拔”。

⑥ “天”，嘉靖本、學津本作“大”，四庫本、儒學警悟本作“天”。“鹿”，原作“禄”，據嘉靖本、學津本、儒學警悟本和本文題目改。

⑦ “《西域傳》”，原脱，據四庫本補。嘉靖本作大字“《域傳》”，學津本作大字“《西域傳》”，四庫本爲小字“《西域傳》”。

先馬 1[①]

《荀子·正論》：天子“乘大路”，“諸侯持輪、挾輿、先馬。”注：“先馬，導馬也。”後世太子洗馬，釋者曰：“洗，先也。”亦此先馬之義也。天子出則有先驅，太子則有洗馬，言騎而爲太子儀衛之先也。

屋楹數 1[②]

《殷盈孫傳》：[③]“僖宗還蜀，[④]議立太廟。盈孫議曰：‘故廟十一室，二十三楹，楹十一梁，垣墉廣袤稱之。’”《禮記》兩楹，知其爲兩柱之間矣。然楹者，柱也，自其奠廟之所而言，兩楹則間于廟兩柱之中，於義易曉。後人記屋室，以若干楹言之，其將通數一柱爲一楹耶？抑以柱之一列爲一楹也？此無辨者。據盈孫此議則以柱之一列爲一楹也。

---

① 卷十五有同名條目，内容稍有出入。

② 卷之十四有“屋幾楹”條，内容同，然更詳。

③ “殷”，原作“王”，諸本皆未回改。避宋太祖趙匡胤父親趙弘殷諱。殷盈孫，唐陳州（今河南淮陽）人，官至太常博士。明悉典章，曾數次上疏論辯禮儀制度。

④ “僖宗還蜀”，當作“僖宗還京”。據《資治通鑑·唐紀》和《新唐書·殷盈孫傳》載，廣明年間（880—881），黄巢之亂，僖宗奔蜀。光啓三年（887），“帝將還京，而七廟焚殘，告享無所”，故“議立太廟”。

葉子

古書皆卷，至唐始爲葉子，今書册也。

壓角

裴廷裕《東觀奏記》云：“令狐綯主裴坦知制誥。裴休拒之，不勝命。既行諸政事，[1] 謁謝丞相。故事，謝畢，便於本院上事。四輔送之，施一榻，壓角而坐。坦巡謝至休，休曰：‘此乃首台謬選，非休力也。’肩輿便出，不與之坐。”按，此即壓角故事，乃是執政送上，不與舍人均禮，故設榻隅坐，名爲壓角。

鐵甲

仲長子《昌言》“政損益”篇云：[2]“古者以兵車戰，而甲無鐵札之制，今誠以革甲當強弩，亦必喪師亡國也。”按，

① “諸”，原作“詣”，據嘉靖本、四庫本、學津本改。

② “仲長子”，嘉靖本、四庫本、學津本作“仲長統”，是。仲長統（179—220）：姓仲長，字公理，東漢山陽郡高平（今山東省微山縣）人，官至尚書郎，著有《昌言》，原書已佚，《後漢書》《群書治要》等書中保存有某些片斷。

此即後漢時甲有鐵札矣，未知前漢如何？

嘉慶李 1①

韋述《兩京記》："東都嘉慶坊有李樹，其實甘鮮，爲京師之美，故稱嘉慶李。"

黎　明

《史記·吕紀》："黎明，孝惠還。"徐廣曰："黎，猶比也，將明之時也。"此説非也。犁、黎古字通。黎，黑也。"黑"與"明"相雜，欲曉未曉之交也。猶曰"昧爽"也。昧，暗也；爽，明也。亦明暗相雜也。遲明，即未及乎明也。厥明、質明，則已曉也。

犬戎雞林

章僚回程，至海州長沂縣東北百餘里，船巫祭小青山。神巫具餅餌，先作擊擊之聲，復撒米一把，彼俗云雞林之地，

① 四庫本和學津本此條在卷十五，學津本作"嘉慶子"，文字多寡不同，本次整理兩存。

祭先皆以米。或云雞林，本雞種也。高麗不烹雞，云如烹，即家有禍。按，此與犬戎諱“犬”同。

霜月皇極日

《歸田録》：“漢《韓明府修孔子廟碑》云：永壽二年，歲在涒灘，霜月之靈，皇極之日。”永壽，桓帝年號，霜月極日，恐是九月五日。

束帛又端匹

《玉壺清話》胡旦云：“古義，束脩謂脯十挺即爲一束，束帛則卷爲二端五匹，表王者屈折隱淪之道。”

拜稽首

《哀十七年》：“公會齊侯于蒙，孟武伯相。齊侯稽首，公拜，齊人怒。”武伯曰：“非天子，寡君無所稽首。”二十一年，公及齊侯、邾子盟于顧。齊人責稽首，[①] 因歌之曰：“魯人之皋，數年不覺，使我高蹈。”注言：魯人皋緩數年，不知

① “人”，原脱，據學津本、《公羊傳·文公十五年》補。

答齊稽首，故使來高蹈。①唯其儒書，以爲二國憂。注：“二國，齊、邾也。言魯據《周禮》不肯答稽首，令齊、邾遠至。”平衡曰拜，下衡曰稽首，至地曰稽顙。注：“平衡謂磬折，頭與腰如衡之平。”《禮記》“平衡”與此義殊。《大略》篇。

宰木拱

秦襲鄭，百里與蹇叔諫，秦伯怒曰：“若爾之年者，宰上之木拱矣。”注云：“宰，冢也。拱，可以手對抱。”《公羊·僖三十三年》。對抱者，以兩大指圜合之也，與“拱把之桐梓”同也。

篼

《漢·張敖傳》“篼輿”，注家雖得其義，不詳其制之所來。《公羊·文十五年》：“齊人歸公孫敖之喪。”“脅我而歸之，筍將而來也。”何休注：“筍者，竹篼，一名編輿。齊、魯以北名之曰筍。將，送也。爲叔姬淫，惡魯類，故取其尸置編輿中，傳送而來。”案，筍，竹也，編、篼皆以竹篾編比而成輿也。古有車，車以輈繫馬而行。已而有輦，輦者，設

① “高”上，學津本有“我”字。

杠以人肩之。故皇甫謐曰：“桀爲無道，以人駕車。”是步輦之始也。既有輦，則以竹爲輿，智起於是矣。淮南王安曰“輿轎而入領”，[①] 始名轎也。

郛 郭

城之外更有遮衛，其名爲郛，亦爲郭。郭猶棺之外又有椁也。《公羊·文十五年》：“齊侯伐曹，入其郛。郛者何，恢郭也。”注：“恢，大也。郭，城外大郭。”故楊子雲曰：“天地之爲萬物郭，五經之爲衆説郛。”楊子雲於名數不苟也。

揖

《公羊·僖二年》：“晋謀伐郛，[②] 荀息進，獻公揖而進之。”注：“以手通指曰揖。”又《宣六年》：[③] “晋靈公望見

① “輿轎而入領”，《漢書·嚴助傳》作“輿轎而逾領”，顔師古注曰：“服虔曰：‘轎音橋，謂隘道輿車也。’臣瓚曰：‘今竹輿車也，江表作竹輿以行是也。’”領，同“嶺”。按，漢時所謂轎是能行山路的車。

② “郛”，當作“郭”或“虢”，古國名。見《左傳·僖公二年》。

③ “宣”，宋本、嘉靖本、四庫本作“文”，據學津本改。

趙盾，愬而再拜，盾北面再拜稽首。”[①] 注：“頭至地曰稽首，頭至手曰拜手。”據此即今俗名“叉手”是也，亦拱手之義也。拜手則身屈矣，首不至地，稽首則首至地矣。

笄

《僖九年》：“婦人許嫁，字而笄之。”注：“笄者，簪也，所以繫持髮，象男子飾也。”

時臺

《公羊·莊三十一年》注：“天子有靈臺，以候天地。諸侯有時臺，以候四時。”

臺榭

《左氏·哀元年》子西曰：“今聞夫差次有臺榭陂池焉。”注：“積土高曰臺，有木曰榭。”言徒土則爲臺，上有架造則爲榭。

---

① “北”下至條末，學津本缺五十一字，注“以下闕”，以下之“笄”“時臺”“臺榭”“吴牛喘月”“韋弦”“養和”等條，學津本無。

吴牛喘月

《風俗通》曰："吴牛望見月而喘，使之苦於日，見月怖喘矣。"①《御覽·月門》。《世説》亦載滿奮云："臣猶吴牛，見月而喘。"

韋　弦

"西門豹性急，佩韋以自緩；董安于性緩，佩弦以自急。"《韓子》。

養　和

"李泌訪隱選異，采怪木蟠枝以隱背，號曰'養和'。人至今效之，乃爲《養和》以獻。"《太平廣記》。

① "月"，原作"日"，據嘉靖本、四庫本改。

卷之十一

左右史螭陛侍立

本朝置左、右史，正沿唐制。而近者二史更日入侍，概立殿上東南偏，不執筆，則皆不與唐合。按《唐志》：天子御正殿，則郎、舍人分左右立，有命則俯陛以聽，退而書之。若仗在紫宸内閣，則夾香案分立殿下，直第二螭首，和墨濡筆皆即坳處，時號螭頭。李肇《國史補》："兩省謔起居郎爲螭頭，以其立近右螭首也。"《鄭覃傳》曰："記注操筆在赤墀下。"楊嗣復言："故事，正衙，起居注在前。"《張次宗傳》："文宗始詔左右史立螭頭下。"則今立殿上東南偏，非唐制也。既曰"郎、舍人分立左右操筆"，則今更日入侍，又不執筆，皆非也。唐去今雖不遠，而殿螭位置，史無詳制，顧雜載中時有可以參考者耳。王仁裕《入洛記》記含元殿所見甚詳，曰："玉階三級，第一級可高二丈許，每間引出一石螭頭，東西鱗次而排，一一皆存，猶不傾墊。第二、三級各高五尺許，蓮花石頂亦存。階兩面龍尾道，各上六七十步方達，第一級皆花磚，微有虧損。”《賈黄中談録》：“含元殿前龍道，自平地凡詰曲七轉，由丹鳳門北望，宛如龍尾下垂於地，兩垠欄悉以青石爲之，至今石柱猶有存者。”仁裕所見，後唐時也；黄中所見，本朝初也。合二説驗之，則龍尾道夾殿階旁上，而玉階正在道中。階凡三大層，每層又自疏爲小級。其下二大層，兩旁雖皆設扶欄，欄柱之上但刻爲蓮花形，無壓頂横石。其上一大層者，每小級固皆有欄，[①] 欄柱頂更有横石，通亘壓之，而刻其端爲螭首，溢出柱外，是其殿陛所謂螭首者也。然唐之大内有二：太極，西内也；含元，東内也。高宗别營大明宫於故宫，爲東南偏，是名南内。自高宗後累朝多居其地，故凡唐史所載朝會，多大明制也。宫據龍首山趾而高，自丹鳳門入，第一重爲含元殿，殿陛從平地直上四十餘尺，方與殿平。王、賈所見階陛皆含元制，[②] 而《唐志》記二史所立螭陛，則非含元也。含元第次甲於諸殿，惟元正、冬至受朝，始出御之，他朝會否也。含元直北方得宣政。宣政者，正殿，亦名正衙，蓋朔望受朝之地。宣政之左則爲東上閤，右爲西上閤，而宣政又北，始爲紫宸。自開元後，每遇朔望，薦獻宗廟，天子謙避正殿，輒虚宣政不御，而退御紫宸。紫宸無仗，則從宣政唤仗，自東西二閤而入，

---

① “固”，儒學警悟本作“雖”。

② “賈”，原作“黄”，據學津本、四庫本及下文改。即賈黄中。

百官隨之，所謂入閣也。《唐志》言“在正殿則俯陛聽命”者，謂宣政也，言仗在内閣；而“夾香案分立第二螭”者，謂紫宸也。是《唐志》二史所立，皆不在含元殿，故王、賈所記螭陛，第可因之以想他殿，而不可憑之以證定《唐志》也。宣政、紫宸相爲南北，合大明一宫，俱在龍首東麓，凡殿以次退而之北，則址亦以次北而加高，每殿必爲峻道，乃始可升。則宣政、紫宸每陛每級壓欄悉應有螭，故有第二螭首也。是二史所立，下乎赤墀而高乎前庭，故在宣政則俯陛乃可聽命，在紫宸則正直次二螭首。其地其制皆相應也，“和墨濡筆，皆即坳處”，坳，陛石之窪曲而可以受墨者也。今人用螭坳則可，謂立殿坳則誤矣。《唐志》：“宣政殿朝日，殿上設黼扆、躡席、熏鑪、香案，而宰相、兩省官對班于香案前，百官班于殿庭。人主既御黼坐，宰相、兩省官拜訖，乃始升殿。”則是香案也者，正在殿上，而對班案前者，乃從殿下準望言之。其曰拜已升殿，即可見已。及其入閣而夾侍香案，亦從左右準望而言，非真夾并香案也。白樂天《和元稹〈霓裳羽衣歌〉》曰：“舞時寒食春風天，玉欄干下香案前，案前舞者顔如玉。”推此言也，則香案似在玉欄干之下，而實不然也。欄出庭上，則舞庭者自在欄下，庭在案南，則在庭者孰非香案之前，豈其欄楯之下别設香案也耶？元稹自言“我是玉皇香案吏”，其亦準望而爲之言歟？《宋景文筆記》曰：“予領門下省，會天子排正仗，吏供洞案設於前殿兩螭首間，案上設燎鑪。修注官夾案立。”則此時二史已誤立殿上矣，然猶在御座前，而分左右夾侍也。王容季叙事記國朝駕坐，則修起居注立於御座後。慶曆中，歐陽脩以諫官修注，始立上前，北面以視上。閤門用故事諭之使退，修曰：“起居注，非殿中祗候人，不當立於座後。”閤門疑其有故事，不敢彈奏。修既罷，其後修注者乃復退立於座後。歐陽文忠所執，① 其殆唐制乎？然猶立殿上者，國朝殿陛之制不與唐同也。唐殿據龍首而高，故降殿而立直二螭，其立者之首，猶微出殿墀，故俯陛而聽，於事爲宜。汴京大内正在平地，殿級不越尋丈，自上達下，欄頂壓石通竟止用一螭。若降殿而立，使直第一螭首，則立處已在殿庭，不能俯陛聽事，其勢不容不與唐異也。徽宗朝，李誡《營造法式》有《殿陛螭首圖》，繪載極詳，其言曰：“螭首施之對柱及殿四角，隨階斜出，其長七尺。”然則宋景文記洞案設兩螭間，② 其對柱之螭歟？今二史更直而皆立東南偏，其并殿角隨階之螭歟？以其皆有石螭壓之，因遂認以爲唐螭而實非其地也。螭頭所施，雖異其處，③ 而又因誤生誤，故二史更侍皆立東南偏，全與唐異也。然慶曆間雖不立御座之前而立於其後，於今又不同，特不知今立東南偏復起於何時也。

---

① “歐陽文忠”，嘉靖本、四庫本、學津本作“歐文忠”，據儒學警悟本改。
② “設”，嘉靖本、儒學警悟本、四庫本、學津本作“直”，據學津本改。
③ “雖”，儒學警悟本作“既”，可。

罘 罳

前世載罘罳之制凡五出。鄭康成引漢闕以明古屏，而謂其上刻爲雲氣、蟲獸者，是《禮》“疏屏，天子之廟飾也”。鄭之釋曰：“屏謂之樹，今浮思也。刻之爲雲氣、蟲獸，如今闕上之爲矣。”此其一也。顔師古正本鄭説，兼屏闕言之而於闕閣加詳。《漢書》：“文帝七年，未央宮東闕罘罳災。”顔釋之曰：“罘罳謂連屏曲閣也，以覆重刻垣墉之處，其形罘罳。一曰屏也，罘音浮。”此其二也。漢人釋罘爲復，釋罳爲思，雖無其制而特附之義曰：“臣朝君，至罘罳下而復思。”至王莽斸去漢陵之罘罳，曰：“使人無復思漢也。”此其三也。崔豹《古今注》依放鄭義，而不能審知其詳，遂析以爲二也，闕自闕，罘罳自罘罳。其言曰：“漢西京罘罳，合板爲之，亦築土爲之。”詳豹之意，以築土者爲闕，以合板者爲屏也。至其釋“闕”，又曰：“其上皆丹堊，其下皆畫雲氣、仙靈、奇禽、異獸，以昭示四方。”此其四也。唐蘇鶚謂爲網户，其《演義》之言曰：“罘罳，字象形。罘，浮也。罳，絲也。謂織絲之文，輕疏浮虚之貌，蓋宫殿窗户之間網也。”此其五也。凡此五者，雖參差不齊，而其制其義，互相發明，皆不可廢也。罘罳云者，刻鏤物象，著之板上，取其疏通連綴之狀而罘罳然，故曰浮思也。以此刻鏤施於廟屏，則其屏爲疏屏；施諸宫禁在門,① 則爲某門罘罳；而在屏則爲某屏罘罳；覆諸宫寢闕閣之上，則爲某闕之罘罳。非其别有一物、元無附著而獨名罘罳也。至其不用合板鏤刻，而結網代之，以蒙冒户牖，使蟲雀不得穿入，則别名絲網。凡此數者，雖施置之地不同，而其罘罳之所以爲罘罳，則未始或異也。鄭康成所引雲氣、蟲獸刻鏤，以明古之疏屏者，蓋本其所見漢制而爲之言，而予於先秦有考也。宋玉之語曰："高堂邃宇檻層軒，層臺累榭臨高山，網户朱綴刻方連。"此之謂網户者，時雖未以罘罳名之，而實罘罳之制也。釋者曰："織網於户上，以朱色綴之。又刻鏤横木，爲文章連於上，使之方好。"此誤也。"網户朱綴刻方連"者，以木爲户，其上刻爲方文，互相連綴。朱，其色也。網，其狀也。若真謂此户以網不以木，則其下文之謂刻者施之何地而亦何義也？以網户綴刻之語而想像其制，則罘罳形狀，如在目前矣。宋玉之謂網綴，漢人以爲罘罳，其義一也。世有一事絶相類者，夕郎入拜之門名爲青瑣，取其門扉之上刻爲交瑣，以青塗之，事見《王后傳》注，故以爲名。稱謂既熟，後人不綴門闥，單言青瑣，世亦知其爲禁中之門。此正遺屏闕不言，而獨取罘罳爲稱，義例同也。然鄭能指漢闕以明古屏，而不能明指屏闕之上孰者之爲罘罳，故崔豹不能曉解而析以爲二，顏師古又不敢堅

---

① "在",原作"之",據儒學警悟本改。

決，兩著而兼存之，所以起議者之疑也。且豹謂合板爲之，則是以刻綴而應罘罳之義矣。若謂築土所成，直繪物象其上，安得有輕疏罘罳之象乎？况文帝時東闕罘罳嘗災矣，若果畫諸實土之上，火安得而災之也？於是乃知顔師古謂爲連屏曲閣以覆垣墉者，其説可據也。崔豹曰"闕亦名觀"，謂其上可以觀覽，則是顔謂闕之有閣者，審而可信。闕既有閣，則户牖之有罘罳，其制又已明矣。杜甫曰："毁廟天飛雨，焚宫夜徹明。罘罳朝共落，棆桷夜同傾。"正與漢闕之災罘罳者相應也。蘇鶚引《子虚賦》"罘網彌山"，因證罘當爲網，且引文宗"甘露之變，出殿北門，裂斷罘罳而去"。又引温庭筠《補陳武帝書》曰："罘罳晝捲，閶闔夜開。"遂斷謂古來罘罳皆爲網，此誤以唐制一編而臆度古事者也。[①] 杜寶《大業雜記》："乾陽殿南軒，垂以朱絲網絡，下不至地七尺，以防飛鳥。"則真置網於牖而可捲可裂也。此唐制之所因仿也，非古來屏闕刻鏤之制也。唐雖借古罘罳語以名網户，然罘罳二字，因其借喻而形狀益以著明也。

上林賦

亡是公賦上林，蓋該四海言之。其叙分界則曰："左蒼

① "編"，原作"偏"，據學津本和上下文改。

梧，右西極。”其舉四方則曰：“日出東沼，入乎西陂。南則隆冬生長，涌水躍波。北則盛夏含凍裂地，涉水揭河。”至論獵之所及，則曰：“江河爲阹，泰山爲櫓。”[①] 此言環四海皆天子園囿，使齊、楚所誇，俱在包籠中。彼於日月所照，霜露所墜，凡土毛川珍，孰非園囿中物？叙而置之，何一非實？後世顧以長安上林核其有無，[②] 所謂癡人前不得説夢者也。秦皇作離宫，關内三百，關外四百，立石東海上朐界中，爲秦東門。此即相如《上林》所從祖效，以該括齊、楚者也。自班固已不能曉，曰：“亡是公言上林廣大，山谷水泉，萬物多過其實。且非義理所止，故删取其要，歸正道而論之。”由是言之，後世何責焉。

萬年枝

謝詩有“風動萬年枝”之句，凡宫詞多承用之，然莫知其爲何種木也。或云冬青木長不凋謝，即萬年之謂亦無明據。而世間植物，如櫧、松、檜、柏，皆經冬不凋，何獨冬青之枝得名萬年也？按《西京雜記》：“初修上林苑，群臣遠方各獻名果異木，亦自製爲美名，以摽奇麗。[③] 其品有萬年長生

① “泰”，學津本作“太”。
② “核”，儒學警悟本、學津本作“覈”，同。
③ “摽”，儒學警悟本作“標”，通。標示。

樹、千年長生樹，各十株，雖有異名，[①] 亦不解何物。”越石氏藏書中有吴興方勺所著《泊宅編》者，曰：“徽宗興畫學，同試諸生，以‘萬年枝上太平雀’爲題，在試無能識其何木，遂皆黜不取。或密以叩中貴，中貴曰：‘萬年枝，冬青木也。太平雀，頻伽鳥也。’”惟此書指“冬青”爲“萬年枝”，又不知何所本也。

啐酒

乾道丙戌，内燕，既酌百官酒已，樂師自殿上折檻間抗聲索樂，不言何曲。其聲但云“臛酒”臛音作，素回反。朝士多莫能解，中燕更相質問，亦無知者。予後閲李涪《刊誤》則知唐世已有此語。暨淳熙乙未再來預燕，則樂師但索曲子，不復抗言“臛酒”。當是教坊亦聞士大夫疑語而刊去不用也。予按李涪《刊誤》之言：“臛酒三十拍，促曲名《三臺》。”臛合作啐。啐，馳送酒聲，音啐，[②] 今訛以平聲。李匡文《資暇録》所言亦與涪同。[③] 予又以字書驗之：臛，屈破也。啐，音蒼憒反。啐，吮聲也。今既呼樂侑飲，則於啐噏有理，於屈破無理。則自唐至今皆訛“啐”爲“臛”者，索樂之聲

① “異”，儒學警悟本作“其”。
② “啐”，學津本作“碎”，是。
③ “李匡文”，原作“李正文”，避宋太祖趙匡胤諱。

貴於發揚遠聞，以平聲則便，非有他也。況又有可驗者。丙戌所見燕樂，上自至尊，下至宰執，每酌曲皆異奏，而惟侑飲百官者，不問初終，純奏《三臺》一曲。其所謂《三臺》者，衆樂未作，樂部首一人，舉板連拍三聲，然後管色以次振作，即《三臺》曲度也。夫其“臛酒”之語，《三臺》之奏，與李涪所傳皆合，知“啐”訛爲“臛”，素回翻，審也。後暨乙未，再與内燕，則樂皆異名，雖《三臺》亦不復奏矣。《名賢詩話·閒適門》載王仁裕詩曰：“淑景即隨風雨去，芳尊每命管弦嗺。”後押“朝烏夜兔催”，則嗺酒也，以侑酒爲義，唐人熟語也。又趙勰《交趾事迹》下“匏笙”項下：“以匏爲笙，上安十簧，雅合律吕，嗺酒逐歌，極有能者。”勰，本朝人，其言嗺酒，即國初猶用唐語也。

唐宫人引駕出殿上

《唐會要》天祐二年敕：“今後每遇延英坐朝日，只令小黄門祗候引從，宫人不得擅出内。”乃知杜詩“户外昭容舞袖垂，雙瞻御座引朝儀”者，[1] 真出殿引坐，而鄭谷《入閣》詩亦言“導引出宫鈿”，[2] 蓋至天祐始罷。

---

① “舞”，杜詩作“紫”。

② “導引出宫鈿”，《全唐詩》卷六百七十五作“贊引出宫鈿”。

臚岱

班固《叙傳》於《郊祀志》曰："大夫臚岱。"鄭氏曰："季氏旅於泰山是也。"師古曰："旅，陳也。臚，亦陳也。臚、旅聲相近，其義一耳。"按，班固即"臚"代"旅"，與《儀禮》合。

革甲

吴子謂魏文侯曰："今君四時使人斬離皮革，掩以朱漆，畫以丹青，爍以犀象。"則知戰國時但以革爲甲，未用鐵也。[①]《吴子》。

紫荷

《通典》：尚書令、僕射、尚書，銅印墨綬，朝服佩水蒼玉，腰劍，紫荷，執笏。梁制也。

① "鐵"，原作"鐡"，異體字。

山玄玉水蒼玉

《通典》：周制也，天子白玉，山玄、水蒼者，視之文色所似也。

玉　振

《管子》曰："玉有九德，叩之，其音清專徹遠，[①] 純而不殺，亂也。"[②] 按，此諸家之言孔子玉振者曰：其謂終條理者，爲其叩之，其聲首尾如一，不比金之始洪終殺，是爲終條理。

綉衣使所始

《史記六十二》，武帝時，盜群起，遣中丞、丞相長史督之，弗能禁。乃使范昆、張德等衣綉衣，持節、虎符，發兵以擊之。

---

① "專"，《管子》作"摶"，異體字。

② "亂"，當作"辭"。《管子》卷十四："叩之，其音清摶徹遠，純而不殺，辭也。"房玄齡注"辭"爲"象古君子之辭也"，意爲擊打玉時，其聲音清揚遠聞，純而不亂，像古君子的言辭。管仲認爲"玉有九德"，辭是其中一德，其餘八德是：仁、知、義、行、潔、勇、精、容。

五王桃李

狄梁公既立中宗，薦張柬之、袁恕己、桓彦範、崔玄暐、[1] 敬暉，五公咸出門下，皆自州縣拔居顯名，外以爲五公爲一代之盛桃李也。徐浩《盧陵王傳》。

帖　職

《劉禹錫集》九《荆門縣記》云：“禹錫方以即位帖職于計臺。”予所見帖職字，此爲先，然未知帖是否。

爊

《韓文》十三衛造微曰：“我聞南方多水銀、丹砂，雜佗奇藥，爊爲黄金，可餌以不死。”

① “玄”，原作“元”，避宋聖祖玄朗諱。

鎰

趙與蘇秦黄金百鎰。注："二十兩爲一鎰。"《戰國策·三》。①

一　金

公孫閈使人操十金卜於市。注："二十兩爲一金。"《策·八》。

荼與鬱雷

"東海中有山，名度朔。上有大桃，其卑枝間東北曰鬼門。上有二神人，一曰荼與，一曰鬱雷，主治害鬼，故世刊此桃梗，畫荼與、鬱雷首，正歲以置門户。"蘇秦："土偶桃梗。"《語策·十》。②

---

① "《戰國策·三》"，當作"《戰國策·趙一》"。按，以下條目中引自《戰國策》的小目多不正確，疑程氏看到的版本與今本不同。"（趙國）李兑送蘇秦明月之珠，和氏之璧，黑貂之裘，黄金百鎰，蘇秦得以爲用，西入於秦。"

② "《語策·十》"，當作"《戰國策·十》"。

犀毗

趙武靈王賜周紹胡服衣冠，具帶黄金師比。注云《史記·匈奴傳》:“漢遣單于有黄金飾具帶一飾。”《漢書要義》曰:“胥即腰。中大帶，黄金咠紕一。”① 徐廣曰:“或作犀毗。”注引《戰國策》趙武靈王賜周紹具帶、黄金師比。延篤云:“胡革帶鉤也。”② 則“帶鉤”亦名“師比”，則“咠”“犀”與“師”并相近,③ 而説各異耳。《策·十九》。

鼓角

“節將入界，每州縣須起節樓，本道亦至界首，衙仗前引，旌幢中行，大將打珂，金鉦鼓角隨後右出。”李商隱所撰《使範》在臺儀後。

① “咠紕”,《史記·匈奴列傳》作“胥紕”,《漢書·匈奴傳》作“犀毗”,顔師古注曰:“犀毗,胡帶之鉤也。亦曰鮮卑,亦謂師比,總一物也,語有輕重耳。”

② “革”,原作“苹”,據學津本和《史記·匈奴列傳》改。

③ “相”上,學津本有“聲”。

夾纈

玄宗時，柳婕妤妹適趙氏，性巧慧，使工鏤板爲雜花，象之而爲夾纈，因婕妤生日獻王皇后。上見而賞之，因敕宫中依樣製之。當時甚秘，後漸出，遍於天下。《唐語林》四。

珧

《字書》："珧，蜃甲，可飾物。"則江瑶之用瑶，誤矣。《爾雅》釋"弓"曰："弓有緣者爲弓。""以金者謂之銑，以蜃者謂之珧。"則江珧不當爲瑶明矣。《太平御覽》三百四十七。

鹽如方印

《唐會要·祥瑞門》："武德七年，長安古城鹽渠水生鹽，色紅白而味甘，狀如方印。"按，今鹽已成鹵水者，暴烈日中數日，即成方印，潔白可愛。初小漸大，或十數印纍纍相連，則知廣瑞所傳非爲虚也。

銅葉盞

《東坡後集二·從駕景靈宫》詩云：“病貪賜茗浮銅葉。”按，今御前賜茶，皆不用建盞，用大湯甏，色正白，但其制樣似銅葉湯甏耳。銅葉色，黄褐色也。

七　秩

《樂天集三十一卷·元日對酒》曰：“衆老憂添歲，余衰喜入春。年開第七秩，屈指幾多人。”又同日一首云：“夢得君知否，俱過本命年。”注曰：“余與蘇州劉郎中同壬子歲，今年六十二。”

金扣器

《續漢書》：桓帝祠老子，用純金扣器。① 楊雄《蜀都賦》曰：“雕鐫扣器，百伎千工。”

① “純”,《後漢書·祭祀志》作“淳”。

八　蠶

“《吴録》曰：南陽郡一歲蠶八績。①”《御覽》八百十五。②

馬乳蒲萄

“唐平高昌，得馬乳蒲萄，造酒，京師始識此酒之味。”《御覽》八百四十四。

疊

《酉陽雜俎》：“劉録事食鱠數疊。”今俗書“楪”字，誤以其可疊，故名爲疊也。然牒字乃疊札爲之，則以疊爲楪亦有理也。

---

① “績”,《太平御覽》作“織”,可。
② “十五”,當作“二十五”。

卷之十二

侯　鵠

《周禮·司裘》："王大射，則共虎侯、熊侯、豹侯，設其鵠。諸侯則共熊侯、豹侯，卿大夫則共麋侯，皆設其鵠。"鄭氏注："侯，謂以虎、熊、豹、麋之皮飾其側，又方制之以爲𩏂音準，謂之鵠，著于侯，是謂皮侯。"賈公彦循鄭氏此説，謂"還以熊、虎等皮爲鵠於其上"。其説恐未然也。射之設鵠，以爲的也，若以熊、虎等皮爲侯，又以熊、虎等皮爲的，則侯與鵠兩無别異，恐古人立的以準射，不應如此昧昧。鄭氏亦自覺不安，又從爲之説曰："鵠，小鳥，難中，是以中之爲儁。"其義近之而不敢自主，何也？鵠之爲物，揚飛迅駃，射之難中，故古人言射者，往往及之。《孟子》曰："一心以爲鴻鵠將至，思援弓繳而射之。"漢高帝曰："鴻鵠高飛，一舉千里。羽翼已就，横絶四海。雖有繒繳，尚安所施。"又"梓人張皮侯而栖鵠"。其在皮侯則曰張，在鵠則曰栖，是鵠非皮類而真爲鵠形，審矣。夫惟以獸皮爲侯，而栖鵠其上，於示遠立的便。故吾恐鄭氏之説未安也。

琵琶皮弦[①]

葉少藴《石林語録》謂琵琶以放撥重爲精，[②] 絲弦不禁即斷，故精者以皮爲之。歐公時，士人杜彬能之，故公詩云："坐中醉客誰最賢，杜彬琵琶皮作弦。"因言杜彬恥以技傳，丐公爲改。予考公集所載《贈沈博士歌》誠有此兩句，然其下續云："自從彬死世莫傳，玉練纍聲入黄泉。"[③] 则公咏皮弦時彬已死，安得有丐改事？恐石林别見一詩耶。陳後山亦疑無用皮者。然元稹《琵琶歌》："澒聲少得似雷吼，[④] 纏弦不敢彈羊皮。"[⑤] 又曰："鵾弦鐵撥響如雷。"房千里《大唐雜録》載春州土人彈小琵琶，以狗腸爲弦，聲甚淒楚。合三物觀之，以皮造弦不爲無證，若詳求元語，恐是羊皮爲質，而練絲纏裹其上，資皮爲勁，而其聲還出於絲。故歐公亦曰"玉練纍聲"也。

---

① "弦"，儒學警悟本缺末筆避諱。下同。

② "《石林語録》"，當爲"《避暑録話》"。

③ "玉練纍聲"，四庫本《文忠集》卷七、宋潘自牧《記纂淵海》卷七十八之"樂部"、《全宋詩》作"玉連鎖聲"。

④ "澒"，原作"傾"，四庫本、學津本作"傾"，據儒學警悟本改。

⑤ "彈"，學津本作"作"，可。

冒絮

薄太后以冒絮提文帝。晋灼曰："《巴蜀異志》謂頭上巾爲冒絮。冒音陌。"顔師古曰："老人以覆其頭。"應劭曰："陌，額絮也。"詳其所用，當是以絮爲巾，蒙冒老者顙額也。冒之義，如冒犯鋒刃之冒，其讀如墨，則與陌音冒義皆相近矣。《漢官舊儀》："皇后親蠶絲絮，自祭服神服外，[1] 皇帝得以作縷縫衣，皇后得以作巾絮而已。"以絮爲巾，即冒絮矣。北方寒，故老者絮蒙其頭始得温暖。地更入北，則虜中貂冠、[2] 狼頭帽皆其具矣。

玉樹

《甘泉賦》："翠玉樹之青葱。"左思譏以假稱他土珍怪。按，《漢武故事》，既得欒大，即甘泉宫造甲乙帳，前庭植玉樹。玉樹之法，葺珊瑚爲枝，以玉碧爲葉花子，或青或赤，悉以珠玉爲之。故顔師古注云："玉樹者，武帝所作，集衆寶爲之，用供神也。非自然而生，左思失之。"蓋爲是也。《長

① "自"，儒學警悟本作"如"，可。
② "虜中"，四庫本作"塞外"，學津本作"彼國"。

安記》正以玉樹爲槐也，當是并緣青葱之語乎？

甲　庫

唐吏部有甲庫。龐元英《文昌雜録》曰："用甲乙次第其庫，而此庫其首也，猶如漢言令甲、令丙。"然此誤也。唐制：中書、門下、吏部各有甲曆名，凡三庫。其曰甲者，若干人爲一甲。其在選部，則名團甲。其在今日，則擬官奏抄，總言此抄某等凡幾人者，是其制也。唐云甲令，言等一也，是其所從名庫以甲也。《會要》：大和九年敕，令後應六品已下，凡自稱舊嘗有官，皆下甲庫檢勘有無。又貞元四年，吏部奏："艱難以來，三庫敕甲又經失墜，人多罔冒，乃至制敕旨甲皆被改毁。"則甲庫也者，正收藏奏抄之地，非甲乙之甲也。

僧衣環

《唐會要》：吐蕃官章飾有五等：一瑟瑟，二金，三以金飾銀，四銀，五熟銅。各以方圓三寸，褐上裝之，安膊前，以辨貴賤。今僧衣謂之袈裟者，當胸有環，環中著鍵，横紐上下，牙、角、銀、銅，隨力爲之。其源流殆出此乎？

疇　人

古字不拘偏傍，[1] 多借同聲用之。《漢·志》“疇人”，疑籌人也。從算曆言之，比疇列之，疇於義爲徑。

登席必解襪

《左氏·哀二十五年》：衛侯蒯輒與大夫飲酒靈臺，褚師聲子襪而登席，公怒。辭曰：“臣有疾，異於人。若見之，君將殼之。”殼，嘔吐也。以是知古者登席，不獨脱屨，又解襪也。

兩　觀

魯有兩觀，非度也。書“新作雉門及兩觀”，皆譏也。然戮少正卯必即兩觀，以周之所以誅誅之，不毁明堂之意也。夫將有爲東周之心，則佛肸尚可因，而況周度之所寄乎？

---

① “傍”，儒學警悟本作“旁”。

社日停針綫取進士衣裳爲吉利

張籍《吴楚歌詞》云："庭前春鳥啄林聲，紅夾羅襦縫未成。今朝社日停針綫，起向朱櫻樹下行。"則知社日婦人不用針綫，自唐已然矣。又《送李餘及第》云："歸去惟將新誥牒，後來爭取舊衣裳。"又知新進士衣物，人取之以爲吉兆，唐俗亦既有之。

六　幺

段安節《琵琶録》云："貞元中，康昆侖善琵琶，彈一曲新翻羽調《緑腰》。"注云："《緑腰》即《録要》也。本自樂工進曲，上令録出要者，乃以爲名，誤言《緑腰》也。"據此即《録要》已訛爲《緑腰》，而《白樂天集》有《聽緑腰》詩，注云即《六幺》也。今世亦有《六幺》，然其曲已自有高平、仙吕兩調，又不與羽調相協，① 抑不知是唐世遺聲否耶？

---

① "不與羽調相協"，宋周密不同意這種説法。《齐东野语·六幺羽调》："今六么、中吕調亦有之，非特高平、仙吕也。《唐禮樂志》：'俗樂二十八調，中吕、高平、仙吕在七羽之數。蓋中吕、夾鐘，羽也；高平、林鐘，羽也；仙吕、夷則，羽也。安得謂之不與羽調相協？蓋未之考爾。"

文　史

《封氏見聞記》:“古者，十歲入小學，學書計。十七能誦書九千字，乃得爲史。又更郡守課試，乃得補書史。”即東方朔所謂“三冬文史足用”，而以“二十二萬言”爲多者也。文人便以文史爲史籍，非也。

笛曲梅花

段安節《樂府雜録》:“笛，羌樂也。古曲有《落梅花》。”吴兢《樂府要解》:“胡角者，本以應胡笳之聲，後漸用之，有雙横吹，即胡樂也。”兢所列古横吹曲有名《梅花落》者，又許雲封《説笛》亦有《落梅》《折柳》二曲，今其辭亡不可考矣，然詞人賦梅用笛事率起此。

金蓮燭

令狐綯賜金蓮燭，是以金蓮花爲臺，事見《摭言》。

知後典

縣吏受郡事而下之縣者，今皆曰“衹候典”，訛也。國朝《會要》：唐藩鎮皆置邸京師，謂之上都留候院。大曆十二年，改爲上都知進奏院。又《摭言》載夏侯孜僕李敬者，久從孜，苦厄不去。同類怵之，他適，敬曰：“吾主人登第，尚擬作西川留後官。”後十年，[①] 孜鎮成都，以敬知進奏。以此言之，今之衹候典云者，乃借唐藩鎮留後吏目以爲名稱，當曰知後典，不當曰衹候典也。此雖猥事，而世間名稱如此，其訛者多也。

墓石志

《西京雜記》：“杜子夏葬長安，臨終作文曰云云，及死，命刊石埋於墓側。”則墓之有志，不起南朝王儉。然《西京雜記》所紀制度，多班固書所無。又其文氣嫵媚，不能古勁，疑即葛洪爲之。

① “年”，儒學警悟本作“載”。

卷白波

“飲酒卷白波”，唐李濟翁《資暇録》謂漢時嘗擒白波賊，人所共快，故以爲酒令。晏公《類要》六十五卷《白集詩》云：“長驅波卷白，連擲采成盧。”注曰：“骰盤、卷白波、莫走、鞍馬，皆當時酒令名。”

玉　衣

老杜詩：“玉衣晨自舉，鐵馬汗常趨。”皆言昭陵神靈也。《三輔故事》：高廟中御衣從篋中出，舞於殿上，冬衣自下在席上。

幞頭垂脚不垂脚

幞頭起於後周，一名四脚。其制，裁紗覆首，盡韜其髮，兩脚繫腦後，故唐裝悉垂脚。其改爲硬脚，史不載所始，故莫知其的自何時也。孫角《談苑》載柳玭在東川，有從子來省，玭不甚顧視，其家人爲之叙説房派行第，亦不領略。僕隸輩相與獻疑曰：“得無責敬於君之幞頭也乎？姑垂脚入見以占其意，可也。”此郎乃垂下翹翹之尾，果獲撫接。則知當柳玭時，幞頭不皆垂脚，其屈而下垂者，乃其用以爲敬也。國初有王易者，著《燕北録》，載契丹受諸國聘覲，皆繪畫其人物冠服。惟新羅使人公服、幞頭，略同唐裝。其正使著窄袖短公服横烏，正與唐制同。其上節亦服紫同正使，惟幞頭則垂脚。疑唐制以此爲等差，故流傳新羅者如此也。又秦再思《洛中紀異》云："唐太宗令馬周雅飾幞頭。至昭宗乾符初，教坊内教頭張口笑者，以銀捻幞頭脚，上簪花釵，與内人裹之。上悦，乃曰：'與朕依此樣進一枚來。'上親櫛之，復覽鏡大悦，由是京師貴近效之。"龐元英著《文昌録》，乃以爲宣宗，① 未知孰是。沈存中《筆談》謂唐惟人主得服硬脚，晚季方鎮擅命，始有僭服者。《宣和重修鹵簿圖》言，唐制皆垂脚，其後帝服則脚上曲，五代漢後漸變平直。其説與上所載略同，而皆不記所出，豈皆以意揣度乎？

换鵝是《黄庭經》

王羲之本傳以書换鵝者，《道德經》也，文士用作《黄庭》，人皆謂誤。張彦遠《法書要録》載褚遂良《右軍書目》，正書第二卷有《黄庭經》，注云："六十行，與山陰道

① "宣宗"，當作"僖宗"。《文昌雜録》："至僖宗時因伶人以銀綫撚二帶，帝曰：'亦與朕作一頂。'"

士。”其時真迹固在，既可以見其爲《黄庭》無疑。又武平一《徐氏法書記》：親在禁中見武后曝太宗時法書六十餘函，所記憶者，《扇書》《樂毅告誓》《黄庭》。“又徐浩《古迹記》玄宗時大王正書三卷，以《黄庭》爲第一，不聞《道德經》。”則傳之所載卻誤。

骨 朵

《宋景文公筆録》謂俗以撾爲骨朵者，古無稽。據國朝既名衛士執撾扈從者爲骨朵子班，遂不可考。予按字書：簻、撾皆音“竹瓜反”，[①] 通作簻，簻又音“徒果反”。“簻”之變爲“骨朵”，正如“而已爲爾”“之乎爲諸”之類也。然則謂“撾”爲“骨朵”，雖不雅馴，其來久也。

爵 公

國史《許瓊傳》：“開寶五年，澶、密等州各奏民年八十以上吕繼美等二十九人并賜爵公士。”翰林學士汪藻先世有號爵公者，汪謂五代間得此爵。恐或便在此開寶間也。

① “反”,原脱,據學津本補。

如律令

李濟翁《資暇録》言今人符咒後言“急急如律令”者，“令”音“零”。律令，雷鬼之最捷者，謂當如律令鬼之捷也。按《風俗通》論漢法《九章》，因言曰：“夫吏者，治也。當先自正，然後正人。故文書下如律令，言當承憲履繩，動不失律令也。”今道流符咒家凡行移悉仿官府制度。則其符咒之云如律令者，是仿官文書爲之，不必鑿言雷鬼也。

桃　笙

柳子厚詩云：“盛時一失貴反賤，桃笙蒲葵安可常。”案楊雄《方言》“簟，宋、魏之間謂之笙”，梁簡文帝《答南平嗣王餉舞簟書》曰：“五離九析，出桃枝之碧筍。”郭璞《桃枝贊》曰：“叢薄幽薈，從風蔚猗。簟以寧寢，杖以持危。”杜子美亦有《桃竹杖》詩。桃笙蓋以桃竹爲簟也。

漢爵級所直

惠帝元年，“民有罪，得爵三十級以免死罪”，① 應劭曰：“一級直錢二千，凡爲六萬。”按，惠帝初立，賜爵級有差。“中郎不滿一歲一級，外郎不滿二歲賜錢萬。”謂作外郎未滿二歲者，其賞不及一級，裁賜萬錢耳。今乃以三十級爲六萬，其誤無疑。顔師古亦不辨。

白駒非日景

《魏豹傳》：“人生一世間，如白駒過隙。”顔師古釋：“白駒，日景也。”劉孝標《答劉紹書》曰：② “隙駟不留。”李善注：“《墨子》曰：‘人之生乎地上，無幾何也，譬猶駟之過隙。’”二世謂趙高曰：“人生居世間，譬如騁六驥過決隙也。”則豹所引者，不以白駒爲日景。

---

① “爵”上，《漢書·惠帝紀第二》有“買”字。

② “劉紹”，當作“劉沼”。《文選·劉峻（孝標）〈重答劉秣陵沼書〉一首》李善注：“劉璠《梁典》曰：劉沼，字明信，爲秣陵令。”

冠帔

曾子固《王回母金華縣君曾氏志》：夫人以夫恩封縣君，以兄曾公亮恩賜冠帔也。① 是得封者，未遽得冠帔。中間朱康侯母以太母恩得初封，托予問冠帔制度，遍詢禮寺皆無之。壬辰年，在建康與客談及此，秦塤侍郎適在，予問，其家數有特賜者必知其制。秦言其姊出適時，德壽使人押賜冠帔，亦止是珠子鬆花特髻，無有所謂冠也。秦丞相夫人塑像建康墳庵，乃頂金鳳于髻上，又不知何據。

俗語以毛爲無

《後漢·馮衍傳》説鮑永曰“更始，諸將虜掠”“飢者毛食，寒者裸跣”。注：“毛，草也。太子賢案，《衍傳》毛作無。② 今俗語猶然，或古亦通用乎?”“秏矣，哀哉”，注以秏爲毛，毛，無也。唐黄繙綽諧語以“賜緋毛魚袋”，③ 借毛爲

---

① “曾公亮”，底本“公”下空格，儒學警悟本作“曾公公亮”。

② “《衍傳》”，《後漢書》作“《衍集》”。《隋書·經籍志》著録《馮衍集》五卷，已佚。

③ “黄繙綽”，唐崔令欽《教坊記》、宋王讜《唐語林》、宋李昉《太平御覽》等皆作“黄幡綽”。涼州(今甘肅武威)人，玄宗時宫廷樂師，幽默風趣，善言談。

無。則知閩人之語亦有本。

唐婦人有特敕方許乘檐朝謁

杜詩："夫人常肩輿，上殿稱萬壽。"按，《唐會要》命婦朝謁，并不得乘檐子，其尊屬年高特敕賜檐子者，不在此例。王珪母殆得特恩歟。

唐時三品得服玉帶

韓退之詩："不知官高卑，玉帶垂金魚。"若從國朝言之，則極品有不得兼者。然唐制不爾也，唐制五品已上皆金帶，至三品則兼金玉帶。《通鑑》：明皇開元初，敕百官所服帶，三品以上聽飾以玉。是退之之客，皆三品之上，亦足詑矣。本朝玉帶雖出特賜，須得閤門關子許服，方敢用以朝謁，則體益以重。然唐裴晋公得特賜，乃于闐玉也，暨病亟，具表返諸上方。其自占辭曰："内府之珍，先朝所賜，既不合將歸地下，又不敢留在人間，謹以上進。"不知故事當進如隨身魚符之類耶？抑晋公自以意創此舉也？本朝親王皆服玉帶，元豐中，創造玉魚，賜嘉、岐二王，易去金魚不用。自此遂爲親王故事，又前世所未有者。

古者戮不必是殺

《左氏·文十年》:“楚子畋孟諸,命夙駕載燧。宋公爲右盂,違命。文之無畏抶其僕以徇。或謂子舟曰:‘國君不可戮也。’”此以抶爲戮。又《襄六年》,“宋子蕩以弓梏華弱于朝,平公見之,曰:‘司武而梏於朝,難以勝矣。’遂逐之。子罕曰:‘專戮於朝,罪熟大焉?’[①] 亦逐子蕩”。此以梏爲戮。則《甘誓》謂“不用命戮于社,予則孥戮汝”未必殺之,或者降削其家廩給之類,其斯以爲孥戮焉耳。苟惟不然,罰弗及嗣,虞舜之世則未遠也,啓以肖禹得傳政焉,豈其罪人遽肯以族耶?

① “熟”,嘉靖本、四庫本作“甚”,據儒學警悟本、學津本改。

卷之十三

廉　察

《周禮》“廉能”之類，諸家雖訓廉爲察，嘗疑理不相附，因閲《漢·高帝紀》詔：“廉問，有不如吾詔者，以重論之。”顔氏曰：“廉字本作‘覝’,① 其音同。”乃知廉之爲察，本“覝”字也，有“覘視”之義。

竹林啼

老杜《七歌》“竹林爲我啼清晝”，蔡絛以“竹林”爲禽名，恐穿鑿也。竹本非啼，詩人因其號風若哀，因謂之啼，何必有喙者而後能啼耶?《説文》:“竹之夭然，似人之笑。”因爲“笑”字。竹豈能笑，特以象焉耳。非笑而可名以笑，

① “覝”,《説文》做“覝”,查看。《説文·見部》:“覝,察視也。從見､炗聲，讀若鐮。”清邵瑛《説文群經正字》:“此蓋廉察之廉之本字。兩《漢書》最多廉察，而經典罕見。”

從懷哀者觀之，孰謂不得爲啼耶？

鐵瓮城

潤州城古號鐵瓮，人但知其取喻以堅而已。[1] 然瓮形深狹，取以喻城，似爲非類。乾道辛卯，予過潤，蔡子平置燕於江亭。亭據郡治前山絶頂，而顧子城雉堞緣崗，[2] 彎環四合，其中州治諸廨在焉，圓深之形，正如卓瓮。予始知喻以爲瓮者，指子城也。時適有老校在前，呼問其故，校曰："子城面面因山，門之西出而達於市者，蓋隧山置闉，故門道長而厚，不與常城等。郡治北面出水之瀆，[3] 兩旁斗起，峭峻如壁，仍更向北行十餘丈，乃趨窪地，以是知因山而城，故能深厚如此也。"予始信鐵瓮者，專以子城言之。

古服不忌白

《隋志》："宋、齊之間，天子宴私著白高帽，士庶以烏。""太子在上省則帽以烏紗，在永福省則白紗。"隋時以

① "取喻以堅"，儒學警悟本作"喻堅"。
② "崗"，學津本作"岡"。
③ "郡"上，儒學警悟本有"又"。

白帢通爲慶弔之服，國子生服白紗巾。晋人著白接羅。① 竇苹《酒譜》曰："接羅，巾也。"南齊垣崇祖守壽春，著白紗帽，肩輿上城。今人必以爲怪，古未以白色爲忌也。郭林宗遇雨墊巾，李賢注云："周遷《輿服雜事》曰：'巾以葛爲之，形如帢。帢，口洽反，本居士、野人所服。魏武造帢，其巾乃廢。今國子學生服焉，以白紗爲之。'"是其制皆不忌白也。樂府《白紵歌》："質如輕雲色如銀，制以爲袍餘作巾，袍以光軀巾拂塵。"吴兢《樂府要解》案舊史：白紵，吴地所出。則誠今之白紵。《列子》所謂阿錫，而西子之舞所謂"白紵紛紛鶴翎亂"者是也。今世人麗妝，必不肯以白紵爲衣，古今之變不同如此。《唐六典》：天子服有白紗帽，其下服如裙、襦、襪皆以白，視朝、聽訟、燕見賓客，皆以進御，則猶存古制也。然其下注云亦用烏紗，則知古制雖存，未必肯用，多以烏紗代之，則習見忌白久矣。世傳《明皇幸蜀圖》，山谷間，老叟出望駕有著白巾者，釋者曰："服諸葛武侯也。"此不知古人不忌白也。

桃　葉

《桃葉歌》，王子敬爲其妾作辭曰："桃葉復桃葉，渡江

① "羅"，當作"籬"，卷十有"白接籬"作"籬"。下同。

不用楫。”王性之謂“渡江不用楫”，隱語也，謂横波急也。此語極似有理。而施建《樂府廣題》所載乃不然，① 曰：“‘桃葉復桃葉，渡江不用櫓。風波了無常，没命江南渡。’陳末人多歌之，後隋平陳，晋王營六合縣之桃葉山，實應其語。”建既得其本辭載之，則謂寄意“横波”者非也。

千里不唾井

李濟翁《資暇録》：諺云“千里井，不反唾”。疑“唾”無義也。“唾”當爲“莝”。莝，草也。言嘗有經驛舍反馬莝於井，後經此井汲水，爲莝所哽也。按《玉臺新咏》載曹植代劉勛妻王氏見出而爲之詩曰：“人言去婦薄，去婦情更重。千里不唾井，况乃昔所奉。遠望未爲遥，踟躕不得共。”觀此意興，乃爲嘗飲此井，雖舍而去之千里知不復飲矣，然猶以嘗飲乎此而不忍唾也，况昔所嘗奉以爲君子者乎？此足以見古人詩意，猶委曲忠厚，發情而止禮義，其理亦甚明白易曉。李太白又采用此意爲《平虜將軍妻》詩，② 曰：“古人不唾井，莫忘昔纏綿。”姚令威著《殘語》：太白此詩亦引李濟翁不莝井語，以爲之證，是皆不以曹植詩爲證也。

---

① “施建”，當作“沈建”。《宋史·藝文志》《玉海》卷一百六皆作“沈建《樂府廣題》二卷”。

② “采用”，儒學警悟本作“復因”。

牛　魚

契丹主達魯河鉤牛魚,① 以其得否爲歲占好惡，蓋仿中國賞花釣魚而因以卜歲也。近世周茂振使金，酋賜之魚，曰“手所親釣者”。即金亦用遼制也。王易《燕北録》云：“牛魚嘴長鱗硬，頭有脆骨，重百斤，即南方鱏魚也。”鱏、鱘同。《本草》既有鱘魚，又别有牛魚，云生東海，頭如牛，則牛魚别自一種，非鱘也。若鱏魚，正如鮎鱯，通身無鱗，既有鱗而硬，即非鱏矣。馮道使虜，詩曰：“曾叨臘月牛頭賜。”史謂虜真以牛頭賜之，非也。契丹主率以臘月打圍，因敲冰鉤魚，則臘月牛頭者，正《本草》所著東海之魚，其頭如牛者也，非真牛頭也。

茅三間

東坡詩：“周公與管蔡，恨不茅三間。”《南史・劉義真傳贊》曰：“善乎龐公之言，比之周公、管、蔡，若處茅屋之内，宜無放殺之酷。”

---

① “鉤”，儒學警悟本作“釣”，下同。參見卷三“北虜於達魯河鉤魚”條。

蕃　語

蕃語以華言譯之，皆得其近似耳。“天竺”語轉而爲“捐篤”“身毒”。唐有吐蕃，本“禿髮烏孤”，“禿髮”語轉遂爲“吐蕃”。唃厮羅之父名籛通，乃贊普也。達怛乃靺鞨也。契丹之契讀如吃，惟《新唐書》有音。冒頓讀如墨突，惟《晋書音義》有之，《漢音義》無也，不知其何所本。然常怪蕃語入中國，其元無本字，而以華字記之。而捐篤、身毒固無所奈何，至如龜茲，既知其爲丘慈，何不徑以“丘慈”書之？乃借用“龜茲”，以待翻字者，而後音讀乃明，是必有説也。華戎語異，雖借華字記之，尚與本語不全諧協，其必宛轉於兩字之間，如“龜”近“丘”，而不全爲“丘”，必龜、丘聲合，然後相近，故不得以一字正命也。

三姑廟

建康青溪有廟，中塑三婦人像，《輿地志》謂爲青溪姑，其在南朝數嘗見形。今《建康志》因曰：隋晋王廣嘗即其地斬張麗華、孔貴嬪，因并青溪姑者，數以爲三，俗亦呼三姑廟。此説非也。按吴均《續齊諧志》：會稽趙文韶宋元嘉五年爲東宮扶侍，居青溪。夜遇婦人携二婢過之，女贈金簪，文韶報以銀碗琉璃。比明，至青溪廟中，見碗已在焉。廟中女姑神像，青衣，婢侍立，乃夜來所見。[①] 即《輿地志》所謂“嘗見形”者。然則三婦人像，宋已有之，安得爲張、孔乎？

躤柳

壬辰三月三日，在金陵預閲李顯忠馬司兵，最後折柳環插球場，軍士馳馬射之。其矢鏃闊於常鏃，略可寸餘，中之輒斷，[②] 名曰“躤音藉柳”。[③] 其呼藉若乍聲。樞帥洪公謂予曰：“何始？”予曰：“殆蹛林故事耶。”歸閲《漢書·匈奴傳》：秋馬肥，大會蹛林。服虔曰：“蹛音帶。”師古曰：“蹛者，繞林而祭也。鮮卑之俗，自古相傳，秋天之祭，無林木者，尚植柳枝，衆騎馳繞三周乃止。此其遺法。”按，此即予言有證，其於馳躤之外加弓矢焉，則又益文矣。《西北録》：太祖時，契丹使來朝，詔使者於講武殿觀射，令其從者與衛士射毛球、截柳枝，即其事也。

① “見”，儒學警悟本作“遇”。
② “中之輒斷”，儒學警悟本作“中輒斷之”。
③ “音藉”，原在“柳”下，據儒學警悟本改。

平白地腸斷

李太白《越女詞》曰："東陽素足女，會稽素舸郎。相看月未墮，白地斷肝腸。"此東坡長短句所取，以爲"平白地爲伊腸斷"也。[1]

沓　拖

東坡："頗有沓拖風味。"李白《大鵬賦》："連軒沓拖，揮霍翕忽。"

簡　册[2]

古者，大事書之於册，小事簡牘而已。策者，編綴衆簡而成者也。文滿百乃書之，[3] 不然則否，故曰"小事簡牘而已"。蔡邕《獨斷》云："《禮》曰：'不滿百文，不書於策。'[4] 其制長二尺，短者半之，其次一長一短，兩編下附用

① "也"上，儒學警悟本有"者"。
② "册"，四庫本作"策"，下同。
③ "乃"，儒學警悟本作"字"。
④ "策"，學津本作"册"。

篆書。”此漢策拜丞相之制也。至策免，則以尺一木兩行而隸書，與策拜異矣。傅獻簡云：今批答五六字即滿紙，其體起於宋武帝縱筆大書，甚有理也。

皂　衣

《獨斷》：公卿、尚書衣皂而朝，曰朝臣。故張敞曰：“備皂衣議論。”

白銅鞮

《玉臺新咏》載《襄陽白銅鞮歌》，大抵主言送別且皆在襄陽。沈約曰：“分首桃林岸，送別峴山頭。若欲寄音息，漢水向東流。”無名氏一首曰：① “陌頭征人去，閨中女下機。含情不能言，送別淚霑衣。”其末云：“龍馬紫金鞍，翠毦白玉羈。照耀雙闕下，知是襄陽兒。”郭茂倩《樂録》：“本《襄陽踏蹄》，梁武西下所作。”《玉臺新咏》所載兩首皆沈約和《白銅鞮》，即太白所謂“襄陽小兒齊拍手，攔街爭唱《白銅鞮》”者也。

---

① “無名氏”，儒學警悟本作“無名人”。

明妃琵琶

琵琶所作，爲烏孫公主所出塞也，文人或通明妃用之，姚令威辨以爲誤，是矣。然《玉臺新咏》載石崇《明妃詞序》曰：“公主嫁烏孫，令琵琶馬上作樂，以慰其道路之思。其送明妃，亦必爾也。其造新曲，多哀聲，故書之於紙。”則崇之《明妃》詩嘗以寫諸琵琶矣。郭茂倩著爲《樂府》,[①] 遂載崇此詞入之楚調中。楚調之器凡七，琵琶其一也，則謂明妃爲琵琶辭，亦無不可。

香

秦漢以前，二廣未通中國，中國無今沉、腦等香也。宗廟爇蕭，灌獻尚鬱金，食品貴椒，皆非今香也。至荀卿氏，方言椒蘭。漢雖已得南粵，其尚臭之極者，曰椒房、椒風。郎官以雞舌奏事而已，較之沉、腦，其等級甚下，不類也。惟《西京雜記》載長安巧工丁緩，作被下香爐，頗疑已有今香。然劉向銘博山爐亦止曰：“中有蘭錡，青火朱烟。”《玉

① “《樂府》”,原作“《樂書》”,據儒學警悟本改。按,《樂府詩集》卷五十九載石崇《王明君》詩。

臺新咏·古詩》説博山爐亦曰："朱火燃其中，青烟揚其間……香風雖久居，空令蕙草殘。"二文所賦，皆焚蕙蘭，而非沉、腦，是漢雖通南越，亦未見越香也。《漢武内傳》載西王母降爇嬰香等，品多名異，然疑後人爲之。漢武奉仙窮極宫室、帷帳、器用之麗，《史》《漢》備記不遺。若曾創有古來未有之香，安得不記？沉香，梁武帝方施之祭神。

雞栖老人城

蘇易簡著本朝使人至西番，見有老人消縮如小兒，在梁上雞窠中，乃其見存子孫九代祖也。其説甚怪。丙申十月十六日，夜寓直玉堂，閲史，見興元間韋皋得詔攻吐蕃，其所攻州名有維、保、松及雞栖、老翁城。予欣然自笑曰："易簡之説，豈即此二城名而增飾之以文滑稽耶？"管城子之毛穎，烏衣國之王謝，皆其例也。

毛　裘

徐常侍鉉入中原，以織毛衣制本出胡虜，不肯被服，寧忍寒至死，信其有守。然古固以狐、羔、麑爲裘，聖人服之矣。若謂古人不以織毛之衣襲朝服者，則今貂蟬亦古乎？若其篤古堅毅，死且不易，上於人多矣。

烏鬼

老杜詩曰："家家養烏鬼。"沈存中曰："烏鬼者，鸕鷀也。"元微之嘗投簡陽明洞，有詩曰："鄉味猶珍蛤，家神愛事烏。"乃知唐俗真有一鬼，正名烏鬼。謂爲鸕鷀，殆臆度耶？傳記不聞有呼鸕鷀爲烏鬼者。又，《國史補》：裴中令節度江陵，常遣軍將譚弘受同王積往嶺南幹集。① 至桂林館，有烏在竹林中，積偶擲石擊中其腦以死，積殊不以爲意。會弘受病逗留于後，積先達江陵，中令疑訝。忽夢弘受訴，言道爲王積所殺，棄其尸竹林中。裴大以爲異，亟付獄治，積自誣伏法，而弘受乃至，始知是烏鬼報讎也。此説甚怪，然有以知唐俗謂烏能神，直至於是，則其祠而事之，有自來矣。

石鑄器

《穆天子傳》："天子升采石之山，取采石焉。天子使重䍃之民鑄以成器于黑山之上。"郭璞注云："今外國人所鑄作器者，亦皆石類也。"按，此所言殆今藥玉、藥流離之類，古

① "常"，學津本作"嘗"，《國史補》本無"常"字，據文意當作"嘗"。"譚弘受"，嘉靖本、四庫本、儒學警悟本、學津本作"譚洪受"，避宋太祖父弘殷諱。下同。

書記事簡不失實，驟觀若可愕，徐徐察之，理甚焕然，簡奇可尚也。

錢 塘

《世説》注錢塘云：[1]“晋人沈姓而令其縣者，將築塘，患土不給用，設詭曰：‘有致土一簣者，以錢一簣易之。’土既大集，遂誘曰：‘今不復須土矣。’人皆棄土而去，因取此土以築塘岸，故名錢塘。”非也。《漢書·地理志》會稽郡有錢塘縣，其已久矣，地名因俗傳而訛，如此者多。

欸 乃[2]

柳子厚詩：“漁翁夜傍西巖宿，曉汲清湘燃楚竹。江空日出不見人，欸乃一聲山水緑。”欸音奥，乃音靄。世固共傳《欸乃》爲歌，不知何調何辭也。《元次山集》有《欸乃歌》五章，章四句，正絶句詩耳。其序曰：“大曆丁未中，漫叟以軍事詣都使，[3] 還州，逢春水，舟行不進，作《欸乃》五曲，

① “錢”上，儒學警悟本有“釋”。

② “欸乃”，原作“欵乃”，據四庫本改。詳見卷六“長短句”條校語。

③ “叟”，嘉靖本、四庫本、學津本作“史”，據儒學警悟本、元結《次山集·別集類一》改。漫叟：元結老時自稱，見《新唐書·元結傳》。

舟子唱之。蓋取適於道路耳。”其中一章曰：“千里楓林烟雨深，無朝無暮有猿吟。停橈靜聽曲中意，好是雲山韶濩音。”蓋全是詩，如《竹枝》《柳枝》之類，其謂欸乃者，殆舟人於歌聲之外，别出一聲，以互相其所歌也耶。① 今徽、嚴間舟行，猶聞其如此，顧其詩非昔詩耳，而欸乃之聲可想也。《柳枝》《竹枝》尚有存者，其語度與絶句無異，但於句末隨加竹枝或柳枝等語，遂即其語以名其歌。欸乃，殆其例耶?

百子帳

唐人昏禮多用百子帳，特貴其名與昏宜，而其制度則非有子孫衆多之義。蓋其制本出戎虜，特穹廬、拂廬之具體而微者耳。棬柳爲圈，以相連瑣，可張可闔，爲其圈之多也，故以百子總之，亦非真有百圈也。其施張既成，大抵如今尖頂圓亭子，而用青氈通冒四隅上下，便於移置耳。白樂天有《青氈帳》詩，其規模可考也。其詩始曰：“合聚千羊毳，施張百子弮。骨盤邊柳健，色染塞藍鮮。”其下注文自引《史記》“張空弮”爲證，即是以柳爲圈，而青氈冒之也。又曰：“北製因戎創，南移逐虜遷。”是制出戎虜也。“有頂中央聳，無隅四向圓”，是頂聳旁圓也。既曰“影孤明月夜”，又曰

① “其”上，儒學警悟本有“和”字，可。

"最宜霜後地",則是以之弛張移置,[①] 於月於霜,隨處悉可也。又曰:"側置低歌座,平鋪小舞筵。"則其中亦差寬矣。既曰"銀囊帶火懸",又曰"獸炭休親近",則是其間不設燎爐,但用銀囊貯火,虚懸其中也。又曰:"蕙帳徒招隱,茅庵浪坐禪。"其所稱比,但言蕙帳、茅庵,而不正比穹廬,知其制出穹廬也。樂天詩最爲平易,至其鋪敘物制,如有韻之記,則豈世之徒綴聲韻者所能希哉!唐德宗時,皇女下降,顔真卿爲禮儀使,如俗傳障車、卻扇、花燭之禮,顔皆遵用不廢,獨言氈帳本北虜穹廬遺制,請皆不設。其言氈帳,即樂天所賦而宋之問所謂"催鋪百子帳"者是也。丙申十月十一日夜,醉後讀《白集》,信筆以書。

① "之弛",儒學警悟本作"知施"。

卷之十四

金吾2

《漢志》執金吾，注：金吾，鳥也。金吾執之以禦不祥，夫使金吾果禽類，從古至今必不絶種，何以全無其傳也？按，杨子雲《執金吾箴》曰：“吾臣司金，敢告執璜。”崔豹《古今注》：“金吾，棒也。以銅爲之，黄金塗兩頭，謂之金吾也。”按，今三衙大將立殿陛下，所執杖子者，銀扣兩末，而軍職之呼員僚者，每朝不笏而杖，其制略與之同。軍伍間呼其杖爲封杖，豈古金吾遺制耶？以楊、崔之語合而證之，知其爲杖，不爲鳥也，亦以明矣。

跳　蕩

渾瑊年十一立跳蕩功。《唐·兵志》：“矢石未交，陷堅突衆，敵因而敗，曰跳蕩。”

一唱三嘆

《樂記》曰："樂之隆，非極音也；食饗之禮，非致味也。清廟之瑟，朱弦而疏越，一唱而三嘆，有遺音者矣。大饗之禮，尚玄酒而俎腥魚；大羹不和，有遺味者矣。"凡瑟之弦，練而朱之，則其聲濁；底竅洪疏，則其聲遲。用絲本以取聲，而特貴其遲濁者，正與玄酒、大羹、薦味而棄味者同一意度。故曰遺音、遺味也。遺味、遺音，即與上文之謂"非極音、非致味"者相發相應也。[①] 鄭氏釋遺爲餘，失其旨矣。至於一唱三嘆，則鄭謂三人從而嘆之。《大戴禮傳》亦曰："清廟之瑟，一唱而三嘆之也。"漢去古未遠，一唱三嘆，其言如此，必有所受也。陳僧匠智叙《古今樂録》引《尚書大傳》云："古者，帝王升歌，清廟之樂，大琴練弦達越，大瑟朱弦達越，以韋爲鼓，不以竽、琴、瑟之聲亂人聲。清廟升歌，先人功烈德深，故欲其清也。其歌之呼也，曰'於穆清廟'嘆之也。於穆者，欲其在位者遍聞之也。"據此而言，其三人從旁嘆之者，從"於穆"等語，申以嗟嘆，至于三人也。僧匠智作《樂録》，起漢迄梁，其於存古甚多。

---

① 自"非致味者相發相應也"至"使之遲濁也"止，嘉靖本原缺，共 462 個字，據儒學警悟本、四庫本、學津本補。

其序《清商正聲》篇曰："但歌四曲，皆起漢世。無弦節，奏技，最前一人唱，三人和，魏武好之。有宋容華善唱此曲。自晋以來，四曲并絶。"其曰但歌者，但，徒也。徒歌者，不以被之絲弦，而專以人聲，故曰"無弦節"也。奏技者，技即伎也，即本卷題首之謂技曲者是也。方其奏技之時，無弦矣，其歌者最前一人唱之，三人從旁和之。與鄭氏所言同，知漢人共傳之古者如此。《樂録》於清商類中，又有可證者。其注《東光》曰："舊但弦無聲。"其注《東門》曰："舊但弦無歌，皆宋識造其歌與聲耳。"從"但弦"之義以推文可以例但歌之爲徒歌也。① 其後又有楚調但曲七，如《廣陵散》之類，謂從琴箏而得者，則又後人好事，寫之絲弦，非但歌本然也。夫古人貴本遺音，既不免弦木爲瑟矣，又從而理其弦度，使之遲濁也。漢、魏宗尚而推廣之，又并與絲弦不用而悉以人聲爲貴。此其意皆近古而可書，苟無匠智傳録，則今日不可以意推測矣。

擊　缶

應劭《風俗通》："缶者，瓦器，所以節歌。《易》曰：'日昃之離，不鼓缶而歌，則大耋之嗟，凶。'"《楊惲傳》：

① "文",儒學警悟本作"又"。

擊缶而呼嗚嗚者，真秦聲也。由此言之，擊缶者，皆擊之以節其歌，非缶而自能出聲也。

彤管

《詩》："彤管有煒。"箋云："彤管，筆赤管也。"鄭氏以爲"后、夫人必有女史彤管之法，史不記過，其罪殺之"。毛、鄭説《詩》多異，惟此制略相通，其必有所本。按漢制：尚書郎主作文書起草，月賜赤管大筆一雙。《會稽典録》：盛吉爲廷尉，每冬至斷囚，持丹筆垂泣。則皆丹彤其管，以别於常用之筆，第不知其得賜、得用制度何似耳。

馬匹

馬以匹爲數。自古言匹馬，皆一馬也。《文侯之命》有"馬四匹"，不知當時何指。《韓詩外傳》謂馬夜行，目光所及，與匹練等。或曰，匹言價與匹帛等。不知孰是。因讀劉勰《文心雕龍》，其説爲長，曰：古名車以兩，馬以匹，蓋車有佐乘，馬有驂服，皆以對并爲稱，雙名既定，則雖單亦復爲匹，如匹夫、匹婦之稱匹是也。此義甚通。

虎　賁

沈約《宋志》:“虎賁，舊作虎奔，言如虎之奔走也。王莽以古有勇士孟賁，故以‘奔’爲‘賁’。”此説非也,《書》:“虎賁三千人。”① 賁之爲賁久矣。古賁、奔通，不必取孟賁爲義。

官㯶貴私㯶賤

孫伏伽言:“只爲官㯶貴，所以私㯶賤。”讀者不解。按,《舊唐志》:“虞部職掌柴炭、木㯶進内及供官客，并於農隙納之。”則木㯶也者，虞部歲取諸民，有定令也。既以令取又不足用，則溢額制之而給其直。會其科取數多，既至而官不更買，則不免賤售於外，故曰:“若官㯶賤，則私㯶無由賤也。② 㯶，徒江反。”

屋幾楹

元祐初，程頤議更立太學，先言三舍每齋須屋七楹，其

---

① “虎賁三千人”,《書・牧誓・序》:“虎賁三百人。”《孟子・盡心下》:“武王之伐殷也,革車三百兩,虎賁三千人。”

② “由”,嘉靖本、四庫本作“田”,據學津本和《資治通鑑》卷一百九十五改。

後又言七間爲一齋。學制所詰問頤前後所須間架不同，頤曰："所稱齋七楹，即是七間，别無間架不同。"不知此时何人主學制所，殊可笑也。楹，柱也。《詩》言旅楹，即概言衆柱耳。孔子夢奠两楹，即是在兩柱之间。世謂屋若干間者，取兩柱夾覆之中，故曰一間。今文士記屋，亦皆相承以幾楹爲幾間。蓋取柱之一列言之則無礙，或析而言之，以一間爲一楹，一楹安得立屋？此正所謂因文害事也。《唐·殷盈孫傳》：① 僖宗還蜀，議立太廟，盈孫議曰："故廟十一室，二十三楹，楹十一梁。"是排立十一室，無室爲屋間二，其東西屋盡處，别須植柱二列，故十一室而二十三楹者，以一列爲一楹也。二十三楹而梁才居十一者，從南面計視，亦以梁列數之，故每室才云一梁也。

洋州

洋當讀如汪洋之洋，今讀如詳，莫明所起。《説文》："洋，水。出齊臨朐。"雖非今洋州之洋，然徐鍇著音，② 乃以似羊爲翻，則當讀洋如詳，③ 古有之矣。洋、揚二州，聲

① "殷"，原作"王"，避宋太祖趙匡胤父親趙弘殷諱。

② "徐鍇"，嘉靖本、四庫本、學津本皆作"徐諧"，據儒學警悟本改。《説文解字繫傳》："鍇按《漢書》洋水出臨朐……似羊反。"

③ 按，《説文解字》中"洋"和"詳"都是"似羊切"。

稱相雜，豈其世人病之，而借齊洋音讀以加梁洋,[①] 使有差別乎?

浙　江

《説文》釋浙云:[②]“江水東至會稽山陰爲浙江。”又“漸水出丹陽黟水，東入海。”皆今錢塘浙江也。秦始皇渡浙至會稽。又《莊子》有浙河，則浙名舊矣。桑欽載漸水所徑、所入，正今浙江而不名爲浙。若謂浙、漸字近，久而相變，如郲、鄈之類耶，則浙之得名既已先秦，而桑欽更以爲漸，何耶?許氏浙水、漸水又復兩出，皆不可曉。黟、歙，今徽州也。休寧縣有浙溪，溪上有浙嶺，而婺州亦有浙溪，二州水皆會桐廬，而遂從杭、越間入海。則本其發源，各名爲浙，亦無抵牾。第以古語爲正，則出黟者，古也。

箭貫耳 2[③]

軍法以矢貫耳爲聅，聅之音，恥列、徒安二翻也。《説

---

① “借齊洋音讀以加梁洋”,借用齊的洋水的“洋(xiáng)”的讀法加到梁洋的“洋”的讀音上(以區别洋州、揚州的讀音)。

② “《説文》釋浙云”,嘉靖本、四庫本、學津本皆作“《説文》釋浙江云”,據儒學警悟本改。

③ 卷九有同名條目,内容大同小異,可參考。

文》引《司馬法》曰："小罪聅，中罪刖，大罪剄。"故子玉治兵，鞭七人，貫三人耳者，用此法也。漢原涉犯罪，茂陵守令尹公捕之急，諸豪説尹，欲使肉袒自縛箭貫耳，詣廷門謝罪。則用箭貫耳以示恐畏，非以意爲之也。

衙

凡官寺吏卒，率以晨、晡兩時致禮，俗呼衙府，古有之而稱謂訛也。漢文釋申曰：[1]"吏以晡時聽事，[2]申旦政也。"《藝文類聚》載古射覆"蜜蜂"之辭曰："蘤蘤華華，[3]雖無官職，一日兩衙。"則凡官寺，日再聽事，吏卒因之，亦兩致其恭，當用"衙晡"二字。府，"餔"聲之訛者也。天子御正殿受朝，亦名正衙，不知何始。

酎

漢八月飲酎。説者曰："酎，正月釀，八月成。"許叔重曰："八月黍成，可爲酎酒。""酎，三重醇酒也。"二説不同。然酒固有久醖者，恐八易月乃成，期太迂遠，當以黍成

---

① "漢文"，儒學警悟本作"《説文》"，是。
② "晡"，《説文》作"餔"。
③ "蘤"，同"花"。

可釀爲是。黍既登熟，三重釀之，八月一月可辦也。

漢藏書處

漢世藏書，舊知有禁中、外臺之别已。今讀劉向叙載所定《列子》之書，而知中書之外，又有太常、太史與中秘而三也。向言所校三藏本篇章，大率中書多外書少，知漢留意中秘，故比他本特備也。史遷紬金匱石室以成《史記》，豈嘗許其稽閲中秘耶？或太史所藏于漢家事實，則金匱石室以加嚴耶？然不知正在何地也。

箭　括

《列子·仲尼》篇言："善射者能令後鏃中前括，發發相及，[①] 矢矢相屬，前矢造準而無絶落，後矢之括猶銜弦，視之若一焉。"《唐六典·武庫令》注箭制曰：[②]"其本曰鏑，其

① "能令後鏃中前括，發發相及"，嘉靖本、四庫本、學津本作"能令後鏃中箭括發相及"，儒學警悟本作"能令後鏃中箭括，發發相及"，據《列子》改。鏃：箭頭。括：箭尾。晋張湛《列子注》曰："箭相連屬無絶落處，前箭著堋（箭靶），後箭復中前箭，而後所凑者猶銜弦，視之如一物之相連也。"

② "武庫令"，嘉靖本、四庫本、學津本作"庫武令"，據儒學警悟本、《唐六典》卷十六改。

旁曰羽，其矢末曰括，括旁曰疑恐是擬字。”①《書》所謂“往省括于度，則釋”者，矢之末分歧而銜弦者是括也。

南墳西墳

國朝宗子自祔葬山陵之外，又有南墳、西墳。問諸宗子，多南渡後始生，無知之者。建炎二年十月，知汝州張抃奏劾其州官遁竄之罪。有趙叔潛者結銜云“保義郎添差管轄舒王已下墳圍”，有承節郎王世斌者，其銜即云“管轄魏王已下墳圍”。此之舒、魏二王墳，南、西二墳也耶？

臚　傳

《漢書》“臚傳”，古今不曾究極其義。按《儀禮·士冠禮》：“主人得筮，反之筮人。筮人還，東面，② 旅占，卒，進，告吉。”鄭氏注云：“旅，衆也。古人旅作臚。”予因讀

---

① “疑”，當作“叉”。《初學記》卷二十二《武部·箭第五》作“括旁曰义，形似义也”，《唐六典·武庫令》同。《御覽》卷三百四十九《兵部八十·簡上》作“括旁曰义，形如义也”，“义”是“義”的俗寫，《御覽》因訛爲“义”。《釋名》：“栝旁曰义，形似义也。”畢沅《釋名疏證補》“义”作“叉”，稱“栝之有叉，所以檠弦也”。《説文》：“叉，手指相錯也。從又，象叉之形。”段注：“凡岐頭皆曰叉。”蓋“义”爲“叉”之訛，“义”與“疑”又因同音而訛。程氏注“恐是擬字”，蓋因“疑”而臆測。

② “面”，嘉靖本、四庫本、儒學警悟本作“西”，據學津本和《儀禮·士冠禮》改。

此始悟臚傳曰旅傳也。今之臚傳，自殿上至殿下，皆數人抗聲相接，使所唱之語，聯續遠聞，則臚傳之爲旅傳，其已審矣。鴻臚寺主典賓客，亦取大衆會集以爲名寺之義。

古爵羽觴

《楚辭》曰："瑶漿蜜勺實羽觴。"張衡《西京賦》："促中堂之狹坐，羽觴行而無筭。"班婕妤《東宫賦》曰："酌羽觴兮消憂。"諸家釋羽觴皆不同。劉德曰："酒行疾如羽。"如淳曰："以玳瑁覆翠羽於下，徹上可見。"劉良曰："杯上插羽，以速飲。"皆非是。束晰論禊曰："逸詩云：'羽觴隨波流。'"且以隨波之用證之，若果插羽，則流泛非便。至謂玳瑁、翠羽相須爲麗，則太不經。惟李善引《漢書音義》曰"作生爵形"者是也。古飲器自有爵真爲爵形。劉杳謂古尊彝皆刻木爲鳥獸，鑿頂及背以出酒者，即其制也。本朝李公麟得古爵，陸佃繪之《禮象圖》，其形有咮、有足、有尾，但不爲背，而盡窪虚其中，以受酒醴。蓋通身全是一爵也，惟右偏著耳，以便執持，如屈卮然，乃始是飲器制度。蘇文忠之詩，有狀胡穆銅器者，曰："隻耳獸嚙環，長唇鵝擘喙。[1] 三趾下鋭春蒲短，兩柱高張秋茵細。君看翻覆俯仰間，

① "喙",原作"啄",據學津本和《蘇軾詩全集》改。

覆成三角翻兩髻。古書雖滿腹，苟有用我亦隨世。嗟君一見呼作鼎，纔注升合已漂逝。”文忠不正命其器以爲爵，而徇穆之所名，姑以爲鼎。然味其所咏形模大小，以較《禮象》，則與李公鱗古爵正同。古爵、雀字通。紹興間，奉常鑄爵，正作雀形，如《禮象》所繪，知其有所本也。則夫以爵爲觴，而命之羽觴，正指實矣。孟康釋班賦亦曰：“羽觴，作生爵形，有頭、尾、羽翼。”師古曰：“孟説是也。第其制隨事取便，鑄銅爲之，則可堅久，於祭、燕爲宜。若以流泛，即刻木爲之，可飲可浮。”皆通便矣。

交 牀

今之交牀，制本自虜來，始名胡牀。桓伊“下馬據胡牀，取笛三弄”是也。隋以讖有胡，改名交牀，胡瓜亦改黄瓜。唐柴紹擊西戎，據胡牀使兩女子舞，則唐史臣追本語以書也。唐穆宗長慶二年十二月，見群臣於紫宸殿，御大繩牀，則又名繩牀矣。

金爲兵器

孫愐《唐韻》釋鎧曰甲也。《管子》云：“葛盧之山，發而出黄金，蚩尤制以爲鎧。”謂蚩尤鑄鎧，不知《管子》何所本，然是以知周世之鎧必已用金也。《漢・嚴安傳》曰："今天下鍛甲磨劍，矯箭控弦。"許叔重《説文》曰："兜鍪，首鎧也。""釬侯肝反，臂鎧也。""錏音鴉鍜霞，[1] 頸鎧也。"自身鎧之外，鍪、釬、錏鍜，循首以至頸臂，悉皆有鎧，而字又從金。仲長統《昌言》曰："古者以兵車戰，而甲無鐵札之制。今誠以革甲當強弩，亦必喪師亡國。"則甲用鐵札，西都已然，不待漢末也。

袒　免

《禮》有袒免，鄭氏曰：[2]"免音問。以布廣一寸，從頂中而前，交於額上，又卻向後繞於髻也。"予疑不然。《記》曰："四世而緦，服之窮也。五世袒免，殺同姓也。"服之旁殺而至於緦，僅爲三月，則自此之外，不更有服矣。然而由四殺五，不可頓如路人，故屬及五世，而族人有喪，則脱露半袖，見其内服，是之謂袒。解除吉冠，是之謂免。免之爲言，正是免冠之免，不應别立一冠，名之爲免，而讀之如

---

① "霞"上，《儒學警悟》有"音"，是。

② "鄭氏曰"，當作"陸德明曰"，下引文見《禮記注疏》之陸德明《音義》。《禮記・檀弓上》："公儀仲子之喪，檀弓免焉。"鄭玄注："故爲非禮，以非仲子也。禮：朋友皆在他邦，乃袒免。"陸德明《音義》："免音問，注同。以布廣一寸，從項中而前，交於額上，又卻向後，繞於髻。"則程氏通篇批駁鄭玄誤矣。

“問”也。《曲禮》曰：“冠無免，勞毋袒。”免且袒，皆變易其常，故侍君子者以爲不恭，而無服者之屬用以致哀，示與路人異也。《經》於“緦”有三月，而袒免無期日也。既無服，又無期日，第行之始死之時，其斯以爲戚矣。歷考《禮經》本文，止言袒免，更無一語記其如何爲袒、如何爲免，則是小功以上，衰絰冠杖實有其制，而袒免則元無冠服，故亦莫得而記也。《周禮》垂衰冠之式於門，謂緦、小功以上，亦無袒免體式也。使誠有其制如鄭氏所言，則亦不成其爲冠也。況“袒”既不别爲之衰，又對“免”而言，知當未斂之時，第使之袒衣免冠者，事情之稱也。古今言以布繞頂及髻而謂之爲免者，惟鄭氏一人。自漢以後，并免而數以爲冠名，則皆師述鄭氏也。杜佑博識古事，而特致疑於此。雖其叙載喪制，即免加絲，借古冕之綩，著以爲綩，若用鄭矣，而特自出其見於下，曰：“綩制未聞，惟鄭氏云云。”則佑固不以爲安矣。按，《禮》凡因事及“免”，必與“冠”對。《喪服小記》曰：“男子冠而婦人笄，男子免而婦人髽。”又《曲禮》“冠毋免”。則凡“免”皆與“冠”對。“免”之爲“免”，當正讀爲“免”，其理已明矣。喪而免冠，不惟五世無服用之，雖重如斬、齊，當其未斂、未及成服，亦嘗用之。蓋遭喪之始，① 未辦成服，姑仍常時衣冠，在衣則袒，在冠

① “遭”,原爲空格,據儒學警悟本補。

則免，以爲變常之始。故《經》紀重喪曰：“袒、括髮，變也。愠，哀之變也。去飾，去美也。袒、括髮，去飾之甚也。”賈公彦之釋“袒免”，首尾遵本鄭氏，惟於此特循正理而爲之言曰：“冠尊，不居肉袒上，必先免。”故凡哭哀，則踊，踊必先袒，袒必先免，是袒且免，皆因哀變常，而未及爲服者之所爲也。斬、齊重矣，故免冠而肉袒；免冠且肉袒矣，而又被髮不紒，則以麻約之，較之五世袒免，則此爲其重。若其袒衣免冠以示變常，則斬、齊、袒免其意同也。且免之爲免，不止始喪然也。《喪服小記》曰：“既葬而不報虞，則雖主人皆冠，及虞則皆免。”又曰：“遠葬者，比反哭者，皆冠及郊而後免。”又曰：“君弔，雖不當免時也，主人亦免。”凡此三節，皆以“冠”對“免”，而“免”則皆取其進而及於重也。葬而誠虞也，遠葬而及郊，近墓也。已過免時，而君始臨弔也，則皆以免冠爲禮，取始死之節以重爲之也。葬不報虞，遠葬而未及墓，若過時而有弔者，自非其君，則皆仍所喪之“冠”，而不爲之“免”，處之以喪禮之常也。從是推之，知免冠之爲始死之節也。《喪小記》又曰：“斬衰，括髮以麻。母，[1] 括髮以麻，免而布之。”蓋父母皆當以麻括髮，而古禮，母皆降父，故減麻用布，示殺於父也。此之謂免，蓋應用而許其不用，故特言免以明之。若如鄭言，

---

① “母”上，《禮記·喪服小記》有“爲”字。

以免爲免音問，則居母喪者，既括髮以麻而以布爲“免”音問，遂當以“免”而加諸齊衰之上，則是降斬而齊，遽著五世以外輕殺無服之冠，豈其理乎？至此推説不通矣。然以免爲冠，萬世宗信鄭氏，予獨不以爲安，故著此以待博而不惑者折衷之。

卷之十五

不　托

湯餅一名餺飥，亦名不托。李正文《刊誤》曰：[1]“舊未就刀鈷時，[2]皆掌托烹之，刀鈷既具，乃云不托，言不以掌托也。俗傳‘餺飥’字，非。”予始讀此，未審其言信否，及見束晳《餅賦》，知其有本也。晳曰：“仲春之月，天子食麥而朝事之籩，煮麥爲麵。”《内則》諸饌不説餅，然則雖云食麥而未有餅，餅之作也，其來久矣。又曰：“三冬冽寒，涕凍鼻中，霜成口外，充虚解戰，則湯餅爲最。”而其形容制造之意，則曰：“火盛湯涌，猛氣蒸作。攘衣服，振掌握，搦掮搏麵，瀰離於指端，手縈迴而交錯。紛紛駁駁，星分雹落，柔如春綿，白若秋練。”則當晉之時，其謂湯餅者，皆手搏而

---

① “李正文《刊誤》”，當作“李匡乂《資暇集》”。

② “刀鈷”，李匡乂《資暇集》作“刀机”，下文有“刀几”。“鈷”同“鍸”，古代宗廟里盛黍稷的禮器。《集韻·模韻》：“鍸，黍稷器。夏曰鍸，商曰璉，周曰簠、簋。或作鈷，通作瑚。”

擘置湯中煮之，未用刀几也。又宗懔《荆楚歲時記》：“六月伏日作湯餅，名辟惡餅。”庾闡賦之曰：[1]“當用輕羽，拂取飛麪。剛軟適中，然後水引。細如委綖，白如秋練。”則其時之謂湯餅，皆齊高帝所嗜水引麪也。水引，今世猶或呼之，俚俗又遂名爲蝴蝶麪也。水引、蝴蝶，皆臨鼎手托爲之，特精粗不同耳，不知何世改用刀几而名不托耳。若參束、宗所賦，則李正元所紀，[2] 信而有證也。餺飥，恐古無此字，殆後人因不托聲稱之而“食”其旁，與歐公餕音俊，餡音叨之謔，同一關捩也。

凡將

漢小學家司馬相如作《凡將篇》，其後元帝時史游又作《急就篇》。《凡將》今不可見矣，《藝文類聚》載《凡將》一語曰：“鐘磬竽笙筑坎侯。”與《急就》記樂之言，所謂“竽瑟箜篌琴筑箏”者，其語度、規制全同。率皆立語總事，以便小學，即《急就》也者，正規模《凡將》也。

---

① “庾闡賦之曰”，當爲“弘君舉《食檄》曰”。庾闡爲晋人，弘君舉爲隋人。《太平御覽・飲食部》：“君舉《食檄》曰：催厨人作茶餅，熬油煎葱，例茶以絹。當用輕羽，拂取飛麪，剛軟中適，然後水引。細如委綖，白如秋練。羹杯半在，財得一咽，十杯之後，顔解體潤。”

② “元”，當作“文”，上文及清沈自南《藝林彙考・飲食篇》引《演繁露》皆爲“文”。

幘

冠服古今異制，而苦無明著，既其制不能明了，則其所施用，或當或否，皆不可別識矣。幘者，冠下覆髻之巾也。史游《急就章》曰："冠幘簪黄結髪紐。"顔師古釋之曰："幘者，韜髪之巾，所以整亂髪也。當在冠下，或單著之。"楊雄《方言》曰："覆髻謂之幘巾，或謂之承露，或謂之覆髻，皆趙、魏間通語也。"夫其從"覆髻"而言，則顔師古謂爲整髪者是也。冠冕有旒，崔豹《古今注》以爲垂露，則"承露"云者，從藉冠言之也。"漢元帝額有壯髪，不欲人見，始進幘服，群臣皆隨焉"，"庾凱醉墮幘機上，以頭就穿取"，"檀道濟被收，脱幘投地"，皆顔師古謂"或單著之"者也。若其人應著冠，則以幘藉其下；賤而執事，則無冠，單著幘也。應劭《漢官儀》謂"幘者，卑賤不冠者之所服"是也。"董偃緑幘傅鞲，拜謁武帝，帝令起，趍東厢就衣冠"是也。① 董仲舒《止雨書》亦曰"執事者赤幘"。摯虞《決疑》曰："凡救日蝕者，皆著赤幘以助陽。"知其皆賤者之服也。始有幘時，未以覆髻，但韜裹鬢毛使著冠，使髪不蒙面耳。凡此言冠而及幘者，其冠皆冕，冕冒額，故必用幘以收

① "趍"，四庫本"趨"，同。

髮也，古冠、冕得通言故也。若單著，既冠之，冠則露髮無所事幘也。蔡邕《獨斷》曰："元帝進幘，但遮覆額前壯髮，尚未有巾也。王莽頭秃，始加巾，故其俚語曰：'王莽秃，幘施屋。'"《後漢書》曰"半頭幘"，"劉俠卿爲劉盆子制半頭赤幘"。《續漢書》曰，半頭幘即空頂幘，其上無屋，故以爲名。《東宫故事》曰："太子有空頂幘一枚。"空頂即半頭也。元帝時尚未有巾，故東宫用空頂幘者，本古也。屋即巾也。有顔有屋，即異乎空頂矣。梁冀改易服制，作庳幘狹冠，①是冀自改莽制，損下其屋也。董巴《漢輿服志》曰："古者有冠無幘，秦以爲武將首飾，爲絳幘，以表貴賤。後稍作顔題。漢興，續其顔，卻結之，施巾連題，卻覆之。至文帝，乃高顔續爲之耳，且崇其屋，貴賤皆服之。"夫耳者，結巾之角也。巴謂崇屋始於文帝，恐不及蔡邕謂爲始莽者的也。董偃服庖人服，故緑幘。衛宏《漢舊儀》曰："齋緑幘，耕青幘。"《漢官儀》曰："謁者著緗幘大冠。"皆隨事著色。若《東觀漢記》載光武初起，服赤幘，賜段熲赤幘大冠一具。孫堅爲董卓所圍，著赤罽幘，潰圍而出，皆執事者單幘之證也。夫止雨、救日，執事者皆赤幘，未必主爲助陽也。蓋漢

① "庳幘"，《後漢書·梁統傳》作"埤幘"，"冀亦改易輿服之制，作平上軿車，埤幘，狹冠，折上巾，擁身扇，狐尾單衣"。李賢注"埤"曰："埤，下也。"

以火王，其在五德尚赤耳。[①] 故董仲舒《繁露》曰：“以赤統者，幘尚赤。”是專漢制也。

鄒　邾

趙岐曰：“鄒本春秋邾子之國，至孟子時改曰鄒矣。國近魯，後爲魯所并。又言鄒爲楚所并，非魯也。今鄒縣是也。”《鄒山記》曰：“鄒山，古之嶧山也。孤桐之所植，邾公之所卜。山下是鄒縣，本是邾國，魯穆公改鄒，山從邑變，故謂鄒山。”始皇勒銘在此山上。合此二説觀之，《鄒山記》未爲審的也。鄒、魯相閧，魯之臣死者三十三人，穆公尚以民莫救上問於孟子。[②] 則改邾爲鄒，豈魯力所能哉？夫并邾改鄒，亦大故矣，而史無明載，[③] 考古者至此殆難審定也。

---

① “尚”上，儒學警悟本有“當”字。按，鄒衍曰：“五德從所不勝，虞土、夏木、殷金、周火。”後世有人用五行相生相剋的説法來解釋五德終始，木克土、金克木、火克金、水克火、土克水，秦朝爲水德。漢代在五德方面曾有反復，劉邦時張蒼認爲秦朝不屬於正統朝代，應該由漢朝接替周朝的火德。漢武帝時又認爲秦屬於正統朝代，改漢正朔爲土德。王莽建立新朝又采用劉向劉歆父子的説法，認爲漢朝屬於火德。漢光武帝光復漢室之後，正式確立漢朝正朔爲火德。東漢及以後的史書如漢書、三國志等皆采用了這種説法，因此漢朝也被稱爲“炎漢”，又因漢朝皇帝姓劉而稱“炎劉”。

② “救”，原作“捄”，同，據儒學警悟本改。

③ “而”，原作“南”，據儒學警悟本、學津本改。

百丈2

杜詩舟行多用百丈，問之蜀人，云：“水峻，岸石又多廉棱，若用索牵，即遇石輒斷不耐，故劈竹爲大瓣，以麻索連貫其際，以爲牵具，是名百丈。百丈以長言也。”《南史·朱超石傳》：“宋武北伐，超石董舟師入河陽,① 人緣河南岸，牵百丈。”則知有百丈矣。②

曲 逆

陳平封曲逆侯，或讀如“去遇”，非也。《地理志》：“中山國曲逆縣，得名因濡乃官反。水至城北曲而流，故曰曲逆。章帝醜其名，改曰蒲陰。”則曲逆之讀，當如本字，不當借音。

---

① “陽”,學津本作“軍”,整句斷句後爲“超石董舟師入河,軍人緣河南岸”,據上下文義,學津本優。

② “知”,儒學警悟本作“古”,優。

蒲　盧

《説文》:“蜾蠃,[①] 蒲盧,細要土蜂也。”按,《禮》:“人道敏政,地道敏樹。政猶蒲盧也。”夫從“地道敏樹”之後始言“政猶蒲盧”,直是“蒲”與“盧”耳。[②] 今人釋《中庸》,以蒲盧爲螟蛉,其誤當始《説文》。

無　恙

今人問安否曰“無恙”。説者曰:“恙,草間虫名也。”故問安者以“無恙”言之。今按《説文》:“恙,憂也。”至“它”托何反條乃曰:“它,從虫而長,象宛曲垂尾形。上古草居,患它,故相問‘無它乎?’”

垛　殿

《説文》:“垛,堂塾也丁果反。”又云:“塾,門側堂也。”

---

① “蜾”,原作“蠕”,儒學警悟本、學津本作“蝸蟎”,同。“蠃”,原作“蠃”,據學津本、《説文》改。

② “直”,原作“真”,據儒學警悟本、學津本改。按,程大昌不同意前人的解釋,認爲“政猶蒲盧”的“蒲盧”,只是柔韌性很好的蒲草和蘆葦罷了。

今垛殿取此。

遏 2①

魏劉靖魏嘉平二年，② 立遏於漁陽高粱河。《水經》十四。遏，即堨也，以土壅水爲遏。不知何世加“土”爲“堨”，故柳子厚記袁家堨猶須解釋，恐人不喻也。

相雞狗術

《荀子·儒效篇》：“堅白異同之分隔也。”“不知，無害爲君子。”“曾不知相雞狗之可以爲名也。”③ 是此種雜術，古已有之。

先馬 2④

《荀子·正論》：天子“乘大輅”，“諸侯持輪、挾輿、先

① 卷七有“堨”條，内容近似。

② “魏”，儒學警悟本作“以”，可。“二”，嘉靖、四庫、學津本作“三”，據儒學警悟本及《水經注》十四改。

③ “知”，當作“如”，四庫本及《荀子》《容齋隨筆》等皆作“如”。

④ “先馬”，儒學警悟本、學津本作“洗馬”，同。卷十有相同條目，内容稍有出入，下文相關難點可參考卷十本條注釋。

馬”。注：“先馬，導馬也。”《莊子》：七聖在襄城之野，有前馬後車。後世東宫官有太子洗馬，釋者曰：“洗，先也。此亦先馬之義也。”天子出則有先驅，太子則洗馬。言騎而爲太子儀衛之先也。

選案黄紙[①]

中書令傅亮以蔡廓爲吏部尚書，語録尚書徐羨之曰：“黄門郎以下，悉以相委。”蔡廓曰：“我不能爲徐干木署紙尾。”遂不拜。選案黄紙，録尚書與吏部連名，故言“署紙尾”也。[②] 按，此則宋時文書已用黄紙，唐高宗時始令凡敕書皆黄紙，[③] 則不獨選案得用也。葉石林言太宗時敕已用黄紙，不知其何所本也。

鼻　祖

楊雄賦曰：[④]“或鼻祖於汾隅。”劉德釋“鼻”爲“始”。後人特信德語，和附以爲始祖，不知“鼻”之訓“始”何義

① 卷四有“詔黄”條，内容大體相同但較此條詳。

② “署”，原作“書”，避宋英宗趙曙諱。據《宋書·蔡廓傳》改。

③ “令”，儒學警悟本作“命”。

④ “楊雄”，四庫本、學津本作“揚雄”，同。

也。《説文》釋“皇”曰：“皇，大也。从自。自，始也。始皇者，三皇大君也。自讀若鼻，今俗以始生子爲鼻子。”則鼻之爲始，漢時已然也。《説文》於“辠”又曰：“辠，犯法也。从辛，从自，言辠人蹙鼻若辛。秦以辠似皇字，改爲罪。”合皇、鼻二字本釋而言之，則“鼻”之訓“始”有以也。

葉　子

古書不以簡策，縑帛皆爲卷軸，至唐始爲葉子，今書册也。然古竹牒已用叠簡爲名，顧唐始以縑紙卷軸改爲册葉耳。

嘉慶李 2

韋述《兩京記》：“東都嘉慶坊有李樹，其實甘鮮，爲京城之美，故稱嘉慶李。”今人但言嘉慶子，蓋稱謂既熟，不加李亦可記也。

林　養

《松陵集》陸龜蒙《樵子詩》云：“生自蒼崖邊，能諳白雲養。”注：“養，去聲讀。山家謂養柴地爲養。”予按刑浙東，民有投牒，言林養爲人所侵者，書“養”皆作“樣”。予疑其無所本，今讀陸詩，知二浙方言有自來矣。

托　子

古者彝有舟，爵有坫，即今俗稱臺盞之類也。然臺盞亦始於盞托，托始於唐，前世無有也。崔寧女飲茶，病盞熱熨指，取楪子融蠟，象盞足大小而環結其中，置盞於蠟，無所傾側，因命工髹漆爲之。寧喜其爲，名之曰托，遂行於世，而托子遂不可廢。今世托子又遂著足，以便插取。間有隔塞，其中不爲通管者，乃初時楪子環蠟遺制也。

六　更

禁中鐘鼓院，在和寧門譙上。其上鼓記五更已竟，外間通用漏刻，方交五更也。殺五更後，譙上不復更擊鐘鼓，需平明漏下二刻，① 方椎鼓數十聲，門開。人知促配五更，不擊六鼓，何義也？唐王建《宫詞》云：“每夜停燈熨御衣，銀熏籠底火霏霏。遥聽帳裏君王覺，上直鐘聲始得歸。”本朝王禹玉亦有詞云：“焚香熏熨赭黄衣，恐怕朝陽進御遲。禁鼓

① “漏”下，儒學警悟本有“刻”字。

六更交早直，歸來還直立班時。"[①] 以二宫詞詳之，禁中記更鼓不究平曉者，蓋交更之際，翌日當直宫女，須以未曉前先來受事。則凡應奉蚤朝，皆可夙辦，[②] 若候正交五更始來，則不及事矣。王建言"上直鐘聲"者，禁中五更曉鐘也。王禹玉謂"六更"者，明宫殿五更之外更有一更也。其實宫鼓以外間四更促爲五更，故五鼓終竟時，蚤於外間耳，鼓節未嘗溢六也。國朝大禮，車駕宿齋青城，則齋殿門内五更均促，使短如宫中常節，至青城門外，則五夜平分，須曉乃竟，故奉常具行禮序次，[③] 以授在事之人，皆以宫漏之外别異，[④] 其言曰"街市幾更幾更"爲此也。

腰　舟

莊子言魏王大瓠濩落無所用，何不以爲大尊而浮之水上。司馬云："尊如酒器，縛之於身，浮於江海，所謂腰舟也。"亦《鶡冠子》"中流失船，一壺千金"者也。《詩》曰："匏有苦葉，濟有深涉。"瓠之苦者，不可食啖，則養使堅大，裁以爲壺而用之濟水，則雖深涉無害也。

---

① "直"，儒學警悟本作"是"，可。
② "辦"，原作"辨"，據學津本、宋高似孫《緯略・五夜》改。
③ "常"，原作"當"，據學津本和《宋史・職官志》改。
④ "以"，儒學警悟本作"於"，優。

狸首

《史記·封禪書》:“萇弘以方事周靈王。[①] 諸侯莫朝，弘明鬼神事,[②] 設射《狸首》。《狸首》者，諸侯之不來者，依物怪欲以致諸侯。諸侯不從。”徐廣曰:“狸，一名不來。”今俗語呼狸猶然。然則射之所射者,[③] 皆以惡物爲鵠，故曰“毋若爾不寧侯，故抗而射汝”。

障扇2[④]

今人呼乘輿所用扇爲掌扇，殊無義，蓋障扇之訛也。江夏王義恭，爲宋孝武所忌，奏革諸侯制度，障扇不得用雉尾是也。凡扇言障，取遮蔽爲義。以扇自障，通上下無害，但用雉尾飾之，即乘輿制度耳。蔡嶷小詞有曰“扇開仙掌”，誤也。

---

① “弘”,儒學警悟本缺末筆,學津本作“宏”,避清高宗弘曆諱,下同。

② “鬼”上,儒學警悟本有“乃”字。

③ “然則射之所射者”,儒學警悟本作“然古之之所射者”。

④ 卷十亦有同名條目,寫作“鄣扇”,較此條爲略。

唐緋章服以花綾爲之

白樂天聞白行簡服緋，有詩云：“榮傳錦帳花聯萼，彩動綾袍雁趁行。”注云：“緋多以雁銜瑞莎爲之。”則知唐章服以綾且用織花者與今制不同。

瑟瑟

《唐語林》：“盧昂主福建鹽鐵，有瑟瑟枕，大如斗。憲宗召市人估其直，或云至寶無價，或云美石，非真瑟瑟。”則今世所傳瑟瑟或皆煉石爲之耶？

殿

《黄霸傳》：鶡雀飛集丞相府，張敞奏霸集計吏，使能言孝弟風化者上殿。則是丞相府中有殿也。許叔重曰：“殿，堂也。”顔師古曰：“古者屋之高嚴，通呼爲殿，不必宫中。”夫古今事物名稱，隨世更易，顔言未必無理。然《元后傳》：“王根第中起土山，立兩市，殿上赤墀，户青鎖。”《董賢傳》："將作大匠爲賢起大第，重殿洞門。"師古於此故曰：①"殿有前後，僭天子制也。"則不更以殿爲高屋矣，豈以殿之重復者乃爲天子禮耶？不然何以語皆出顔而二傳異釋也？鄭司農釋《周禮》"朝士所掌外朝"曰："今司徒府有天子以下大會殿，亦古之外朝也。"司農所見，東都制也。應劭曰："丞相舊位，在長安時，府有四出門，隨時聽事。明帝時，但爲東西門耳。國每有大議，天子車駕親幸其殿，殿西王侯以下更衣并存，即《周禮》外朝也。"干寶注曰：②"司徒府中有百官朝會殿，天子與丞相決大事，是外朝之存者。"由鄭、應、干三説合之，人臣府第乃有殿焉，則師古謂凡高嚴之屋皆得稱殿，似矣。而三人同辭，皆謂此殿以朝會爲名，而天子又嘗臨幸，則恐司徒未必敢以聽事也。若霸府殿正受計其上，則是相府所得專有，豈西都於此種等差未致其察也？故魯雖諸侯王而靈光巋然，亦不以僭制而毁削也。且其得名爲殿者，以嘗受朝備臨幸，則他公府不皆有，而朝會臨幸亦止在司徒府耶？按《漢宫典儀》："司徒府與蒼龍闕對。"則亦不在禁中。諸家謂古外朝在路門之外，其地亦與古應也。則是殿也，雖立於司徒府，非司徒可得而有也。

---

① "故"，儒學警悟本作"顧"。

② "曰"，儒學警悟本作"云"。

漢三公

《董賢傳》：哀帝册賢爲大司馬，曰："建爾于公。"班固曰："是時賢雖爲三公，嘗給事中。"① 則以大司馬爲三公也。《史記·儒林傳》："倪寬至御史大夫，卒。"史遷曰："寬任三公位，② 以和良承意從容得久。"張湯爲御史大夫，既被薄責，乃曰："湯起刀筆，陛下幸致位三公。"又《元后傳》："王音爲御史大夫，列於三公。"則知漢語亦以御史大夫爲三公也。

千　金③

漢言"百金，中人十家之産"則十金之直，可辦中人一家之産也。然則其數一金，不當止於一兩矣。説者各隨所見而别，多少皆不適中。以予觀之，古者一代事物，各爲一制，不但正朔服色而已。周人之金以鎰計，鎰二十兩也。漢人之

① "嘗"，儒學警悟本、《漢書》等其他文獻皆作"常"。
② "任"，儒學警悟本作"在"。
③ "千金"，儒學警悟本作"十金"。卷九有"十金"，内容不同。

金以斤計，斤方寸而重一斤也。惠帝初即位，“賜視作斥土者，[1] 將軍四十金”。鄭氏曰“四十金，四十斤金”是也。《食貨志》：“黄金一斤直萬錢。”則漢云一金者，皆爲金一斤。《吕刑》：贖法計鍰輸金。諸家謂鍰六兩也。金，黄鐵銅也。五金皆金，知銅爲黄鐵也。[2] 孔穎達曰：釋《舜典》者，謂贖金爲黄金，其實銅也。故周金雖有鍰、鎰二名，而黄金不以鍰計也。

衛霍冢

據顔師古注二傳，則衛、霍二冢皆附茂陵。霍冢之上，琢石爲祈連山及人馬。[3] 衛冢之旁，有長主冢相并。至唐皆無恙，而茂陵晋時爲人所發矣。此張釋之所謂“其中無可欲者，則雖無石椁，抑何戚焉”者也。悲夫！

---

① “斥土”，嘉靖本、學津本作“匠上”，四庫本作“斥上”，據儒學警悟本和《漢書・惠帝紀》改。《漢書・惠帝紀》顔師古引如淳曰：“斥，開也。開土地爲冢壙，故以開斥言之。”

② “知”上，儒學警悟本有“故”字。

③ 按，元狩二年（前121年）夏，驃騎將軍霍去病在祁連山斬殺匈奴人三萬餘，漢王朝收復河西平原。霍去病死後，武帝下令將他的墳墓修成祁連山的模樣，彰顯他力克匈奴的奇功。

卷之十六

爰契我龜

《綿》之詩曰："爰始爰謀，爰契我龜。"毛、鄭皆以契爲開，非也。古卜，卜人令龜已，遂預取吉兆，墨畫其上，然後灼之，灼文適順其畫，是爲食墨者吉。① 其兆不應墨，則云不食，不食則龜不從也。故《洛誥》曰："我卜河朔黎水，我卜澗水東、瀍水西，惟洛食。"是龜之所食者畫洛之兆，而河朔黎水之兆不食也。古公亶父之改居，經始而謀度之，未敢以爲可居也。以墨令龜，而兆與墨同，故曰契。契者，合也。人謀與龜協合也。上言"爰始爰謀"，以我合龜也。"曰止曰行"，② 龜之語我者，可以止可以行也。

---

① "是爲食墨者吉"，儒學警悟本作"是爲食墨，食墨者吉"，優。

② "行"，《詩·大雅·綿》作"時"。"曰止曰時，築壘於兹"，言此地可居住言此時可動工。按，此爲占卜的結果。

鐵券 2

《唐·代宗紀》:“功臣皆賜鐵券,藏名太廟,畫像淩烟閣。”錢鏐家在五季世嘗得之。而《唐文粹》有《賜王武俊鐵券文》,今世遂無其制,亦古事之缺者也。予按唐辛齊炅《玉堂新制》:“鐵券半缺,形如小木甑,上有四竅,可以穿條,凸面鐫字,陷金以焕之。”從齊炅所記以想其制,是券也,鐵質金字,本形正圓,而空虚其中,鐫勒制文於外已,① 乃用古傅别法,中分其器而二之,一以藏官,一以授諸得券之人。故今存於世者,形如半甑,正與契券兩别之理相應也。《周禮·少宰》:“聽稱責以傅别。”二鄭謂“大書於一札,中字别之,兩家各得一”者是其證也。周之傅别主市易要約,故其札以木,② 老氏所謂如“執左契”者是也。後世鐵券,要之取録功堅久之義,故以鐵爲之。其謂形如半甑者,正是一札而兩分之也。是命以鐵爲券,無有辨其所始者。按,《漢·高帝紀》:“與功臣剖符作誓,丹書鐵券,③ 金櫃石室,藏之宗廟。”其殆鐵券所始耶?至《功臣表》所載“山河帶礪”等語,乃鐵券丹書文也。漢曰“契”,後世曰“券”,皆結約之謂也。

---

① “勒”,儒學警悟本作“敕”。
② “木”,原作“本”,據儒學警悟本、四庫本、學津本改。
③ “丹”,嘉靖本、四庫本、學津本作“册”,據儒學警悟本、《漢書》改。

六州歌頭

《六州歌頭》本鼓吹曲也。近世好事者倚其聲爲弔古詞，如“秦亡草昧，劉、項起吞并”者是也。音調悲壯，又以古興亡事實之，聞其歌使人悵慨,① 良不與艷辭同科，誠可喜也。本朝鼓吹，止有四曲，《十二時》《導引》《降仙臺》并《六州》爲曲。每大禮宿齋，或行幸，遇夜每更三奏，名爲警場。真宗至自幸亳，親饗太廟,② 登歌始作，聞奏嚴，遂詔：自今行禮罷，乃奏。政和七年，詔《六州》改名《崇明祀》，然天下仍謂之《六州》，其稱謂已熟也。今前輩集中，大祀大恤皆有此詞。

檢

檢校、函檢皆從木，今從手，非是。《唐韻》謂檢乃斂字，非檢字，是也。《急就章》曰：“簡札檢署槧牘家。”顔師古曰：“檢之言禁也，削木施於物上，所以禁閉之，使不得輒開露也。署謂題書其上也。古制如此，其字從木，審也。”

① “悵”,儒學警悟本作“慷”,優。

② “真宗至自幸亳,親饗太廟”:按,《宋史・真宗紀》大中祥符七年(1014)二月,“辛酉,至自亳州。……辛未,饗太廟”。饗,同“享”,祭獻。

以顔言推之，則檢之者，以木爲函，納書文其中而簽題其上。自唐及今，匭、檢皆其物也。

木　蘭

樂府有《木蘭》，乃女子代父征戍，十年而歸，不受爵賞，人爲作詩。然不著何代人，獨詩中有“可汗大點兵”語，知其生世，非隋即唐也。女子能爲許事，其義且武，在緹縈上。或者疑爲寓言。然白樂天題《木蘭花》云：“怪得獨饒脂粉態，木蘭曾作女郎來。”又杜牧有《題木蘭廟》詩曰：“彎弓征戰作男兒，夢裹曾經與畫眉。幾度思歸還把酒，拂雲堆上祝明妃。”既有廟貌，又曾作女郎，則誠有其人矣。亦異哉！

鼎　子

今衛士扈駕清道者，其著籍名爲“等子”，誤矣。[①]《東方朔傳》“夏育爲鼎官”，顔籀注曰：“夏育，衛人，力舉千鈞。鼎官，今殿前舉鼎者也。”然則今之衛士以力選，而誰何

---

① 《四庫全書總目》認爲此條中“‘等子’當爲‘鼎子’”不確，“中如謂‘衛士扈駕清道’‘等子’當爲‘鼎子’一條，岳珂《愧郯録》引吴仁傑《鹽石新論》甲編，謂魏典韋傳有等人之稱，洪翰林云等人猶候人，蓋軍制如此。大昌所疑，未爲詳允。”

犯蹕者，當爲鼎子，不應爲等子也。若謂“等”爲差等之“等”，而取其軀幹中尺寸，則凡今軍人不以長短，率中等乃得刺補，何以獨於此曹名等子也歟?

九 卿

漢制九卿，今侍從也。然九卿侍從爲九史，無明制，獨可即當時話言，以求其何者爲卿，尚可追論，顧又雜出甚多，其數不止於九也。汲黯爲主爵都尉，傳言“列於九卿”。張湯爲廷尉，傳言“列九卿，取接天下名士大夫”。鄭當時“至九卿，爲右内史”。杜鄴曰:[①]“陳咸爲少府，在九卿高弟。”王温舒、尹齊更迭爲中尉，義縱爲右内史，志言三人以急刻爲九卿。[②] 劉更生元帝初爲宗正，尋免官，復爲中郎。韋玄成、劉更生前爲九卿，馮野王爲大鴻臚，有司奏:“王舅不宜備九卿。”張敞爲京兆尹，亡命。天子召敞，敞上書言:“臣前得備列卿，待罪京兆。”張禹謂子宏“官至太常，列於

---

① “杜鄴”，當作“杜業”。按，西漢有“杜業”“杜鄴”二人。“陳咸爲少府，在九卿高弟”爲杜業語，見《漢書・杜周傳》。據《漢書・杜周傳》，杜業爲杜周之曾孫，杜延年之孫，杜欽之子，南陽杜衍人也。杜鄴(？—前2)爲張敞外孫，字子夏，茂陵(今陝西興平縣東北)人。

② “志”，嘉靖本、四庫本學津本作“王”，據儒學警悟本改。此處指《漢書・食貨志》。《漢書・食貨志下》:“義縱、尹齊、王温舒等用急刻爲九卿。”

九卿”。尹翁歸守右扶風，滿年爲真。① 傳言：“其在公卿之間，清潔自守。”蕭望之爲光禄勛，繫獄，石顯使史高言之元帝，下九卿大夫獄。汲黯過大行李息，曰：“御史大夫湯拒諫飾非，公爲九卿，不早言之何？”上官桀反，大司農楊敞不敢發其事，傳謂“以九卿不輒言，故不得侯”。“顏異以大農議皮幣，微反脣，張湯奏異，當九卿，見令不入言而腹非。”② 毋將隆爲執金吾，哀帝制詔：“毋將隆位九卿，無以正朝廷之不逮。”按，此即主爵都尉、廷尉、右内史、少府、中尉、宗正、大鴻臚、京兆尹、太常、右扶風、光禄勛、御史大夫、大司農、執金吾，凡十四職者，實皆正爲列卿矣。而時人所舉，獨以九卿爲言，故難曉也。《百官公卿表》第列公卿位行凡十四等，自丞相以至列將軍，自不與九卿交雜矣。至從奉常數之，以至左、右内史凡十品，每一品中又有數更其名者，總而數之，又爲二十六名。則其十品二十六名者，又不與九數相應，愈益難解。又如奉常之與太常，廷尉之與大理，本一職也，而名稱前後不一，則猶可謂其兩出。至宗正與治

① “真”，原作“直”，據儒學警悟本、四庫本、《漢書・尹翁歸傳》改。

② “令”，嘉靖本、四庫本、學津本作“今”，據儒學警悟本和《史記》改。按，《史記・平準書》載，“上（漢武帝）與張湯既造白鹿皮幣，問異”，顏異提出不同看法，帝不悦。“張湯又與異有郤。及有人告異以它議，事下張湯治異。異與客語，客語初令下有不便者，異不應，微反脣。湯奏，異當九卿，見令不便，不入言，而腹誹，論死。”

粟内史，水衛之與右扶風，[1] 同列一等，則職位殊不相入，只如左馮翊可與京兆、内史參附，而又不與右扶風相屬，如此之類，殆不可以意推定之也。蓋嘗反而求之，則班固嘗明列九卿矣。《百官公卿表》曰："少師、少傅、少保，是爲孤卿，與六卿爲九。"是固之立九卿總目也。而十品二十六名者，族而會之悉列於卿，[2] 則數距止九哉！[3] 然班固雖本漢語，而達之周制，雜數三孤六卿，以爲九卿，而周制實不然也。《周官》固嘗列孤於卿矣，如曰"孤卿"，特揖孤卿位於棘，是嘗比而同之矣。然此其謂爲孤卿者，蓋朝廷位於棘，是著所列，取其降於三公一等，而下與六卿同位，故連文以爲之稱，本無三孤六卿，累數以爲九卿之文也。若曰三孤已行卿事，而得累累言之，[4] 則三公未嘗不爲冢宰，如周公爲師而位冢宰，正百官，是公亦爲卿，何以獨抑孤於卿而并爲九名也哉？[5] 則固語亦未慊。又，予嘗質之遷《史》而得其歸也。遷之傳張湯而及趙禹曰："禹爲少府，比九卿。"夫"比"之爲言猶視也。五岳視三公，非三公矣，而品秩得與

---

① "衛"，當作"衡"。水衡，水衡都尉、水衡丞的簡稱。諸本皆訛。

② "列"上，嘉靖本、四庫本、學津本有"卿"，據儒學警悟本删。

③ "距"，學津本作"詎"，是。"距"通"詎"，表示反問，相當於"豈""難道"。清王引之《經傳釋詞》卷五："《廣韻》曰：詎，豈也。字或作距。"

④ 上"累"字，儒學警悟本作"參"。

⑤ "抑"，嘉靖本、四庫本、學津本脱，據儒學警悟本補。"也"，嘉靖本、四庫本、學津本作"九"，據儒學警悟本改。

之同，故曰比曰視，明非本品，特比附之耳。夫少府既非九卿，而得比九卿，則九卿本九，後不啻九何足疑也？固書率多因遷，而務在簡文，故其傳禹直曰："禹爲少府九卿。"刊一"比"字，而漢世非卿比卿之制遂不可推尋。至其列表以志公卿，亦自雜數無别也。乃知夏五郭公，聖人不肯加損，其有深意也哉。今世二府，本取府第東西對立，以爲稱謂，後雖宰相執政累多至七八人，亦止以二府目之。則漢之列卿數溢於九而概以九卿命之，亦語例交熟，自無他説也。

建康新亭[1]

今建康新亭在朱雀航西五里許，南傍小山，北枕小浦，俗呼爲鵝項。鵝項者，蓋江水分派而下，[2] 以與秦淮會於城外者也。蕭衍之入建康也，東昏命李居士屯新亭拒曹景宗。居士既爲景宗所敗，請燒南岸邑屋以開戰場，自大航以西、新亭以北皆盡。據此，則曹景宗自上流而下，李居士出據新亭拒之，新亭固當在建康之西矣。然其燒諸南岸邑屋以開戰場，[3] 而新亭以北皆盡，則新亭之北，當大有邑屋，乃與之應。今之新亭，北據鵝項，鵝項之外，去大江絶不遠。縱江

① 續卷二有"新亭"條，内容較此條略。
② "水"，原作"山"，據儒學警悟本、四庫本改。
③ "燒諸"，儒學警悟本作"請燒"。

堧流漲，古今稍有不同，而大江正派，未之有改。鵝項之外，即皆漲沙，漲沙之外，即是大江，安得更有邑屋？以此考審，晋之新亭計當在長干寺南，不當在鵝項河側矣。又按晋劉氏《世説》：新亭，吴之舊基，先已淪隳。隆安中，丹陽尹司馬恢之徙創今地。① 夫晋時指謂今地者，乃王導正色言“剋復神州”處。② 此時亭址，已非吴舊，則今亭又異於晋。其更革固不足怪也。

《六帖》2③

白樂天取凡書精語可備賦詞、制文采用者，各以門目類粹，而總名其書爲《六帖》。白既不自釋所以名，後人亦無辨者。偶閲唐制，其時取士凡六科，科别其所試，條件每一事名一帖，其多者，明經試至十帖，而《説文》極於六帖。白之書爲應科第設，④ 則以帖爲名，其取此矣。白書不止六類，而帖之取數止於用六者，《説文》，小學也。試小學又試

① “徙”，原作“徒”，據學津本、四庫本、《世説新語》及續卷二“新亭”條改。《太平御覽》卷一百九十四引《丹陽記》作“移”，同。

② 按，劉義慶《世説新語・言語》：“過江諸人，每至美日，輒相邀新亭，藉卉飲宴。周侯中坐而嘆曰：‘風景不殊，正自有山河之異。’皆相視流淚。唯王丞相愀然變色曰：‘當共戮力王室，克復神州，何至作楚囚相對！’”

③ 卷二有同名條目，較此條略。

④ “之”，嘉靖本、四庫本、學津本作“文”，據儒學警悟本改。

之小者也，從試之小者取其極嚴，[①] 而名其書者，謙取其少也。[②]

度

古帝王必同度量，[③] 後世所傳商尺、周漢尺不相參同，蓋世異而制殊，無足怪也。今雖國有定度，[④] 俗不一制。曰官尺者，與浙尺同，僅比淮尺十八，而京尺者，又多淮尺十二。公私隨事致用，元無定則。予嘗怪之，蓋見唐制而知其來久矣。金部定度，以北方秬黍中者爲則，凡横度及百黍即爲一尺。此自其一代之法，不須較古今同異也。然此尺既定，而尺加二寸，别名大尺，又因著爲之令，[⑤] 曰："鐘律冠冕之類，則用秬尺，内外官司悉用大尺。"則國立之制，明爲二體，其與古人同度量之義乖矣。唐帛每四丈爲一匹，用大尺準之，蓋秬尺四十八尺也。秬尺長短，不知合今何尺，然今官帛亦以四丈爲匹，而官帛乃今官尺四十八尺，準以淮尺正其四丈也。國朝事多本唐，豈今之省尺即用唐秬尺爲定耶?

---

① "從試之小者取其極嚴"，嘉靖本、四庫本、學津本作"取極其嚴"，據儒學警悟本改。

② "謙"，嘉靖本、四庫本、學津本作"兼"，據儒學警悟本改。

③ "同"，嘉靖本、四庫本、學津本作"用"，據儒學警悟本改。

④ "定度"，嘉靖本、四庫本、學津本作"度定"，據儒學警悟本改。

⑤ "又因"，儒學警悟本作"因又"。

不然何爲官府通用省尺，而繒帛特用淮尺也。

魚袋2

《六典·符寶郎》載隨身魚符之制：[①]“左二右一，太子以玉，親王以金，庶官以銅，[②]佩以爲飾。[③]刻姓名者，去官而納焉；不刻者，傳而佩之。”注云：符上“皆題云某位姓名。其官止一員者，[④]不著姓名……并以袋盛。其袋三品以上飾以金，五品以上飾以銀。六品以下、守五品以上不佩。若在家非時及出使、别敕召檢校并領兵在外者，不别給符契，若須回改處分者，勘符同，然後承用”。[⑤]按此而言，即今之魚袋雖沿唐制，但存形模，全無其用。今之用玉、金、銀爲魚形附著其上者，特其飾耳。今用黑韋方直附身者，始是唐世所用以貯魚符者，[⑥]是之謂袋，袋中實有符契，即右一而與左二合者也。凡有召或使令，即從中出半契合驗，以防詐僞。故不别給符契者，憑袋中半符爲信。本朝命令多用敕書，

---

① “郎”，嘉靖本、四庫本、學津本作“即”，據儒學警悟本和卷四同名條目改。

② “銅”，嘉靖本、四庫本、學津本作“銀”，據儒學警悟本和《唐六典》改。

③ “爲”，嘉靖本、四庫本作“金”，據學津本、儒學警悟本、《唐六典》《資治通鑑》改。

④ “員”，原作“貪”，據學津本和《唐六典》注改。

⑤ “用”，原作“府”，據學津本改。

⑥ “世”上，嘉靖本、四库本、學津本衍“始”字，據儒學警悟本删。

罕有用契，即所給魚袋，特存遺制，以爲品服之别耳。其飾魚者固爲以文，而革韋中不復有契，[①] 但以木楦滿充其中，人亦不復能明其何用何象也。然唐制有二種：有隨身符，即以給其人者，故書其人姓名，及其致仕，即以納官；有傳符，即不刻某官姓名，但言某司符契，《六典》注文所謂“皆須遞相付，[②] 十月内申禮部”是也。白樂天嘗暫爲拾遺，佩銀魚，已而不爲此官，則不佩。故其詩曰：“親朋相見問何如，物色恩光盡反初。無柰嬌癡三歲女，繞腰啼哭覓銀魚。”[③] 即《六典》謂“六品以下、守五品以上不佩”者，而白雖暫借，尋亦歸之於官也。黄繙綽服緋無魚，故取獺尾垂著腰上，作俳語謂明皇曰：“賜緋毛魚袋。”毛，語反即無爲也。帝喻其意，以言卻止之曰：“魚袋者，五品以上入閤合符即用之，汝何可得?”《六典》非五品不佩，又敕召不别給契，止用魚符爲契，皆典之合也。又按趙上交云：自武德時，正員帶闕官始得佩，而添置員外、試判、檢校官，皆不得佩。其後隨事許佩，增益滋多。垂拱中，以給都督、刺史，則非京官亦佩。神龍元年，刑部王嗣玉，景龍三年特進皆許佩金，則散職亦佩。開元九年，用中書令張嘉正奏，而致仕及以理去官皆許仍佩朱紫，因之亦益以多。

---

① “中”,嘉靖本、四库本、學津本作“之”,據儒學警悟本改。

② “六”,嘉靖本、四库本作“大”,據儒學警悟本、學津本和下文改。

③ “覓”,原作“覔”,同。

麒麟2[①]

古有麒麟，非馬也，其字亦不從馬。《魯詩》有騏。[②]《説文》云："青驪，文如博棋也。"[③]《類篇》有驎，[④]引《爾雅》爲説曰"青驪驎，[⑤]驒"，[⑥]馬之斑文也。是古雖有麒麟字，[⑦]皆以其毛色命之。至《淮南子》始曰："應龍生建馬，建馬生麒麟，麒麟生庶獸，凡毛者皆生於庶獸。"[⑧]則漢世已用馬之上品配麟龍，而加馬其旁矣，故唐廄遂以祥麟院爲名。老杜詩："近聞下詔宣都邑，肯使麒麟地上行。"是用天上石麒麟爲事，則正以"騏驎"爲"麒麟"矣。

---

① "麒麟"條下、"皤冢"條上，嘉靖本有"天鹿辟邪"條，内容完全相同，依宋本放在卷十。

② "騏"，嘉靖本、四庫本、學津本作"麒"，據儒學警悟本和《魯詩》改。

③ "博棋"，原作"傳綦"，據四庫本、儒學警悟本、學津本、《説文》改。見《説文》釋"騏"，即有青黑文如棋盤的馬。

④ "驎"，嘉靖本、四庫本、學津本作"麟"，據儒學警悟本及《類篇》改。

⑤ "驪"，嘉靖本、四庫本、學津本作"麒"，據儒學警悟本和《爾雅》《類篇》改。

⑥ "驒"，嘉靖本、四庫本、學津本作"驅"，據儒學警悟本改。

⑦ "麒麟"，儒學警悟本作"騏驎"，下同。

⑧ "凡"，嘉靖本作"尼"，據儒學警悟本和《淮南子》改。

嶓冢[1]

《漢書》誤以嘉陵江爲西漢，予於《禹貢論》詳辨之矣。嘉陵既不爲漢，則秦、雍二州及葭萌、金牛有山皆名嶓冢者，不待辨而知其誤也。予先著論，姑以意定，謂嶓冢當在漢水發源之北，[2] 而不能指其爲何地何山，每一思之，意終昧昧然也。《水經》以爲漢中之漢源出武都東狼谷山。予嘗詢諸經行其地者，曰："由漢中而西有水焉，發源之地距興元不一二百里，源既近，流水又狹，秋冬間僅勝一二十石舟。"而經之所次，漢上有沔，沔上有漾。《禹貢》有一二百里間該載三名如此其詳也歟?[3] 予按地書，褒水與斜谷分，山南口曰褒，北口曰斜。漢中北距斜口自八、九百里，而褒水發源，是爲衙嶺，又遠在褒口西北角八、九百里之上，則其源流亦既甚長矣。漢時張湯嘗創治褒水以通于斜，而受山東歲漕，則豈枝流曲港之比哉？禹方叙著水源，自不應舍大取小，如此不倫，古今雖異，而人情可以通推也，[4] 況有可驗者。《禹

① "嶓冢"及以下"立仗馬""銅柱""兩漢闕""玉食"等條學津本無。

② "水",嘉靖本、學津本、四庫本作"中",據儒學警悟本改。

③ "一"上,儒學警悟本有"於"字。

④ "推",儒學警悟本作"權"。

貢》水例，凡其流徑所及，每以易向，則别名方面以識其變。① 如河之自龍門而轉南以流華陰，則書曰“南至於華陰”。而改東以及砥柱，② 則又書曰“東至于砥柱”。是其隨向書方之例也。今漾、漢之文曰“嶓冢導漾東流爲漢”。則是漾源本未東流，至其折東而後始得爲漢也。然則嶓冢者，豈其當在漢中之西也哉？《水經》凡叙狼谷水，率皆西出東行，而衙嶺褒源，悉發北而南行，直至南鄭，而流委始東，始名漢水。則與經“導漾東流爲漢”者，其方向正合也。漢人并褒中置縣，而命曰“褒中”，吾意褒中一語，前世必已久有，而漢人采之以名其縣，非創爲若語也。褒中、嶓冢，二音全相配附，得非自虞夏以至戰國，世人稱謂不的，③ 而輒相訛易也乎？然予論《禹貢》不敢確證者，爲其褒之名國已先乎秦，不容輕小議焉耳。然地名因聲近而訛，古多有之。如《春秋》之邾，雖偏小無足言，然人民社稷儼然，得自名國，不可誣矣。孟子之去春秋爲年絶不遠，而變邾爲鄒，漢儒已不能究。則褒僻且險，自“嶓冢”而訛爲“褒中”，安得圖志而暇詳載矣乎？予終欲主所意見，而未得的據，姑書其概以待詳考。

---

① “名”，儒學警悟本作“命”。

② “而”上，儒學警悟本有“自華陰”三字。

③ “謂”，原作“爲”，據儒學警悟本改。

立仗馬

司率進馬六人。舊儀：每日尚乘以廄馬八匹，分左右厢立於正殿側宫門外，候仗下即散。天寶八載，李林甫罷。十二載，楊國忠復。

銅柱 2①

銅柱，南方處處有之，皆言馬援所立。《唐史·南蠻傳》："林邑國南大浦存五銅柱，漢馬援所立也。"《南詔傳》："玄宗詔何履先以兵定南詔，② 取安寧城，復立馬援銅柱乃還。"援雖征蠻，未嘗渡海，而林邑於唐爲環王，地在交州南，海行三千里乃至，豈援之所嘗至耶？意有蠻人古有銅柱，③ 中間援因其故制立之，以堅蠻信耶。

---

① 卷十中有同名條目，内容較略。

② "何履先"，當作"何履光"，見《新唐書·南蠻傳》。據本傳，何履光，唐珠崖郡（今瓊山縣舊州鎮）人。曾任嶺南節度使等職，於玄宗天寶年間，率十道兵平定南詔，取安寧城（即今雲南省安寧縣）及鹽井，復立東漢馬援銅柱。

③ 上"有"字，儒學警悟本、四庫本作"者"。

兩漢闕

《史記》:“高帝八年，蕭丞相營作未央宮，立東闕、北闕、前殿。十年,[1] 宮成。”司馬《索隱》云:“無西、南二闕者，厭勝之法也。秦家舊宮皆在渭北，而立東闕、北闕，取其便也。”予以爲厭勝之説無據，謂秦舊宮在北，而立北闕以便於事，理有之也。東闕雖於渭北方鄉不相干，凡漢之朝貢，自闕東來者多，則謂立東闕以便事是也。其後武帝大治甘泉宮，在長安西，故立鳳闕，高二十餘丈於其東，南、北、西三面無見焉，亦便事之義也。後漢都洛，有南宮、北宮，兩宮相沓，四隅各自立闕，其曰朱雀、玄武、蒼龍、白虎者，兩宮四面皆有，而亦同名，不復如前漢虚方不設者矣。《洛陽故宮名》所載於南宮四闕之外，更添坎闕，曰“此南宮北面之闕”。予疑其誤也。按漢蔡質《漢官典職》曰:“南宮至北宮相去十里。”[2] 以十里之遠，中間各容雙闕，則南宮之玄武，自應與北宮之朱雀對起。或者見兩宮中間，有雙闕者二，疑其重複，故以南宮之玄武爲其宮北闕，而忘其北闕已名玄武，不當復出矣。

---

① “十年”,當作“九年”。《史記·高祖本紀》:“九年……未央宮成,高祖大朝諸侯群臣,置酒未央前殿。”

② “十”,原作“七”,據儒學警悟本和上下文改。

玉食2

《本草》：陶隱居授《仙經》，“服穀玉，搗如米粒，乃以苦酒輩消令如泥，亦有令爲漿者”。祥符中，尚藥嘗用陶法屑成米豆粒，竟不供御。蘇頌因謂難以服食，恐不詳古來服玉本旨也。《書》以玉食對威福言之，則玉食云者，惟王者得用，示一隆而無二禮，如古扆用斧，後世御衣獨用赭黄之類，① 不可但從飲食滋味中求義。惟玉府“王齋，則供食玉”，② 若非齋，恐不常服也。齋而玉食，其齋必變食之義乎？此禮之“尊無二上”者也，而可求諸滋味之間歟？玉亦未必可服，或於齋時用玉爲器，③ 如灌鬯以瓚取玉器爲用耶？

護　駕

豹尾以前比省中尚書郎、侍御史、④ 令史皆執注，以督整車騎，所謂護駕也。

---

① “衣”，原作“不”，據儒學警悟本和四庫本改。

② “惟”上，儒學警悟本有“《周禮》”二字。“玉府”，嘉靖本作“王府”，據四庫本和《周禮注疏》改。《周禮·天官·玉府》：“玉府：掌王之金玉玩好兵器，凡良貨賄之藏。共王之服玉、佩玉、珠玉。王齊則共食玉。”

③ “或於齋時用玉爲器”，儒學警悟本作“或其齋時用器尚玉”。

④ “尚書郎、侍御史”，嘉靖本、學津本、四庫本作“尚書、侍郎、御史”，據儒學警悟本和《宋書》改。

續集卷之一　制度

以兵代民役

建隆二年，以前代傳置悉用民夫，至是詔募軍卒代之。至三年正月，詔不得以逆旅僑民充遞夫。

饑民強盜人穀米

舊法：歲饑，強發倉窖皆死。太祖、真宗多因奏讞特許貸配，元不明立爲法。天聖三年，詔："陝西州軍持杖劫人倉廩，非傷主者減死刺配，非首謀者又減一等。"仍令長吏密以詔書從事。自是諸路災傷，即降不下司敕，而饑民盜取穀食多蒙活宥。按此，即是矜其迫饑爲之，故特貸其死。然不明立之法，亦不明降詔命者，恐人恃此以犯也。寶元二年，西川饑饉，詔："劫廩穀非傷殺人者，并刺配牢城，爲首者配出川界。"皇祐三年，信州民有劫米傷主者當死，上以其迫饑，故貸死。至和六年,[①] 楊安國讀《周禮》"大荒大札，則薄征緩刑"。"楊安國曰：'所謂緩，乃過誤之民耳。今衆持兵仗劫糧廩，一切寬之，恐不足以禁奸。'帝曰：'不然，饑饉不能恤，至爲盗而又殺之，不亦甚乎!'"治平四年九月，詔："災傷州縣持仗強盗，不以財物斛斗，但同火三人以上，傷人及計贓罪死者，捕獲，已嘗爲盗至徒，經斷不以赦前後。今犯至死者，依元條，不用災傷減等。"則是覺恕貸之不足以戢盗，而改出此令，足爲至當也。

三司借内藏錢

景祐元年閏六月，謝絳言："内藏歲受鑄錢百餘萬緡，而歲給左藏庫及三年一郊，度歲及九十萬緡，所餘無幾。請以天下所鑄錢，盡入三司。十年，責以移用……與夫滯積大盈，利害遠矣。"祖宗時，三司常借内庫錢，觀此即知當時新鑄錢亦入内庫，卻從而給與之耳。今鑄錢數雖少於舊，要之，悉入外藏，則難如祖宗時常借矣。景祐四年，内藏庫言："歲收緡錢三十萬助三司。[②] 天禧三年詔書切責三司，毋得復借。

① "至和六年",當作"至和元年"。學津本作"至和二年",亦訛。"至和"爲宋仁宗趙禎的年號,自 1054 年 3 月至 1056 年 9 月,共三年,無"六年"。詳《資治通鑑長編》卷一百七十七,是卷起仁宗至和元年九月,盡是年十二月。

② "三十萬",《宋史·食貨志》《續資治通鑑長編》作"六十萬"。

自明道二年距今才四年，所借錢帛凡九百十七萬二千。詔戒飭之。”治平元年，詔：“三司用内藏庫錢三十萬貫，修奉仁宗山陵，依乾興例，蠲其半，餘聽漸還。”

改官用職司

景祐三年，詳定内外官所舉州縣幕職官，各有合舉員數。其轉運使副、提刑不限人數，舊當三人者止當一人，仍須有本部監司、長吏及通判薦舉者，始聽磨勘。按此時監司、長吏、通判皆得爲職司，今則不可兼，轉運使及副、提刑，一狀當三狀，今皆不然也。

張　亢

仁宗時，契丹聚兵幽、涿間，張亢丁母憂，起爲北京使、知安肅軍。亢曰：“萬一契丹背約，臣請擐甲爲諸軍先。”既而元昊叛。慶曆元年，亢爲鄜延路都鈐轄，知鄜州，與部署英宗廟諱。[①] 許懷德不相能，上令戒諭，若固爲此以求内徙，當悉奪官，安置緣邊。既而亢上邊事，乞赴闕面陳：“如臣言

---

① “署”，嘉靖本、學津本避宋英宗趙曙諱而缺。部署是軍中武官，據胡三省《資治通鑑注》：“部署之官始見於《通鑑》，本在招討使之下，其後有都部署，遂爲專任主帥之任。”

狂率不可用，乞重降黜。”不報。本傳言“令驛奏”。據本傳，亢乃出力多。非避事。

講讀官坐立

皇祐三年，“詔邇英閣講讀官當講讀者立侍敷對，餘皆賜坐侍於閣中。天聖以前皆坐侍，自皇祐以前皆立侍。至是，帝屢面諭以‘經文義旨，須詳悉詢説，卿等無乃煩倦否？’遂有是詔，以爲永制”。熙寧元年，侍講吕公著、王安石言：“故事，侍講者皆賜坐。自乾興後，講者始立，而侍者皆坐聽。臣等竊謂侍者可使立，而講者當賜坐。”詔付禮官。後韓維、刁約、胡宗愈等言：“賜坐，蓋出優禮。祖宗或賜講臣坐者，以其敷暢經藝也。太宗開寶中，李穆薦王昭素召對便殿，賜坐講《易·乾卦》。太宗端拱中，幸國子監，令有司張帟幕設別座，令李覺講《易》之《泰卦》，令列侍之臣得坐執經，而講者顧使獨立於前，臣以爲宜如天禧舊制。”判太常寺龔鼎臣等言：“執經人主之前，本欲便於指陳，則立講爲宜。若謂傳道近師，則今講解皆先儒章句，非有爲師之實，安可專席安坐以自取重也？初孫奭坐講，仁宗尚幼，跂案以聽之，奭因遂立講。”論者不以爲是。上問曾公亮，公亮但稱：“臣侍仁宗書筵，亦立。”後安石因講賜留，上面諭“卿當講日可坐”，安石不敢坐，遂已。

殿前三司軍職

周恭帝時，李重進出鎮揚州，領宿衛如故。太祖受禪，命韓令坤代爲馬步軍都指揮使，正是奪其所帶軍職耳。建隆二年七月，凡諸將職典禁衛者，例罷，悉除節度使，獨石守信兼侍衛都指揮使如故，實亦帶以爲職，元不典兵也。至三年，守信亦表解軍職，許之，則守信竟不自安也。

殿試不落人

《長編》曰：嘉祐二年，賜進士章衡等及第出身共三百八十八人，是歲，進士與殿試者始皆不落。① 李復圭《紀聞》云，是春，以進士群辱歐陽脩之故，殿試不落一人。案《實録》："試進士李寔等四百人，而得第者三百八十八人。"謂之"不落一人"固舉大約言之耳。特不知禮部奏名實爲幾

① 按，宋太祖推行殿試制度後，凡省試合格進士若殿試不合格者都會被黜落。然而仁宗嘉祐二年，進士與殿試者三百八十八人"皆不落"，即全部被録取。至於爲何不黜落，説法不一，其中之一就是下文所説落第進士群辱歐陽修，仁宗爲避免事態進一步擴大，遂下詔殿試不黜落。爲何群辱歐陽修？據《續資治通鑑長編》卷一百八十五（嘉祐二年，1057）載，翰林學士歐陽修深疾當時學界"奇僻，鈎章棘句，寖失渾淳"之文風，"遂痛加裁抑"並嚴禁挾書者。"及試榜出，時所推譽，皆不在選"，故落第進士群辱歐陽修。仁宗皇帝爲避免事態擴大，遂下詔"殿試不黜落"。

人，故其留黜之數不容參考。案皇祐元年：庭試取四百九十八人，[1] 五年取五百二十人。至嘉祐四年，所取又止一百六十五人，六年一百八十三人，閲兩舉才共取三百四十八人耳。雖緣其時初制，間年一開科舉，故約此意指，似是禮部奏名先減其額，故庭試雖不落人，其得第者少，是亦朝三暮四之比也。又緣其時立制減去諸州解額之半，禮部以半額紐數而取，故奏名已少，及至庭試不用汰黜也。

階級法

《階級法》本文曰："一階一級，全歸伏事之儀。"世傳太祖聖語，故著諸令。今《長編》則遂於真宗時登載。案，司馬光嘉祐七年上疏論禮法曰："太祖申明軍法，自押官以上各有階級，小有違犯，罪皆殊死。"然則其制不起真宗時，恐《長編》不審也。

鄉兵保捷義勇等

咸平四年，取陝西税户爲義軍，家出一丁，號曰保毅軍。四年，吴蒨點得六萬八千七百餘人，官給糧戍邊。則此義軍

① "庭"，四庫本、學津本作"廷"。

行諸陝西未及它路也。其年五月，集近京諸州丁壯選隸軍籍，則已用陝西法行之它路矣。其年名河北鄉兵爲忠烈、宣勇未見名始何時，并、代司兵爲廣鋭。祥符六年，以雄、霸所調爲忠順指揮名始此年。慶曆元年，概於近邊募土人爲之，名護塞。二年二月。簡河北疆壯勁勇者，① 刺手背爲義勇指揮。嘉祐四年，大名府路安撫李昭亮言："河北州軍見闕義勇，乞令二年内補足。其疆壯緣不係教閲，欲候義勇足日，亦令補復。"即是疆壯别是一法，卻於疆壯中選補義勇也。三月簡河東弓手不刺面，爲義勇，陝西弓手爲保捷。治平元年，宰臣韓琦乞於陝西路選鄉兵，富户三丁揀取一丁，仍刺手背，以義勇爲名。差徐億等往，凡刺十三萬八千四百餘人，而河北義勇之制，始達于陝西。司馬光陳請："今但怪陝西無義勇，不知三丁已有一丁充保捷。即慶曆二年所創是也。"是其實也。然《會要》記保捷始慶曆二年，而天聖五年已有臣僚言："秦州，十年不曾揀選保捷。"嘗令秦州分析，則前乎慶曆已有保捷矣。熙寧八年，夔州路提刑言："乞差黔州義勇往瀘州界防托。"② 不聞黔州自置義勇，今之所指黔州義勇，當是自陝西抽戍耶？其年，兵部言：隴、成州義勇應援熙河，不足，乞差保丁充數。則義勇外又差保丁。

---

① "疆"，學津本、四庫本作"彊"，通，強壯。下同。

② "防托"，學津本作"防扞"、四庫本作"防守"，通。防托：又作"防拓"。防禦，抵拒。宋范仲淹《奏陝西主帥帶押蕃落使》："如撫馭之間，恩威得所，大可防托邊界。"

潁昌府順昌軍

神宗初爲忠武軍節度、淮陽郡王，後封潁王。案，忠武軍即許州也，故元豐三年升許州爲潁昌府者，以嘗領節忠武也。後封真王而國於潁，則潁州也。故元豐二年升潁州爲順昌軍者，爲王封之舊也。軍後升府，即順昌府也。張舜民言："熙寧初，升潁州爲順昌軍，久知其誤，遂升許州爲潁昌府。"《長編》辨其誤,[①] 蓋升潁州爲順昌府，在元豐二年，不在熙寧；而神宗之爲郡王，乃淮陽郡，亦非潁州也。舜民兩説皆誤也。

密院進入文字押字

予在館中見秘閣所藏，有太祖時宰執進入文字。上有御筆自加處分，而趙韓王輩奉行以出，則皆押字，不書名，不書臣。常疑之，後因閲《實録》，見元豐五年五月，詔三省、

---

① 《資治通鑑長編》卷三百二："詔升許州爲潁昌府。"注曰："張舜民云：'神宗自潁州郡王即位，熙寧初，升潁州爲潁昌軍，久之，知其誤，遂升許州爲潁昌府。'按，升潁州爲潁昌軍，乃元豐二年八月二十四日、九月十八日德音(詔書)，非熙寧初也。神宗初爲忠武節度、淮陽郡王，後封潁王。忠武即許州軍額，郡王則封淮陽，非潁州，舜民誤也。《舊記》書'升許州舊鎮爲潁昌府'，《新紀》削'舊鎮'兩字。"

樞密院，自今後應入進文字用押字者，并依三省例，書臣名。乃知至神宗時猶存押字例也。

外人得分同居物産

元豐六年，提舉河北保甲司言：“乞義子孫、舍居婿、隨母子孫、接脚夫等，見爲保甲者，候分居日，比有分親屬給半。”詔著爲令。按，今令文，外人曾與本家同居久者，許給分數，恐立法因此。然深詳此法，是特欲優立科條，使外人肯以它姓代充保甲焉耳。

配流法

太宗已前，因犯合配人，不以遠近，并押赴闕下，恐是欲揀其強悍者爲兵也。後數有言其在道費傳送或逃亡者，① 乃始立地里數配隸。神宗以流人遠去鄉邑，又有弊如上所言，遂效古犯罪應流法，加決刺隨所在配諸軍重役。② 元豐八年八月，中丞黄履有言，於是降旨令配行。又王巖叟深言其害

① “逃”，原作“迯”，據四庫本、學津本改。

② “遂效”至“重役”共十九字，《續資治通鑑長編》卷三百六十，李燾自注“詔改新配法”曰：“故仿古犯罪應流者，加決刺隨所在配諸軍重役。”決刺：決杖（處以杖刑）和刺字。

本鄉及報讎事。[①]

差除行詞[②]

舊制：凡有除授格當命詞者，無今時初除信札，皆即日命詞，詞出便給告。故唐制五禁，稽緩居其一。王震序《曾鞏集》，述其詞命敏疾，曰："元豐官制初行日，多除授詞頭，至子固即爲之詞，授院吏上馬去。"[③] 又熙寧間，司馬光除樞副，光適入對，神宗面諭之曰："告已在閤門矣。"用此觀之，則凡有除授即命詞，詞下即給告，不淹日也。至元祐二年五月戊辰，殿中侍御史孫升罷知濟州，諫議梁燾知潞州。[④] 其月壬子朔，則戊辰者，十七日也。其日，右丞劉摯上疏論升、燾行遣太重，其文曰："十五日，吕公著送示内降批旨，爲升、燾罷臺諫，乞留此二人。今雖已有成命，命猶未下，比至進告，尚須一兩日。"據摯此言，即十五日降命，其進告當在十九、二十日間，則是時已自隔數日不

① "又王"至"讎事"共十四字，《續資治通鑑長編》卷三百五十九："監察御史王巖叟亦言：'竊見諸州自行就配法以來，民間多苦凶徒騷擾之患。'"

② "詞"，嘉靖本、學津本目録部分皆寫作"辭"，今依正文部分。

③ "至子"至"馬去"共十三字：此兩句言曾鞏寫"詞頭"迅捷，除授一定，即擬好，交由院吏上馬送達。

④ "殿中侍御史"至"潞州"十八字：按，據《宋史·梁燾傳》及《續資治通鑑長編》卷四百一，哲宗初，御史張舜民因論大臣遭貶時，侍御史孫升與右諫議大夫梁燾上疏救助，分別被貶知濟州和知潞州。

給告矣。不知不候授告先降札子供職起自何時？或説在南渡後。

吕公著論臺諫

元祐二年，監察御史張舜民言，夏國封册使劉奉世，是文彦博欲有所潤，故以起居舍人使藩臣，詔罷御史。已而臺諫王巖叟、傅堯俞等救之，屢章不已。右僕射吕公著奏，乞稍與優遷，令解言職。巖叟等皆它除出臺，别用賈易爲司諫。易因論蘇軾曰："文彦博實主之。"太皇欲峻責易，[①] 曰："不責易，此亦難作音做。"公著力争曰："不先逐臣，易命亦不可行。"乃止罷諫職。既退，公著謂同列曰："主上方富春秋，異時將有進導諛之説以惑主上者，當爾之時，正賴左右力諍，不可預使人主輕厭言事也。"[②] 吕大防、王存皆曰："仁者之勇也。"按，此章公著先乞移臺諫，既嘗行之，則禁中以爲當然，故不一日，便徑欲峻責賈易。公著覺之，故因

---

① 據《續資治通鑑長編》卷八十，元祐年間，除變法派和反變法派間的鬥爭仍在繼續外，在反變法派内部又有洛黨、蜀黨等。洛黨以程頤爲首，朱光庭、賈易等爲輔；蜀黨以蘇軾爲首，吕陶等爲輔。軾、頤交惡，其黨迭相攻。洛黨朱光庭、賈易等借"策題"攻擊蘇軾對先王不敬，吕陶、上官均挺身而出爲蘇軾辯護，賈易又劾吕陶黨附蘇軾兄弟，語涉老臣文彦博等，太皇太后怒，欲峻責易，吕公著言易所言頗切直，惟詆大臣太甚爾，乃止罷易諫職，出外。

② "預"，學津本、四庫本作"豫"。通"豫"，懈怠。白居易《和微之詩》"仙亭日登眺，虎丘時游預"。

易事力諍，以冀它時不爾，其實公著失之於前也。至三年二月，正言劉安世論不當罷言事官，曰：“陽餌以美遷，陰奪其言責，若出於大臣之私意，臣謂奸人用事之始，任臺諫以折其謀。及禍胎既成，聖賢不能救其害。”安世乃因宣仁問司馬光門下最厚人，吕公著以安世對，遂自正字遷正言。此之所指，可見前輩不爲比周。三年六月内批：王覿論列不當，[①]罷諫議大夫，與外任，不與職名，以覿論胡宗愈除右丞不當也。翌日甲子，吕公著論疏未行，内批後又與文彦博、吕大防、范純仁等繼論，曾肇封還詞頭，[②]純仁不敢簽書，趙挺之、楊康國皆乞留覿。竟不許，僅加直龍圖閣、知潤州。此又起於輕易臺諫云。

兩　制

蘇易簡《續翰林志》：“晋天福中，從宰臣馮道奏，詔翰林學士院公事，宜并歸中書舍人。自是舍人晝直者當中書，夜直者當内制。至開運元年六月，詔曰：‘翰林學士與中書舍

---

① 按，《續資治通鑑長編》卷四百十一“元祐三年”：“胡宗愈除尚書右丞，諫議大夫王覿疏：‘宗愈自爲御史中丞，論事建言多出私意，與蘇軾、孔文仲各以親舊相爲比周，力排不附己者，而深結同於己者。操心頗僻如此，豈可以執政？’内批：‘王覿論列不當，落諫議大夫，與外任差遣，仍不得帶職。’”

② 據《續資治通鑑長編》卷四百十一“元祐三年”，中書舍人曾肇同吕公著、文彦博、吕大防等一樣反對罷王覿諫議大夫官職，故不發詔書。

人分爲兩制，偶自近年，權停内字,[①] 況司詔命，必在深嚴，宜復置學士院。’桑維翰所建也。”凡今合言兩制者，皆始此也。此時未有權侍郎，故外制爲從官之初也。

濮　王

太宗子魯王元份之第四子是爲濮王。[②] 祖宗之法，天子之子封王，故元份已封魯王矣，而濮王乃元份之子，太宗之孫也。至仁宗慶曆四年，封汝南郡王。嘉祐四年，薨，追封濮王，謚安懿。本傳。英宗治平三年，以王塋爲園，即園立廟，俾王子孫主奉祠事。尋以王之子宗懿爲濮國公，奉祀，後至元豐七年，方有嗣王。其年詔曰：“朕以上承仁宗宗廟之重，義不得兼奉私親，故但即園立廟，俾王子孫世襲濮國，自主祭祀。”[③]

---

① “内字”,《舊五代史・職官志》等多種文獻作“内署”,即翰林院。

② “第四子”,當作“第三子”。《宋史・列傳第四・宗室二》:“元份子三人：長允寧;次允懷,改允中,早卒;次則濮王允讓也。”《東都事略》和《續資治通鑑長編》亦有相同記載。

③ “朕以”至“祭祀”共三十五字:《宋史・列傳第四・宗室二》載,仁宗在位久,無子,以趙允讓第十三子趙宗實爲皇子,改名趙曙。仁宗崩,皇子趙曙即位,是爲英宗。宋英宗即位後,針對其生父趙允讓當爲皇叔還是皇父産生了很大爭議,故有此詔。

讀　疑

明道二年，集賢、平章事張士遜加門下侍郎、昭文館大學士，監修國史。不知併加二館職何也？

試　銜

“明道二年，懷安軍判官熊文雅，乞以三任告回乞母封。[1] 詔與之，仍授，家便試銜知縣。”[2] 如此，試銜亦任事受俸耶？不然何爲令就家便優養也。

莊獻不入景靈宮[3]

明道二年，奉安莊獻明肅神御於慈孝寺彰德殿，莊懿太后於景靈宮廣孝殿，然則莊獻不入景靈耶？

---

① “告回”,《續資治通鑑長編》作“告身”,是。告:告身,古代授官憑證。

② 《續資治通鑑長編》:“懷安軍判官熊文雅言母老,願以三任告身授母一邑封。詔特與之,仍令流内銓注文雅家便試銜知縣。”《北齊書·傅伏傳》:“周克并州,遣韋孝寬與其子世寬來招伏……授上大將軍、武鄉郡開國公,即給告身。”

③ 王應麟《困學紀聞·考史》:“《演繁露》:‘明道二年,奉安莊獻神御於慈孝寺彰德殿,則莊獻不入景靈。按,景靈宮建于祥符五年,以奉聖祖。其爲原廟,自元豐五年始。前此帝后館御,寓佛、老之祠者多矣,非止莊獻也。”

政和官制

題云，政和官制因其舊名耳。中載元豐新制與國朝舊制，參列鼇革，簡淨易見。至大觀二年，以元豐改制有未盡者，如寄禄官不分左右，則叙爵制禄等級希少，人易以及，遂自朝議大夫至金紫光禄大夫，增創新名。於是以光禄大夫代舊右銀青光禄大夫，以宣奉大夫代左光禄大夫，正奉大夫代右光禄大夫，通奉大夫代右正議大夫，中奉大夫代左中散大夫，奉直大夫代右朝議大夫，而又别立武選郎大夫新名，悉换舊某宫、某使、侍禁、三班之類。政和三年，又立選人七階，换舊州縣節察推判之類，與婦爵封夫人以下，革去郡、縣君之號。五年又創置貼職。五年，道職視文臣品秩有詔。

高麗境望

《海外行程記》者,[1] 南唐章僚記其使高麗所經所見也。

---

① "《海外行程記》",《宋史·藝文志》《直齋書録解題》等作"《海外使程廣記》三卷,南唐章僚撰",史虚白爲之作序。據本序知,此書作於959年,"蓋本朝開國前一歲也"。主要記載章僚出使高麗所見所聞,"記海道及其國山川事迹物産甚詳"。

中引保大初徐弼使事爲證,[①] 即當是後主末年也。僚之使也，會女真獻馬於麗，其人僅百餘輩在，市商物價不相中，輒引弓擬人，人莫敢向，則其凶悍有素，麗不能誰何矣。麗主王建嘗資其馬萬匹以平百濟。則諸家謂“女真犯遼初時，力弱無器械”者，誤也。予見舊史，自平遼問陸趨高麗者，多直東行，意麗并海與平遼等處，對東而出，而明人登航商販于麗者，乃皆微北并東而往耳。今觀僚所書，水程乃自海、萊二州，須得西南風乃行。則麗地之與中國對者，已在山東之東矣。而麗之屬郡有康州者，又在麗南五千里，乃與明州相對。康之鄰郡曰武州，自産橘柚，又明言其氣候正似餘姚。則麗之與明，其斜相對值，蓋相爲東西而微并西北矣。

謝花在殿上殿下

閣門舊儀：大宴更衣降坐，群臣退，及再坐，群臣先升殿。既御坐，群臣謝花，拜于坐次。天禧中，司諫祖士衡上言：“乞御再坐謝花于庭，乃引上。”《文昌録》四，龐元英。[②]

---

① “徐弼”,當作“徐熙”。據《高麗史・列傳・徐熙》載,徐熙(942—998),小字廉允,内議令徐弼之子,高麗著名外交家。光宗二十三年(971)(徐弼卒於光宗16年),徐熙訪問宋朝,被宋太祖授爲檢校兵部尚書。

② “《文昌録》四,龐元英”,學津本作“龐元英《文昌録》四”。

忌日惟宰執不入

敕：大忌日，六曹諸司并不作假，執政官早出，官司不得隨出。前次凡有駕幸百官，皆早出也。《文昌録》四。

到官呈告敕

今人初之官，賫告敕呈長官，乃得視事，其來尚矣。《漢·王尊傳》曰：尊爲東平王相，“視事，奉璽書至庭中，王未及出受詔，尊持璽書歸舍，食已乃還，致詔謁”者，則是古已有呈敕例矣。

宰執宫觀降再任指揮

紹興七年正月二十一日詔：“前宰執宫觀難以理數，任滿未有除授，即合依舊宫祠。”自此宰執嘗得奉祠者，始不計年而長食祠禄也。前乎此者，如范宗尹、富直柔、葉夢得之在三年，韓肖胄、徐俯之在六年，皆再降命，乃得再任。是時雖嘗位宰執，亦以二年爲任，滿二歲即再降差命乃可得禄也。至十二年四月，依朱勝非所乞，宫祠滿日再任，當是有司失引前詔耶？至十七年四月，前持服人程克俊乞奉祠，詔令依舊以端明殿學士提舉洞霄宮。即是因持服解官，故須再乞而再降命，非任滿則命也。

永厚陵方中①

《温公日記》記英廟山陵舊制曰："山陵皇堂累石爲四壁，積材木於上，乃卷石以覆之。神宗以材木有時而朽，則卷石必墜於梓宮，不便，更令就地爲石椁以藏梓宮。總管張若水恐穿地或隳陷四壁，乃請於平地累石爲椁。及後山陵復土，梓宮入降隧道，升石椁西首，御夷牀不及地一尺而止，俟巳時一刻乃下。仍於其上布方木及蓋條石，乃設御座於蓋下，闔石門出，築合隧道。"案此則是神宗慮木久遠必朽，朽必壓，故專令卷石爲椁，起自地上。石既四周捲起，交相鉤鬥，永不壓壞，最爲堅耐。趙州石橋正用捲石法，故大水不能嚙，重車不能墊也。神宗雖有此旨，若水董役不敢廢去舊制，故捲石之上仍鋪蓋木，設使蓋木朽壞，而其下自有捲石承之，殆無害也。

① 學津本、四庫本均無此條。

臺諫官許與不許言事①

雍熙元年，田錫以拾遺知睦州，上書言事曰："職次忝居於諫省，敢不常思補報。"此時拾遺乃階官也，則是階帶拾遺者，亦得言事也。淳化五年，詔三司官屬不得出位言事。張觀階爲司諫，而充三司判官，上疏言："自唐則天時置遺、闕，固當言事。"上怒曰："比令三司率職耳，非令諫官不言事也。"則是時階官之爲遺、闕者，亦許言事也。天聖九年七月，權度支判官右正言陳執中罷度支判官，諫院供職。説者曰："國朝承五代之弊，官失其守，故官、職、差遣離而爲三。今之官，裁用以定俸入，而不親職事。諫議大夫、司諫、正言皆須别降敕許諫院供職者，乃曰諫官。"故慶曆二年，②以魚周詢、王素、歐陽脩并知諫院，周詢固辭，以太常博士、集賢校理余靖爲右正言。十一月，以秘閣校理孫甫爲右正言，皆明令諫院供職。則是至此始立定制，階帶諫職者不得言事，而詔許赴院供職，乃得言事也。其年七月，以太常丞尹洙爲右司諫、知渭州，則用司諫爲階，使有升進，以寵其行耳，不得真爲諫官也。知制誥田況言："今諫議大夫無復職業，自

① 學津本、四庫本均無此條。

② "二"，《續資治通鑑長編》卷一四作"三"。

司諫、正言、知諫院皆唐遺、補之任，而朝廷責其言如大夫之職矣。而位序不正，乃與衆人同進同退，非所以表顯之也。前王素、歐陽脩、蔡襄皆以它官知諫院，居兩省之職，而不得預内朝之列。乞今後令綴兩省班。”已而丁度等詳定，乞許比直龍圖閣及修起居注例，日赴内朝。則是以它官知諫院者，始許列於兩省官班也。皇祐五年，詔以新知復州、主客員外郎、殿中侍御史裏行唐介爲殿中侍御史，充言事御史。至和二年，開封府判官、殿中侍御史俞希孟爲言事。御史中丞張昪言：“希孟論事私邪，向者親奉德音，面責希孟，故自言事臺官除開封判官，中外稱快。今卻充言事臺官，士人失望。又言侍御史，舊雖二員，自來多止除一員，已有馬遵矣。”詔改希孟爲外郎，除湖南運使。按此即是御史之中自有許之言事者，亦有不許言事者，皆聽臨時專命，不謂階帶諫職即許言事也。嘉祐五年，以侍御史趙抃爲右司諫，赴諫院供職。七年，召右正言、知蔡州王陶赴諫院供職。熙寧二年，召右正言、知通州孫覺赴諫院供職。則是仍其所帶之階，許之歸院供職，更不别除諫員也。

太祖右文

五代間，凡爲節度使，皆補親隨爲鎮將。鎮將者，如兩京軍巡、諸州馬步軍判官是也。此等既是武人，又皆有所憑恃，得以肆爲非法，民間甚苦之。太祖微時，深知其弊。建隆二年二月，謂近臣曰：“今之武臣，欲盡令讀書，貴知爲治之道。”近臣皆莫對。史臣李沆表載此事，罪當時之臣不能將順也。其年十月，詔吏部流内銓，鎮將皆注擬選人。又至三年，每縣置尉一員，盜賊鬥訟，不得更委鎮將，復如舊制，并以委尉，蓋趙普之謀也。武人多不知書，案牘、法令、書判、行移悉仰胥吏，民之受病既多，而又果於營私，如親隨悉爲鎮將，其類不止一事。太祖於是州置通判，明詔州事取決焉，而武臣之爲太守者，不得專執。聖見皆出乎此也。

續集卷之二　制度

知　州

唐世州郡分上、中、下三等，其結銜分節度、觀察、防禦、團練，名稱雖有高下，實皆守臣也。於是其銜爲某州節度若觀察或防團者，苟非遥領，即是真任此州太守，非虚稱矣。太祖之平李筠也，會李繼勛上黨來朝，即命繼勛就守其郡。繼勛官品適與上黨郡品兩相當匹，遂以繼勛爲昭義節度。既曰節度昭義，即是昭義太守焉耳，非如遥領節鎮，但虚假名稱而已也。及平揚州，以宣徽使李處耘權知揚州。宣徽者，處耘之官也，權知揚州者，實爲揚州太守也。爲其職元爲宣徽，故不改本鎮節鉞，而實行州事，故其結銜曰“權知揚州”也。此時雖一時權制，而太祖之規橅，實已素定矣。乾德元年，有事荆湖，方會兵襄陽，即以邊光範權知襄州，其銜亦爲權知也。此時高繼沖尚據荆南，朝命已嘗使之權判荆南矣。及其納土，不欲遽易它人,① 即就命繼沖爲荆南節度，而用王仁贍爲巡檢以參總其兵，則仁贍實預州事，而繼沖之節度荆南者，但以繫銜而已。至其年六月，竟用仁贍權知荆南，則太祖初橅可考矣。② 後既盡得荆湖北，乃遂分命吕餘慶鎮潭州、李昉鎮衡州、薛居正鎮鼎州州之舊名犯廟諱，其結銜皆曰權知，而凡它臣得郡者，皆放此爲制。行之積久，大藩鎮多授文臣，乃始盡正其銜，明曰"知某府某州軍州事"也。慶曆八年，塞澶州決河，命步軍副都指揮使郭承祐權知澶州，又以户部判官燕度同知澶州兼修河事。非一州而兩太守也，同知之名即通判也。皇祐五年，詔知州、軍武臣，并須與僚屬謀議公事，毋得專決，監司常檢舉之。案，皇祐此制而參以太祖詔旨，即武臣之爲知州、軍者，實爲其人常有功績，無以處之，故令領郡，以郡禄優酬之耳。即柳子厚之論封建，謂聖人之不得已者也。然則太祖用武臣爲守，而使文臣與爲通判，其意正與置文尉而换鎮將，同爲一見矣。

宗子取解取應額

紹興十五年十一月，臣寮札子："昨來國子監申請行在宗

① "它",學津本、四庫本作"他"。

② "橅",原作"撫",據學津本、四庫本和上文"規橅"改。

室并赴監試，如外任及宫廟并赴漕試，其監試有官鎖應，七人取三人；無官應舉七人取四人；無官祖免親取應，文理通者爲合格，不限人數；惟赴運司試，所取之數與進士一同，非所以獎進宗子。乞除行在宗子依見法外，諸路宗子不以有官無官，如願試行在，應舉、鎖應，并依熙寧舊制，許赴監試，請解赴省；如不願前來，依見行“崇寧貢舉法”行。案，此所言是崇寧運司取人數必少於熙寧，蓋崇寧非不欲優之，爲親遠屬疏比熙寧不同。

大赦改京官

嘗聞人説，今前宰執，一年許舉五員改官者。初立法時，一年止發一削，有此一削，便徑改京官。丁未九月二十五日，讀《青箱雜記》，云解賓王爲登州黄縣令，陳執中用大赦舉改京官。[①] 大赦者，豈非一狀遂可改官者耶？又景祐三年制：舊制，轉運使、副及提點刑獄，舊當三人者，止當一人。

① “讀青”至“京官”共二十五字：宋吴處厚《青箱雜記》曰：“執中好閲人，而解賓王最受知，初爲登州黄縣令，素不相識，執中一見，即大用，敕舉京官。”

舊已授差遣不待闕

祥符八年，“‘詔審官院以近地二年半以上、遠地二年以上，權與差替，不爲永例。’上以京朝官俟闕既久，奉朝者頗多，故有是詔。”案，此則其時京朝官，有在京奉朝，須有闕出乃授，授已即赴，不嘗逆用未該替闕也。自太祖、太宗時，數下詔，戒已授而路程外逾月不赴者，又有川峽在任人，未及三年優恩許替者。《會要》：咸平三年二月，向敏中言，選人有在任一年已注替人，致不成三考，今後須見任官二周年半即得注替。如未有闕，曉示各令待闕，每季一集，更不使隔季員闕。川廣漳泉等處見任，并許成資日注即見不差待闕人也。天聖元年，晏殊言：“大中祥符三年，東封赦放選時三千人，銓司注擬不足，始擘畫隔年預使季闕，後遂爲例。今待闕人不多，欲今後且用見闕。”景祐三年，審官院言：“見在院待闕官凡九十二人，欲并以到任一年半使闕，候見任官滿三十月許赴。”此則注官後待闕之始也。

徽州苗絹

自楊炎立兩税法，農田一年歲輸官兩色：夏蠶熟，則輸紬綿絹絲，亦有輸麥者；秋稻熟，則專輸米。皆及時而取所有也。唐行兩税不久只三、四年，遂令當輸者皆折價輸錢。陸贄奏議具在可見也。徽州，唐歙州也。有水可通浙江，而港洪狹小，閲兩旬無雨，則舟膠不行。以此人之於秋苗額中，[①]量州用米數，許於本色外，餘盡計米價，準絹價，令輸以代納苗，以便起發也。而苗絹無定額，吏得出入爲奸。乾道丁亥，趙德莊爲江東漕，問所委。予曰："徽，吾桑梓也。税額之重，居田收十之六也。自五代楊行密時已如此，今難減矣，而惟有司年年於法外多科。此即可以檢轄，令毋羡取也。"趙曰："予略知其似矣。徽之苗米，本州全得用，不起一粒，已自優如它州矣。而不知起發苗絹，即是計米輸絹也。"觀德莊此言，已是爲吏輩先言所入矣。予但悵然，因與之詳道曲折，始嘆程琳之爲達識也。琳爲三司時，有建議者，患二税色目多，欲并爲一，以便稽檢。琳獨不可，曰："今并其入而没其名，它日奸人撿取舊目曰：'昔嘗取而今漏檢者。'遂成添税一重也。"此即徽之苗米藏於秋苗絹之類也，程公達識也哉！

黜責帥臣亦降召命

凡今爲帥者，不問文武，雖以罪罷，亦降召命，未知始於何時。或言此制爲武臣握兵者設，而概以用諸文臣，使不

---

① "人",疑作"入"。

爲兩體耳。乾興元年，曹瑋本字該避任真定都部轄本字該諱，①責授容州觀察使、知萊州。丁謂疑其不受命，詔河北運使韓億馳往收其兵。既而曹得責命，即日上道。則是此時大帥徑加責徙，遂不托名爲召矣。"又建隆二年，孫行友鎮定州，欲據山寨以叛。太祖命武懷節會鎮、趙之兵，僞稱巡邏，直入定州，出詔示之，行友聽命，削官爵禁錮之。"則又不以召罷也。

萬壽觀

端拱造上清宫，慶曆三年火，止存壽星殿，因葺爲觀。大中祥符元年，造玉清昭應宫，至天聖七年災，止存長生及章獻本命殿，因葺以爲萬壽觀。《東宫記》。②

舉子稱習進士

同進士出身始太平，進士出身始祥符，諸州助教始熙寧，

① "曹瑋"，原作"曹偉"。"本字該避"，學津本作"原注本字該避"，下同。正指"瑋"字，避宋孝宗趙昚（名瑗，賜名瑋）諱而改字。曹瑋（973—1030），字寶臣，北宋大將，官至御史大夫。"部轄"，當作"部署"，避宋英宗趙曙諱改。

② "宫"，原作"官"，據四庫本、學津本改。

御試不黜落始嘉祐四年。[1] 舉子前此許挾書，至祥符，止許帶《禮部韻》。景祐五年，舉人見，有落解經生唐突，自此遂只許解元見。聞喜宴錢，熙寧始賜。蘇紳父仲昌，生紳十九年，解入京，始父子相識。景德二年，契丹犯河北，特推舉人恩。

令甲令丙

《後漢·肅紀》詔："《令丙》棰長短有數。"注：《前書》令有先後，有令甲、令乙、令丙。

郊後謝太一宮[2]

天聖五年，劉筠言："南郊朝饗玉清昭應宮、景靈宮，又宿齋于太廟。一日之内，陟降爲勞，請罷朝饗玉清昭應宮，俟郊祠畢，行恭謝之禮。"從之。《實録》。

① "嘉祐四年"，當爲"嘉祐二年"。參見續集卷一"殿試不落人"正文及其《長編》卷一八五，嘉祐二年三月丁亥條。

② "太一"，四庫本、學津本作"太乙"，同。

初禁礬

天聖六年，用齊宗矩言，巡捉私礬，如私茶鹽法。《實録》。

諫官不兼它職

天禧元年，始詔置諫官六員，不兼它職，首以魯宗道爲之。《實録天聖七年》。

諫官始得面論事

是時，諫官章須由閤門進，又罕得對者。魯宗道請得面論事，而上奏通進司，遂爲故事。同上。

郎中致仕與一子官

郎中已上致仕，與一子官。天聖四年。

帶館職出外

以館閣校勘王琪簽署南京留守判官公事。① 故事，館閣校勘無出外者，以留守晏殊所辟，② 特許之。天聖四年。

枌　榆

漢高祖少時，常祭枌榆之社，及移新豐，亦立焉。《長安記·臨潼縣》。

張公吃酒李公醉

"則天時，讖謡曰：'張公吃酒李公醉。'張公，易之兄弟也。李公，③ 言李氏不盛也。"

參知政事知外郡

乾德中，蜀平吕餘慶以參知政事知成都。參知政事出權

① "署"，原作"書"，避宋英宗趙曙諱。
② "殊"，原作"洙"，據學津本改。
③ "公"，原作"氏"，據四庫本改。

藩府自此始。

監　司

漢置刺史察州。成帝綏和元年，更刺史爲州牧，光武復爲刺史。隋初，雍州置牧，餘州并置刺史。開皇三年，罷郡，以州統縣，自是刺史名存而實廢。唐武德，罷郡置州，改太守爲刺史。神龍，分天下爲十道，道置巡察使二人，景雲，改置按察使。開元二十二年，改置采訪處置使。

女樂隸太常

隋大業六年，以所召周、齊、梁、陳散樂悉配太常，皆置博士弟子以相傳授。

納錢度僧道

安禄山反，楊國忠遣侍御史崔衆至太原，納錢度僧尼、道士，[1] 旬日得百萬緡而已。

---

[1] 宋趙彦衛《雲麓漫抄》卷四："紹興中，軍旅之興，急於用度，度牒之出無節。上户和糴所得，減價至二、三十千。時有'無路不逢僧'之語。"

江南丁口錢

“吴有丁口錢，又計畝輸錢。徐知誥秉吴政，宋齊丘説徐知誥：‘請減丁口錢。’”① 從之。由是江淮曠土盡闢，桑柘滿野，國以富強。

收茶征聽民自賣茶

馬殷據湖南，判官高郁，請聽民自采茶，賣於北客，收其征以贍軍。殷從之。《紀事》三十八。

驛券出樞密

舊制，館券出於户部。唐明宗天成二年，卞圜以宰相判三司，② 安重誨爲樞密使，請館券從内出。圜與爭於上前，宫人問上，知爲宰相，曰：“妾在長安中，未嘗見宰相、樞密

① 《資治通鑑·後梁紀五》：“先是，吴有丁口錢。又計畝輸錢。錢重，物輕，民甚苦之。齊丘説知誥，以爲錢非耕桑所得，今使民輸錢是教民棄本逐末也，請蠲丁口錢。”

② “卞圜”，當作“任圜”。卞圜爲南宋紹興乾道時期人，任圜爲後唐人，事情發生在後唐唐明宗時期。詳《舊五代史·安重誨傳》《舊五代史·任圜傳》。

奏事敢如此者，蓋輕大家耳。”上不悦，卒從重誨言，圜罷。按，國初每給驛券，皆樞密院出頭子，令三館中有藏太祖御書帝翰，有親與決者，即其來已久矣。

内　中

《漢紀》“元封二年，甘泉宫内中産芝。”注：“内中謂後庭之室也。”

新　亭[1]

《丹陽記》：“新亭，吴舊立，先基崩淪，隆安中，丹陽尹司馬恢之徙創今地。”案，此所言乃王導正色處，則凡晋、宋間新亭，已非吴時新亭矣。

三司使

置使自後唐張延聖祖名諱始。[2] 本傳。

---

① 卷十六有“建康新亭”條，内容較此條詳細，可參看。

② “張延”，當作“張延朗”，缺字避諱，避趙匡胤的父親趙玄朗諱。《五代史·張延朗傳》：“詔以延朗充三司使，班在宣徽使下。三司置使自此始。”

方鳩僝功

《説文·人部》釋“僝”曰：“具也，從人、孨聲，讀若汝南潺水。《虞書》曰：‘旁救僝功士戀反’。”① 與今《書》文不同，而孔安國以“鳩”爲“聚”，則本文誠爲“鳩”，不爲“救”矣。不知許、孔孰爲真也。

馬步殿三司

《五代·康義成傳贊》：②“侍衛親軍馬步都指揮使云云。親軍之號，始於明宗，其後又有殿前都指揮使之名，皆不見其更置之始。今天下之兵，皆分屬此兩司矣。”豈歐公時未有三司耶？

父子同省人以爲非

《五代·豆盧革傳》：革與韋悦俱爲莊宗相，“二人各以

---

① “旁救僝功”，今《尚書·虞書·堯典》作“方鳩僝功”，孔安國傳：“鳩，聚。僝，見也。”

② “康義成”，當作“康義誠”，《五代史》有傳。康義誠，字信臣，山西代北三部落人，五代後唐大臣。

其子爲拾遺。父子同省，人以爲非，遽改它官”。

避　親

《舊唐·職官志·吏部下》：“凡同司聯事、勾檢之官，皆不得注大功以上親。”按此即知，有職掌相莅者應避。

直學士

唐初定制，以五品以上官爲集賢學士，六品以下爲直學士。今六閣學士、直學士高下必視此爲别。

元祐入仕數

“今特奏名進士諸科約八九百人，一郊子弟奏補得二三百人。”同上。

唐世疆境[①]

元稹《樂府》注：“長安西門，開元時立堠，名萬里堠。

---

① 學津本、四庫本無此條。

書其國西疆境曰：西至安西都護府九千幾百里。且云：其實萬里，慮征戍者遠之，乃減其數，使不盈萬。”此積之説然也。然《唐書·地理志》總載唐極盛時地里，曰：“東極海，西至焉耆，東西九千五百里。”夫合東西言之，僅爲九千餘里，安得自長安至安西而盈萬里者哉？

寄禄官階官

政和三年，敕特進至承務郎爲寄禄官，承直郎至迪功郎爲階官。按，元豐未改官制以前，如朝奉、將仕、承務之類，别名階官，皆須在職，遇郊始得加之。自元豐制行，既不以京朝官，如正字、三丞、列曹郎官之類爲寄禄官，遂取唐世承務、朝議之類，增廣比序，以爲磨勘遷進之則，因以寓禄。而神廟時，未改州縣掾官簿尉之類，其元豐三年，改定新制，詔曰：“今推本制作參酌損益，使臺、省、寺、監之官實典職事，領空名者一切罷去，而易之以階。”此時未分寄禄與階官也。至政和六年，以神宗官制有未暇盡改者，如選人有帶知安州雲夢縣事，而實任河東轉運司管幹公事者，淆亂莫甚。今選定選人七等之制，如易留守節察判官爲承直之類，凡七階。立制既定，以特進至承務既名寄禄，始以新定選人七級名爲階官，以别於舊寄禄官稱。今人概謂非職掌者爲階官，不詳考也。

京朝官實封札子

《三朝聖政録》：太宗許京朝官實封札子於閤門上進。

元絳知潁州使服學士金帶如舊

《臨安志》：元時從翰林侍讀、參知政事出。據此即應不得服參政帶矣，[①] 而學士帶亦不該服，其服學士帶，特恩也。

舉官連坐自謝濤始

濤，真宗時爲巡撫益、利兩路使，回舉所部官三十餘人，宰相以爲多，乃陳諸吏治狀，而願連坐。奉使舉吏連坐，自濤始。

摛文堂

強淵明宣政間爲翰林學士承旨，上爲增廣直廬，書“摛文堂”榜以寵之。《臨安志》云出本傳。

---

① “應”，嘉靖本、四庫本作“因”，據學津本改。

吴越改元

寶正六年，歲在辛卯，見封落星石制書，"辛卯"乃後唐明宗長興二年。寶太元年，羅隱記修新城縣，記云"癸未歲"，"癸未"乃後唐莊宗同光元年。《臨安志》。以此知吴越雖云禀中原正朔，既後唐長興、同光年號，與其寶貞、[①] 寶太同歲，而名不同，知吴越自嘗改元審矣。

裴延齡科草

陸贄奏：度支以税草支用不免，[②] 令京兆折今年和市草一千萬束，每束草兼車脚與折錢二十五文，公私兼濟。贄奏：每年税草不過三百萬束，令入城輸納只二百三十萬而已。今既加仁宗廟諱約計百里般運，[③] 已當三十五文，買草本價，又

---

① "寶貞"，原作"寶正"，避宋仁宗趙禎嫌名諱。史書亦作"保貞"，吴越太祖錢鏐的年號，從 926 年至 931 年。

② "免"，當作"充"，充足。明楊士奇《歷代名臣奏議卷·賦役》及《全唐文》皆爲"充"："唐德宗時，中書侍郎同中書門下平章事陸贄《論度支令京兆府折税市草事狀》曰：度支奏，緣當年税草支用不充，諸場和市所得又少，所以每至秋夏常有欠缺，請令京兆府折今年秋税和市草一千萬束，便令人户送入城輸納，每束兼車脚與折錢二十五文，既利貧人兼濟公用。"

③ "今既加"當爲"今既加徵"，缺"徵"字避諱。仁宗名趙禎，凡與"禎"音近之"徵""貞""蒸"，皆諱之。"般"，四庫本、學津本作"搬"，通。

更半之，而度支徑以每束限爲二十五文。十卷。

預　買

太宗時，馬元方爲三司判官，建言：“方春民乏絶時，預給庫錢貸之，至夏秋令輸絹於官。”預買綢絹始於此。《東記》九。

周田畝數

《通典》“古雍州”卷曰：“周制，步百爲畝，畝百給一夫。即一頃。商鞅佐秦，以一夫力餘，地利不盡，於是改制二百四十步爲畝，百畝給一夫。”

羨道墓志

《南史》二十三《裴子野傳》：“子野葬，湘東王爲之墓志銘，陳于藏内。邵陵王又立墓志于羨道。羨道列志自此始。”

台鈞衔

節使未有平章事，即不合稱台階、台造、鈞慈、鈞造；

不兼郡牧，亦不合著某官銜字。上事後早晚兩衙。右出李肖隱所撰《使範》。①

聖節進馬

人主誕節，宰臣舊例，進衣一副。元和七年，李吉甫固恩澤，别進馬二匹。賜通天犀帶以答之。《唐會要·節日門》。

誕日設齋用樂

開成五年，以六月十一日爲慶陽節，天下州府常設降誕齋行香。京城内，宰臣與百官就大寺設僧一千人齋，仍許量借教坊樂官充行香。

入兩閤門吉凶異制

天祐二年四月敕：自今年五月一日後，常朝出入取東上閤門，或遇奉慰，即開西上閤門，永爲定制。

① “李肖隱”，當作“李商隱”。《宋史·藝文志·藝文三》：“王晉《使範》一卷，李商隱《使範》一卷。”

差考試道卒有恩澤

衢州西安令宋宏以使牒考試它州，在道遭水禍以死。其子拯以父死職事推恩補太廟齋郎。《蘇子容集》。

簽　樞

石熙載平梅山蠻，入爲尚書兵部外郎，充樞密直學士，歲中以本官兼職同簽書樞密院事。① 簽書院事自公始也。《蘇子容集》。

臨奠已罷執政

熙載爲密使，乞解政，除右僕射。太平興國九年薨，太宗即往臨其喪。近世執政既罷而卒，車駕臨視自公始。同上。

---

① “簽書”，當作“簽樞”，避諱改字。按，“樞”和“書”宋時不同音。書，《廣韻》魚韻，書母。樞，《廣韻》虞韻，昌母。宋高承撰《事物紀原·經籍藝文部·簽樞》：“又《宋朝會要》曰：太平興國四年正月，以石熙載爲樞密直學士，簽署樞密院事。簽樞之名，自此始也。治平中避英宗嫌名，改曰簽書。”

改劭字

文帝生元凶劭，初命之曰“劭”，在文爲“召刀”，惡之，改“刀”爲“力”。

納　陛

尊者不欲露而升陛，鑿殿基際爲陛。納之霤下，不使露也。《王莽傳》注。

四川總領財賦結總領在四川上

建炎間，軍遽須財，典計之臣不暇盡如常制。遂仿河北、陝西路法，置都轉運使通領數路，以侍從爲之，其結銜不爲都運者，則直以從官總領某路某路財賦。後至紹興三四年間，始以郎官總領江西或江東財賦，則今總領之始矣。紹興十五年十月二十八日，汪勃言：“四川既已休兵，可罷都轉運使，歸其職於宣司。宣司既典兵又總財賦，則爲非是，乞即宣司置四川總領一司，應辦宣司錢糧。”旨用其言，其年十一月十八日，除趙不棄爲之。初降指揮，以四川宣撫司總領財賦爲銜，至其命詞給告，則結銜曰“總領四川財賦”。是初時使爲宣司屬官，已而返來總領宣司財賦也。是時鄭剛中爲宣撫使，既見不棄全銜結總領於宣司之上，乃始驚疑，而知其有異矣。此蓋秦丞相微機，或者云不棄有請，而秦從之。用《日曆》撮考。

當講官口義

今講日，講官以所撰講義進講，即講筵内侍收掌。紹興十三年正月，王普奏其父在建炎元年爲講官，講“孝弟仁之本”，合上意，退批“早來講義”，即今進入。普仍言故事，次日方進。今此即日促進，非常儀也。

不兼經筵遇講讀即赴

熙寧二年，召中丞吕公著赴經筵。公著以臺臣侍講，不兼經筵職，遇講讀即赴。如此，即侍講之與經筵異耶。是年十月，翰林學士范鎮兼侍讀。鎮前爲侍讀學士，及還翰林，即落侍讀，至是，雖復侍讀，而不兼學士。《長編》據《日記》所載如此。詳此，當是以翰林侍讀學士，或天章閣侍讀學士等爲經筵，[①] 而以單帶侍讀，講爲講讀所耶。

---

① “侍”，原作“待”，據四庫本、學津本改。

知州不該舉京官職官即令通判舉

熙寧三年，詔諸路知州軍，不該舉京官、職官處，令通判舉。《長編》存疑云：“不知州軍何故不該舉。”予案元立舉官格，須舉主是某官已上，恐是知州軍官未及品耶。

丞　郎[①]

唐稱丞郎，謂尚書左右丞及尚書侍郎輩也。今人多承丞郎之語，文字間便以寺監丞郎當之，承襲之誤也。《唐・劉寬夫傳》八十五：“寶曆中，寬夫爲監察御史，言以王府官攝祠，位輕，乞以尚書省左右丞、侍郎通攝。”又《潘孟陽傳》：“爲侍郎，年未四十，其母謂曰：‘以爾之才，而位丞郎，使吾憂之。’”馮道曰：“宰相之權，吾初入能用人爲丞郎，後但能用人作郎官耳。”

---

① 此條學津本在“元祐入仕數”下。

續集卷之三　文類

韓文用古法

韓愈《原道》曰："不塞不流，不止不行。"其語脈本自《易》出。《易》曰"不恥不仁，不畏不義"也。《項羽傳》曰："聞大王不聽不義。"注曰："凡不義之事，皆不聽順也。"

古文相似

《洪範》曰："于時厥庶民，錫汝保極。"言民以其保極者，報答人主建極之施也。《洛誥》曰："乃惟孺子頒，朕不暇。"言成王不能察知人情，則是以多事遺我也。光武謂劉盆子曰："待汝以不死。"陳後山曰："報以永不諼。"皆一格也。

大　體

班固曰："賈誼通達國體。"文帝策賢良曰："明於國家大體。"説者不能明言其如何爲體。賈誼曰："大臣特以簿書不報、期會之間，以爲大故。① 至於移風易俗，使天下回心而向道，類非俗吏之所能爲也。俗吏所務，在於刀筆箱篋而不知大體。竊爲陛下惜之。"夫簿書期會，體之小者也。移風易俗，乃其大者，故曰大體也，又曰國體者。體如人之有體焉，四支與身，皆體也。又作屋、作文，皆有大指，如曰"辭尚體要"是也。

月旦十五日

韓退之《弔武侍御文》曰：月旦、十五日，出其衣珥拜之。夫不言朔望，而變言月旦、十五日，其語脈有自也。魏武帝遺令曰："美人著銅雀臺上，施八尺牀繐帳，朝晡上酒脯，月朝、十五，輒向帳作伎。"曹公此語，即韓公之所祖也。月朝者，一月之朝，即朔日也。《兩都賦》正旦爲三朝：

① "故",原脱,據學津本、《漢書·賈誼傳》補。大故:重大的事故。多指對國家、社會有重大影響的禍患,如兵寇、國喪等。

日之朝，月之朝，歲之朝也。以朔旦爲月朝，而於月望，則變文爲十五日。其語出此，乃新奇也。《南史·孝義傳》："王文殊父没於魏，文殊立小屋，月朝、十五日，未嘗不北望長悲。"

不愆于素

柳子厚《梓人傳》述其作室之橆，曰："不愆于素。"《左氏·哀元年》："楚子圍蔡，里而栽，夫屯晝夜九日，如子西之素。"杜注曰："本計爲壘，九日而成。"

賽越王神文

李商隱《樊南集·賽越王神文》曰："今來古往，常教威著越城；萬歲千秋，勿使魂歸真定。"此即模韓文《羅池碑》詞也。其詞曰："北方之人兮爲侯是非，千歲萬歲兮侯毋我違。"① 玉溪生自言其文體之所從來，則已曰：時人目爲韓文杜詩也。

① "千歲"，《柳州羅池廟碑》作"千秋"，"北方之人兮爲侯是非，千秋萬歲兮侯無我違"。侯：指柳宗元。"毋"，《柳州羅池廟碑》作"無"。

主在與在

袁盎論社稷臣曰："主在與在，主亡與亡。"如淳曰："人主在時，與共治在時之事。人主雖亡，其法度存，當奉行。如勃等坐視非劉而王，是從生主之欲，不與亡者也。"予以爲非也。與讀如預，方主之存也，吾固預同其存；主如喪亡，吾亦與同其亡，終不肯獨存其身也。絳侯當劉氏"不絶如帶"之時，顧惜軀命，不能救正，是獨存其身而不顧社稷之危亡。故雖幸有功，第可名爲功臣，而不得名爲社稷臣也。陸贄論救姜公輔也，曰："位列朝廷，任當宰輔，主辱與辱，主安與安。"正是此理也，故知如淳之説未通也。唐世諸儒，有學有守者，吾得二人焉，魏徵、陸贄是也。取其奏讀之，其理悉與經合，學能發古，吾故敢云爾也。

先　天

《易》曰："先天而天不違。"《書》曰："自貽哲命。"又曰："自作元命，配享在下。"《詩》曰："永言配命，自求多福。"《莊子》曰："神動而天隨。"皆一理也。天下事孰有非天理之自然者乎？而天安可先也？曰惟其處心與天相似，故意舉於我，事應於彼。比次而言之，則倡之者人也，應之者天也。“神動而天隨”，語最要也。

古語相襲

宋子京贊尉遲敬德曰：“桑蔭不徙而大功立。”語甚新矣。然葛洪《抱朴子》已嘗言之，曰：“文王之接吕望，桑蔭不移，已知其可師矣。”《抱朴子》之言近也。《戰國策》馮忌之言曰“堯舉舜於草茅之中，桑蔭移而受天下”，則其語有所自來矣。項羽王沛公於南鄭，沛公怒，蕭何諫曰：“夫能屈於一人之下而信於千人之上者，湯武是也。”太公《六韜》嘗曰：“文王尚疾岐小，太公曰：‘屈一人下，伸萬人上，聖人自行之。’”然則何之語又本太公也。翟公追恨爵羅，及其復用，題其門曰：“一貴一賤，交情乃見。一死一生，乃知交情。”《説苑》已有此語矣。禪家嘗譏學道而不知其方者，曰：“長安在西，東向笑。”桓譚《新論》亦已言之曰：“里語云：‘人聞長安樂，出門西向而笑。’”

仁者必有勇

“舜舉皋陶，不仁者遠矣”，此其賞中有仁也。“四罪而天下咸服，誅不仁也”，是其罰中有仁也。“大賚于四海，而萬姓悦服”，喜中有仁也。“文、武一怒而安天下之民”，怒中有仁也。故仁者之勇，藏於無事之日，而見乎不可不發之地。仁主慈，義主勇。慈者所向，皆在所愛。勇者所向，人不可禦。它人非無勇也，“棖也欲，焉得剛”。資本不仁，爲欲所蔽，則其剛決不能遂也。若夫剛、毅、木、訥，本不爲仁，其平時則質木而訥鈍，遇事則剛果而猛毅，惟其無欲，故有不可牽制之象，是爲近仁也。近者，言其氣象似之也，然亦不可信以爲誠仁，故特曰“近之”而已。而又謂“勇者不必有仁也”。若夫“仁以爲己任”者，則不然矣。“造次顛沛，不肯與仁相舍”，則遇事而前，必達其欲，不可阻挫也。如舜之所好者生也，四凶或敗吾生，則明以不仁誅之。雖禹方任用，不能救鯀也。文、武之怒，未嘗妄興，直待天下皆忿，不復可以容忍，乃始應之。其怒一發，必使害仁者去，此其所以一怒而天下遂安，不待再舉也。

碑　碣

《後漢·傳十三》：“方者爲碑，圓者爲碣。”

不遷怒

《左氏》：“范武召文子曰：‘燮乎，吾聞之，喜怒以類者鮮矣，易者實多。’”《宣十七年》。

續集卷之四　詩事

蝶粉蜂黄

嘗有問予，周美成詞曰“蝶粉蜂黄都過了”用何事？予曰：記得《李義山集》有之。李《酬崔八早梅》曰：“何處拂胸資蝶粉，幾時墮額藉蜂黄。”又《贈子直花下》曰：“屏緣蝶留粉，窗油蜂印黄。”周蓋用李語也。

取日虞淵

吕温贊狄仁傑曰：“取日虞淵，洗光咸池。”《淮南子·天文訓第三》曰：“日出于暘谷，浴于咸池，拂于扶桑，是謂晨明；至於悲谷，是爲晡時；至於虞淵，是謂黄昏。”温蓋言仁傑復辟，如取夜日而復諸晨朝也。

斬無極

坡詩曰："屬鏤無眼不識人，楚國何曾斬無極。"無極，費無極也，蓋言譖死伍奢者無極也，而屬鏤之劍乃不能以及無極。案，昭二十七年楚令尹子常殺無極，[①] 則無極終遂不免也。

吴越分境

唐僧詩曰："到江吴地盡，對岸越山多。"陳後山曰："聲言隨地改，吴越到江分。"善謔者曰："此杭、越猴子詩也。"其謔亦有理，然以後山之博，而於杭、越二州分境亦隨世傳言之，似未諦審也。案《國語》，越雖爲吴所侵，栖之會稽，然其國境北至禦兒。禦兒，今嘉興縣禦兒鄉，亦曰語兒也。勾踐伐吴用禦兒人涉江駐此。[②] 江，松江也。襲吴，勝之。夫禦兒之人越王得以爲用，則禦兒之人素隸越籍審矣。則吴境何嘗抵江也耶！

---

① "二十七",嘉靖本、四庫本作"十七",據學津本改。"昭公二十七年九月己未,子常殺費無極與鄢將師,盡滅其族。"

② "駐",嘉靖本、四庫本作"注",據學津本改。

蒲萄緑

李白詩："遥看漢水鴨頭緑，恰似蒲萄初醱醅。"錢希白《南部新書》曰："太宗破高昌，收馬乳蒲萄，種於苑中。并得酒法，仍自損益之，造酒緑色，長安始識其味。"太白命蒲萄之色以爲緑者，本此也。蒲萄酒，西域古已有之，而中國未見，故漢人一斗可博涼州也。

水落魚龍夜

《水經》："汧水出小龍山，歷澗，注以成淵，潭漲不測，出五色魚，俗以爲靈，莫敢采，因謂龍魚水，自下亦通名龍魚川。"

山空鳥鼠秋杜詩

渭水出隴西首陽縣鳥鼠山，《禹貢》謂"導渭，自鳥鼠同穴"者也。《水經》。

荆州爲南京

上元元年九月，置南都於荆州，以荆州爲江陵府。二年九月，停四宫及江陵南都之號。寶應元年，復爲南都。老杜詩曰："南京犀浦道，四月熟黄梅。"

東坡用杜詩

東坡謝賜御詩，叙陝西戰勝，曰"已覺談笑無西戎"，老杜《觀安西兵》曰十卷"談笑無河北"。

張籍後不盲

韓愈《贈張十八助教》云："喜君眸子重清徹，携手城南歷舊游。"則張之目疾後嘗復舊也。

火　齊

天竺有火齊，如雲母而色紫。裂之則薄如蟬翼，積之則紗縠之重。據此，即老杜謂“火齊堆金盤”,① 誤以火齊爲珠也。《太平寰宇記》。

木　難

木難，出翅鳥口中結沫所成碧色珠也。曹子建詩曰：“珊瑚間木難。”

酒浮蟻

曹子建《七啓》注曰：“《釋名》曰：‘酒有泛齊,② 浮蟻在上泛泛然。’”《文選》三十四。

評　詩

詩思豐狹，自其胸中來，若思同而句韻殊者，皆象其人，

① “老杜”,當作“韓愈”。未見杜詩“火齊堆金盤”句,而唐韓愈《永貞行》有“火齊磊落堆金盤”詩句。

② “泛齊”,嘉靖本、學津本作“沈齊”,四庫本、《文選》注作“沉齊”,同。據《周禮》和《釋名》改。《釋名・釋飲食》:“泛齊,浮蟻在上泛泛然也。”又:“沉齊,濁滓沉下,汁清在上也。”泛齊、沉齊,各爲古代供祭祀用的五種酒之一。《周禮・天官・酒正》:“辨五齊之名:一曰泛齊,二曰醴齊,三曰盎齊,四曰緹齊,五曰沉齊。”鄭玄注:“泛者,成而滓浮,泛泛然。”泛齊因酒色最濁,上面有浮沫,故名。

不可強求也。張祜《送人游雲南》，固嘗張大其境矣，曰：“江連萬里海，峽入一條天。”至老杜則曰：“窗含西嶺千峰雪，門泊東吴萬里船。”又曰：“路經灩澦雙蓬鬢，天入滄浪一釣舟。”以較祜語，雄偉而又優裕矣。

莫射雁

牧之《獵》詩曰：“憑君莫射南來雁，恐有家書寄遠人。”沈存中用之作《拱辰樂府》，曰：“彎弓莫射雲中雁，歸雁而今不寄書。”

春風不度玉門關

唐王涣之與王昌齡、[①] 高適飲于旗亭，有伶人唱兩詞，皆昌齡詞也。昌齡夸其同游，遂書壁以記曰：“二絶句矣。”涣之指雙鬟令唱，曰：“脱是吾詩，子等當拜牀下。”鬟唱曰“羌笛何須怨楊柳，春風不度玉門關”，涣之辭也。涣撇歓二子。[②] 東坡詩曰：“固知無定河邊柳，得共中原雪絮春。”豈采其意耶？然點换精巧，逾涣之矣。王涣之語，出薛用弱《集異

① “王涣之”，當作“王之涣”，諸本皆未回改。下同。

② “撇”上，脱“之”字。

記》，在諸家雜説中。

會 意

陶詩“把菊東籬下，[①] 悠然見南山”，本只賞菊，而山忽在眼，故爲可喜也。“池塘生春草”，若只就句説句有何佳處？惟謝公久病起，見新歲發生，故可樂耳。柳惲《南史·傳》十八詩曰：“亭皋木葉下，隴首秋雲飛。”蓋亭皋常時遠望，木常遮山。今秋至，木葉皆脱，而又有飛雲焉。其思致恢遠，故可喜也。王融少所許可，特愛此句，因云“可以行遠”。此非爲其語工也，意到也。

天闕象緯逼

杜詩“天闕象緯逼”，王介父曰“闕當爲閲”，非也。《水經》紀穀水曰：“《漢官典職》曰：‘偃師去洛西，四十五里，望朱雀闕，其上鬱然與天連。’”明其峻極之至也。《白虎通》曰：“今閶闔門外夾建巨闕，以應天宿。”

① “把”，學津本作“采”，是。

唐史記杜甫死誤

本傳云：杜以永泰二年卒於耒陽。詩中乃云“大曆二年調玉燭”。案，代宗永泰二年十一月改元大曆。以曆求之，則永泰二年歲在丙午，而大曆二年歲在丁未，是子美不卒於永泰二年也。《蘇子美集》末亦嘗言之。①

劉禹錫蘇子瞻用孔子履事

東坡《跋歐公家書》曰：“仲尼之存，人削其迹；夢奠之後，履藏千載。”劉禹錫《佛衣銘》曰：“尼父之生，土無一里；夢奠之後，履存千祀。”東坡語意或因劉耶？然其作問處，不如東坡脈貫也。

思古刺今

寧戚《飯牛歌》曰“生不逢堯與舜禪”，則太斥言矣。杜牧曰：“清時有味是無能，閒愛孤雲淡愛僧。擬把一麾江海

① “蘇子美”，當爲“杜子美”。蘇子美，即蘇舜欽（1008—1048），爲北宋詞人，字子美。

去，樂游原上望昭陵。”一麾而出，獨望昭陵，此意婉矣。

沙河塘

潘洞《浙江論》云：“胥山西北，舊皆鑿石以爲棧道。景龍四年，沙岸北漲，地漸平坦，桑麻植焉。州司馬李珣始開沙河，水陸成路。”事見《杭州龍興寺圖經》。胥山者，今吴山也。吴山有廟，相傳其神伍子胥故也。又《州圖經》云：“塘在縣南五里。”此時河流去青山未甚遠，故李紳詩曰“猶瞻伍相青山廟”，又曰“伍相廟前多白浪”也。景龍沙漲之後，至于錢氏，隨沙移岸，漸至鐵幢。今新岸去青山已逾三里，皆爲通衢，居民甚衆，此《圖經》之言也。及今紹興間，紅亭沙漲，其沙又遠在青山西南矣。

鳳池鵝

晏丞相嘗籠生鵝餉梅聖俞，① 聖俞以詩謝之曰：“昔居鳳

① “晏丞相”，當作“宋庠”，諸本皆未回改。晏丞相（即“晏殊）和宋庠皆謚號元獻，故混。宋魏泰撰《東軒筆録》卷十一和宋江少虞撰《事實類苑》卷三十五：“宋元獻公庠，初罷參知政事，知揚州，嘗以雙鵝贈梅堯臣。詩曰：‘昔居鳳池上，曾食鳳池萍。乞與江湖走，從教養素翎。不同王逸少，辛苦寫黄庭。’宋公得詩殊不悦。”王應麟（1223—1296）《困學紀聞》、胡仔（1110—1170）《漁隱叢話》等皆同。

池上，曾食鳳池萍。乞與江湖客，從教養素翎。”丞相得詩，不悦。其後有宣州司理者，以鵝餉梅，蓋蒸而致之，故梅詩曰：“昔年相國籠之贈，今日參軍餉以蒸。一咀肥甘酬短句，定應無復謗言興。”詳其意趣，是先一詩去時，有摘語以間者，故追言興謗也。《梅集》四十五。

玉魚葬地

杜詩曰：“昨日玉魚蒙葬地。”韋述《兩京記》：“含元殿成，每夜有鬼，云：‘我是漢王戊太子，葬於此，死時天子斂我以玉魚一雙。’改葬，果得玉魚。”

端午飛白扇

坡詩曰：“一扇清風灑面寒，應缘飛白在毫端。”《唐會要》三十五曰：“貞觀十八年，太宗爲飛白書，作鸞鳳蝶龍等，筆勢驚絶，謂長孫無忌等曰：‘五日，舊俗必用服玩相賀。朕今反是，賜君白羽扇二枚，庶對清風，以增美德。’”

竹批雙耳峻

杜甫詩云。① 《會要》：貞觀二十一年，骨利幹貢良馬，太宗名爲“十驥”，仍叙其奇曰：“耳根纖鋭，杉竹難方。”

筍根雉子

杜詩二十二：“筍根雉子無人見，沙上鳧雛旁母眠。”雉子，雉雛也。見者，現也。言筍根草密，雉雛可以藏伏，候無人時乃始出現。蓋以有人無人爲出没之候也。説者乃以“雉”爲“稚”，則是以人屬言之，而爲稚幼也矣。稚兒須人扶將，何爲自藏竹根無人乃見也？此全無意味也。若用下句儷而求之，則鳧雛恃母而安睡，與雉雛畏人而不輕出，其理一也。又如杜之别章曰：“共醉終同卧竹根。”言傾銀注瓦，瓦銀之奢窶固不侔矣，然要其極致，則飲期於醉耳。初飲時用器，固有瓦、銀之異，及其醉也，同於并竹而眠，不復知其始時銀、瓦之别也。或者謂以竹根爲飲器，則上下文皆不貫。

---

① “杜甫詩云”下，當有杜甫詩句“竹批雙耳峻”。見杜甫《房兵曹胡馬詩》。

乞爲奴

杜詩："不敢長語臨交衢，但道困苦乞爲奴。"《南史》齊武子真，明遣殺之。子真走入牀下，叩頭乞爲奴，贖死，不許。本傳。

有鞭不施安用蒲

崔景真爲平昌太守，有惠政，常垂一蒲鞭而未嘗用。東坡《送彭州》詩曰："有鞭不施安用蒲。"《祖思傳》。

早時金碗出人間

杜詩："早時金碗出人間。"《南史》："沈炯行經漢武通天臺，[1] 爲表奏之，曰：'甲帳朱簾，一朝零落。茂陵玉碗，遂出人間。'"

---

[1] "沈炯"，原作"沈詗"，據學津本改，《南史》有《沈炯傳》。沈炯（503—561）：字初明，南朝梁武康（今浙江德清縣）人，累官至御史中丞。

半夜鐘

"夜半鐘聲到客船",或疑半夜非鳴鐘之時,非也。《南史·丘仲孚傳》:"好讀書,常以中宵鐘爲限。"僧語亦云"分夜鐘"。

小卻置之白玉堂

後山上蘇公詩曰:"小卻置之白玉堂。"宋武帝疾,戒太子曰:"謝晦常從征伐,[1] 頗識機變,若有異志,必此人也。小卻可以會稽、江州處之。"出《南·紀》。

蹄間三丈

杜詩曰:[2]"蹄間三丈是徐行。"《史記》陳軫曰:[3] 秦馬蹄間三尋。

---

① "常從",原作"串欲",據《南史·宋本紀上》、四庫本、學津本改。

② "杜詩",當作"蘇軾詩",題爲《戲書李伯時畫御馬好頭赤》,見《東坡全集》卷十七。

③ "陳軫",當作"張儀"。《史記·張儀列傳》載張儀説韓王:"秦馬之良,戎兵之衆,探前趹後、蹄間三尋騰者,不可勝數。"

玉衣晨自舉

杜詩："玉衣晨自舉。"《平帝紀》：乙未，義陵寢神衣柙中。丙申旦，衣在外牀上，寢令以急變聞。

村

古無村名，今之村即古之鄙野也。凡地在國中、邑中，則名之爲都。都，美也。言其人物、衣製皆雅麗也。凡言美者曰都，曰子都、都人士、車騎甚都是也。及在郊外，則名之爲野、爲鄙，言其樸拙無文也。曰鄙者，如列子自謂"鄭之鄙人"是也。故古語謂美好爲都、粗陋爲鄙，本此爲義也。隋世已有村名。《唐令》"在田野者爲村，別置村正一人"，則村之爲義著矣，故世之鄙陋者，人因以村名之。東坡詩王定國曰："連車載酒來，不飲外酒嫌其村。"

騎白鳳

東坡《雪》詩："鵝毛垂馬鬃，自怪騎白鳳。"《北夢瑣言》五卷曰：沈詢侍郎除山北節使，誦曹唐《游仙》詩云："不知今夜游何處，自怪身騎白鳳凰。"

横海鱗

謝世基與謝晦謀叛被收。世基爲詩曰："偉哉横海鱗，壯矣垂天翼。一旦失風水，翻爲螻蟻食。"東坡《送劉貢父》詩曰："安得北溟池，養此横海鱣。"

冰柱雪車

劉乂聞韓愈接後進，① 步歸之，吟《冰柱》《雪車》二詩，出盧仝、孟郊右，乂自有集，此二詩正爲集首。《冰柱》者，謂雪凍而有冰如柱也。其語曰："檐間冰柱，削出交加。"終篇之意，皆譏成壞無常也。至落句則曰："我願天上回造化，② 藏之韞櫝，玩之生光華。"《雪車》詩大意曰：官家不知民餒寒，盡驅牛馬盈道載玉屑，③ 藏之以御炎酷，不知車轍血點點，盡是農夫哭。

---

① "劉乂"，學津本作"劉義"，但下句"乂自有集"中又作"乂"。

② "上"，四庫本作"子"。

③ "玉屑"，學津本作"屑玉"，指雪。"玉屑"下，四庫本作"載載欲何之，秘藏深宫以御炎酷，徒能自衛九重間，豈信車轍血點點，盡是農夫哭"。

盧仝茶詩

盧仝《謝惠茶》詩，歷叙一碗至六碗，皆有功用，蓋淺深不同耳。其誇茶力至曰："既覺兩腋習習清風生，蓬萊山在何處？玉川子乘此欲歸去。"案，温庭筠《采茶録·天台記》："丹丘出大茶，服之生羽翼。"又《茶譜》記蒙山中頂茶效，曰："若獲四兩，服其一則袪疾，二即無病，三即換骨，四兩即爲地仙。"有僧信其言，僅獲一兩，服之病差，容貌若三十許人，眉髮緑色。然則謂茶能輕身，可爲飛仙，唐世通有其傳，非仝出意，自爲怪奇也。

使君公

東坡《離徐州》詩曰："父老拜馬前，請壽使君公。"君即公也，語似重出。今見《白樂天集十五卷·送劉江州》曰："遥見朱輪來出郭，相迎勞動使君公。"坡蓋用白語云。

帕頭讀道書

張津爲交州刺史，好鬼神事。嘗著絳帕，鼓琴，燒香，讀道書，故東坡詩曰："絳帕蒙頭讀道書。"

三句一韻

元結《浯溪頌》，每三句一更韻，此秦皇會稽頌德之體也。其體少有用者，元好古，特法之，其辭亦瑰傑相稱也。

嚏

氣逆而噴涕，則爲嚏。《詩》“願言則嚏”是也。

續詩事

天子呼來不上船

范傳正作李白墓碑云："玄宗泛白蓮池，白不在宴。皇歡既洽，召白作序。白已被酒於翰苑中，命高力士扶以登舟。"案，此即杜詩謂"天子呼來不上船"者也。或者謂方言以衣襟爲船，誤矣。本集。

羅　趙

《三輔決録》：趙襲、羅暉能草，張伯英與襲同郡，太僕朱賜書曰："上比崔、杜不足，下方羅、趙有餘。"同上出。東坡詩"羅趙前頭敢眩書"。①

① "眩",通"炫",四庫本作"炫"。炫耀。

萬壽白雲杯

《李義山集》中《漢南書事》云："陛下好生千萬壽，玉樓長御白雲杯。"

半段鎗

《唐傳十六·哥舒翰》："吐蕃犯苦拔海，哥舒翰持半段鎗迎擊，所向披靡。"東坡讖集句曰："路旁拾得半段鎗。"

桃李喻所薦士

趙簡子謂陽虎曰："惟賢者爲能報恩，不肖者不能矣。夫植桃李者，夏得休息，秋得其食；植蒺藜者，夏不得休息，秋得其刺焉。今子之所得者，蒺藜也。"今世通以所薦士爲桃李者，説皆本此。唐人刺裴度詩曰："不栽桃李種薔薇，荆棘滿庭君始知。"用此爲據也。

婿乘龍

桓焉兩女嫁李元禮、[①]孫雋，時人謂桓氏兩女俱乘龍，

---

① "桓"，原作"柏"，據學津本改。

言得婿如龍也。

金釵十二行

梁劉孝綽《莫愁》詩，莫愁“十五嫁爲盧家婦，盧家蘭室桂爲梁，頭上金釵十二行。人生富貴何所望，愧不嫁與東家王”詳此金釵十二行，乃排插十二釵也。唐制，命婦以花樹多少爲高下，曰“花釵若干”也。

婁猪艾豭

衛南子召子朝於宋，太子蒯聵過宋，① 野人歌之曰：“既定爾婁猪，盍歸吾艾豭。”注：“婁猪，求子猪也，喻南子。艾豭，喻宋朝。艾，老也。”太子羞之，因是欲殺南子，不果，出奔。

麻没槖駝

種麻以夏至十日前爲上，時諺曰：“夏至後，不没狗。”或答曰：“但雨多，没槖駝。”魯直書其學子課帙曰：“大雨

① “聵”，四庫本作“聵”，同。

若懸河，禾深没橐駝。”用此。

何遜梅花詩

《初學記·梅門》載梁何遜《早梅詩》，其警句曰：“枝横卻月觀，花繞凌風臺。”

金　斗

顧渚《茶録》：唐張文規爲湖守，詩寄劉環中秀才云：“待醉烏程酒，思斟平望羹。烟雲金斗暗，苔蘚石尊平。”

萬壽三元

宋沈約上皇太子壽酒，奏《分雅》詩一曲，[1] 曰：“百福四象初，萬壽三元始。拜獻惟衮職，同心協卿士。北極永無窮，南山安足擬。”《藝文·歌門》。

---

① “《分雅》”，當作“《介雅》”。介雅爲古代樂府詩的一種，《隋書·音樂志上》：“上壽酒，奏《介雅》，取《詩》‘君子萬年，介爾景福’也。”“《介雅》三曲五言。”

續集卷之五　談助

漢馬負重

《趙充國傳》："辛武賢欲引萬騎出張掖，充國曰：'一馬自佗駝。負三十日食，爲米二斛四斗、麥八斛，又有衣裝兵器，難以追逐。'"案此而言，若使一馬所負，衣裝兵器之外，別有米麥一十石四斗，馬力已恐難勝。雖漢斗差小，然不可更容有人騎之而行也。予嘗以此問軍帥，帥曰："馬皆牽行，至交戰時，卸下他負，乃始騎以接戰也。"

漢奏報疾

趙充國在金城奏邊事，以六月戊申上，七月甲寅得璽書報從所奏。案，金城距長安一千五百里，七日之間，一往一返，中間又須付朝臣奏擬，略計其奏，一日蓋行五百餘里也。今赦書雖有日行五百里之文，實不及數，漢法之於邊事必加重於它事也哉。

貢禹年七十一生子

貢禹爲光禄大夫，乞骸骨曰："臣犬馬之齒八十一，凡有一子，年十二。"以年計之，是年七十有一而生此子也。武王之壽九十三歲，當成王嗣位時十餘歲，是武王八十而生成王也。

鼓樓警盜

元魏李崇令鄉保各置鼓及樓，每一處有盜，雙捶亂擊，四面傳聲，皆遮路收捕。盜發輒得，此亦善策，然漢時已有其制矣。張敞守京兆尹，史書其政曰："枹鼓稀鳴，市無偷盜。"後又書其去職而盜起，則曰："敞罷數月，京師吏民解弛，枹鼓數起。"然則此時京兆已用擊鼓爲捕逐之節矣。至哀帝時，鮑宣上書曰："今民凡有七亡。"其六曰"部落鼓鳴，男女遮迣"，亦其一也。師古曰："言無枹鼓之聲，[①] 以爲有盜賊，皆當遮列而追捕。"然則擊鼓追賊尚矣，崇特舉而行之焉耳。

---

① "無"，當作"聞"。《漢書·鮑宣傳》之顏師古注作"聞"。

彭祖無八百歲

《史記·楚世家》"帝嚳誅重黎""以其弟陸終吴回生六子，三曰彭祖"。[①]"彭祖氏，商之時嘗爲侯伯，商之末世滅彭祖氏。"予以年數計之，若吴回自帝嚳時已生彭祖，[②]至商末之世而彭祖猶在，則彭祖之壽不啻八百年矣。然予詳其文，既曰"彭祖氏"，則不專指彭祖一身，并其子孫皆包舉矣。或其族壽數皆長，不止一人也。此如誤讀《桃源記》，謂漁父所見者，猶是初來避秦之人也。王介父詩曰："種桃食實枝爲薪，世上紛紛經幾秦。"則"食實薪桃"者，避秦之子孫也。

夷　亭

平江嘗有讖語曰"水到夷亭出狀元"，傳聞日久，莫知所起。而夷亭本是港浦，水到之説亦不可曉。淳熙庚子，浙

---

① "弟"與"陸終"之间，學津本補"吴回生爲重黎後，吴回生陸終。陸終生六子"等字，是。《史記·楚世家》："吴回生陸終。陸終生子六人，坼剖而産焉。其長一曰昆吾、二曰參胡、三曰彭祖……"

② "吴回"，當爲"陸終"。《史記正義·楚世家第十》："吴回生陸終。陸終生子六人，坼剖而産焉。其長一曰昆吾、二曰參胡、三曰彭祖……"

西大旱，河港皆涸，海潮因得專派捷上，直過夷亭。來年辛丑，黄由果魁多士。由，平江人也。人謂此讖已應矣。至甲午年，[①] 衛涇荐魁焉，人大異之。予問夷亭何以名夷，雖其土人不能知也。偶閲陸廣微《吴地記》而得其説，蓋吴闔閭時名之也。闔閭嘗思海魚，而難於生致，乃令人即此地治生魚鹽漬，而日乾之，故名爲鮝，其讀如想。又《玉篇》《説文》無“鮝”字，《唐韻》始收入也。鮝即魚身矣，而其腸胃別名逐夷，爲此亭之嘗製此魚也，故以“夷”名之。《吴地志》仍有注釋云：“夷即鮝之逐夷也。”熙寧四年，郟亶奏言《平江水利》所記昆山支港有夷停，[②] 即其地矣。但以“亭”爲“停”，[③] 當是傳訛耳。

湖州東門外上塘路

《梅聖俞集》九《送胡武平解湖州》詩曰：“始時繞郊郭，水不通蹄輪。公來作新塘，直抵吴松垠。”詳此，即今城東堤路，武平始築也。

---

① “甲午”，當作“甲辰”，即淳熙十一年(1184)。《姑蘇志》卷五十九：“甲辰科，昆山人衛涇亦爲狀元。黄、衛相繼大魁天下，傳爲奇事。”

② “停”，四庫本，學津本作“亭”。

③ “亭”，四庫本作“夷”。

佛師老子

《通典·天竺門》云:"《浮圖》所載與中國《老子經》相出入。[1] 蓋昔老子西出關，過西域之天竺，教胡爲浮圖。徒屬弟子號各有二十九,[2] 諸家紀天竺事，多録僧法明、道安之徒傳記，疑皆恢詭不經，不復纂也。"

曹丕不爲侯必爲太子

《御覽》載魏武令有告子文曰:"沙等悉爲侯。子亘本字從木，諱獨不封，而爲五官中郎將。此是太子可知矣。"案，觀《志》，魏文帝丕，操之長子，字子亘。沙恐是它王小名也。此言兄弟皆侯，而子亘不侯，可以知其必爲太子也。

將毋同

王戎問老莊、孔子異,[3] 阮瞻曰:"將毋同?"不直云

---

① "《浮圖》",學津本作"《浮圖經》",是。即佛經。"浮圖",亦作"浮屠"。

② "弟子號各有二十九",嘉靖本、四庫本脱,據學津本、《通典·邊防典·天竺門》卷一百九十三補。"各",《通典》作"合"。

③ "王戎",《世説新語·文學》作"王夷甫(王衍)":"阮宣子有令聞,太尉王夷甫見而問曰:'老莊與聖教同異?'對曰:'將無(毋)同。'"

“同”，而云“將毋同”者，晋人語度自爾也。庾亮辟孟嘉爲從事，亮高選儒官，正旦大會，褚裒問嘉何在，亮曰：“但自覓之。”裒歷觀，指嘉曰：“將毋是乎？”將毋者，猶言殆是此人也，意以爲是而未敢自主也。其指孔、老爲同，亦此義也。

桑無附枝

“蠶月條桑”，釋者曰“斫取其條，而擷葉以用也”。今浙桑則然，歲生歲伐，率皆稠行低幹，無有高及二丈者。吾徽之桑則高矣，必得梯，葉乃可采，不剪其條也。春每氣應，土脈欲動，木津未上，則相與腰刀，相其良盬，凡柯枝繁密而相翳者，倒垂亂行而不上達者，或又半枯半萎不善茁葉者，率皆删剟棄之，不使分其正力。俗語謂之剃桑，言能剪惡存好也。張堪守漁陽，勸民耕種，百姓歌曰“桑無附枝，麥穗兩岐”。夫桑枝以無所附著爲貴，則是嘗加删剪，而無有交戛相妨者矣。古親蠶法有皇后采桑鈎，若并條列剥之，則何所用鈎也。《左傳》晋重耳與從者謀於桑下，蠶妾在上而重耳不知也。《列女傳》秋胡子見婦人采桑，下車願托陰桑下。凡若此者，皆是采葉不劙其枝也，若并枝劙去，則何緣有蔭也。故剃桑之來古也。

泉洌酒香

歐陽文忠公《醉翁亭記》曰："酒洌而泉香。"及蘇文忠書其文於石，乃曰："泉洌而酒香。"若循泉酒本性求之，則歐公本語，恐是采用《月令》，以出奇健也。況泉清者，無穢濁也，無穢濁則酒清洌，殆别自一理也。

不　揚

《昭二十八年》"鬷蔑惡"，[①] 注："貌醜也。"叔向舉賈大夫射雉以方之，而曰："今子少不揚，子若不言，吾幾失子。"注："顔貌不揚顯也。"《漢·田蚡傳》："蚡貌侵。""侵"讀如"寢"，"寢"即"不揚"也。《後漢》正書"貌侵"爲"貌寢"。[②] 裴度自贊曰："爾材不長，爾貌不揚。"蓋本此。

---

① "鬷(zōng)"，嘉靖本、四庫本作"騣(zōng)"，據學津本和《左傳》改。鬷，姓也。《左傳·昭公二十八年》："賈辛將適其縣，見於魏子，魏子曰：'辛來！昔叔向適鄭，鬷蔑惡，欲觀叔向，從使之收器者而往，立於堂下，一言而善，叔向將飲酒。"唐陸德明音義："鬷，音子工反。"

② "爲"，學津本脱，據學津本和上下文補。四庫本作"作"。

陛　下

《戰國策·秦語》曰："太子楚曰：'陛下嘗軔車於趙矣。'"注："陛下，孝文王也。"即此時已有謂人君爲陛下者矣，而陛下之稱，乃對它人亦可用，無嫌也。韓退之詩曰："曷不薦賢陛下聖。"亦其比也。

杜　君

司馬遷父名談，故《袁盎傳》曰"同子驂乘"。同子者，趙談也。以其名與父同，故避"談"書"同"也。郭林宗本名泰，范曄之父名泰，① 故書其名爲郭太。孔穎達疏《書》，凡孔安國所注，悉言孔君。而杜佑《通典》，杜預事言，悉曰杜君。

五岳真君

開元九年，司馬承禎言："今五岳神祠，是山林之神，非正真之神也。"敕五岳各置真君祠一所。《會要》四十六。

① "曄"，學津本缺末筆，避康熙帝愛新覺羅·玄燁諱，下同。

武后稅浮屠

《張廷珪傳》:"武后稅天下浮屠錢,營佛祠於白馬坂。[①] 廷珪諫曰:'僧尼乞丐自贍而州縣督輸,星火迫切,鬻賣以充,非浮屠所謂隨喜者。'"案,此雖非鬻度,亦計人數敷斂矣。

《史記》自牴牾[②]

《朱建傳》曰:平原君建不預黥布謀反,[③] 得不誅,語在《黥布傳》中。崔駰曰:[④] "案,《布傳》無此語。"

小小倉

王莽末,"鄧曄開武關迎漢"。莽將九虎中三虎保守京師倉,曄攻之,未下,曄謂:"京師小小倉尚未下,何況長安城?"

---

① "營佛祠於白馬坂",《新唐书》作"營佛祠於白司馬坂,作大象"。

② "牴牾",嘉靖本目録作"抵捂",正文作"牴牾",學津本作"牴牾"。

③ "預",《史記》作"與",参與、干預。

④ "崔駰",當作"裴駰"。指《史記集解》的作者裴駰,即《三國志注》者裴松之之子。

警枕

吴越王錢鏐在軍中，夜未嘗寢，倦極，則就圓木小枕，或枕大鈴，寐熟則欹而寤，名曰“警枕”。

粉盤

錢鏐置粉盤卧内，有所記則書于中。《南·祖珽傳》：“以銅箸浸醋中，令青有見，即睡中書記之。”

蠟茶

建茶名蠟茶，爲其乳泛湯面，與熔蠟相似，故名蠟面茶也。楊文公《談苑》曰“江左方有蠟面之號”是也。今人多書“蠟”爲“臘”，云取先春爲義，失其本矣。

攝官奉使

本朝遣使而適外國，多越班攝官。如庶官借從官之類，慮其體輕而假借使重也。然亦有古，《文公六年》，晋使先蔑如秦逆公子雍。荀林父止之，使以疾辭，且曰：“攝卿以往可也，何必子?”弗聽。及晋不納雍，先蔑奔秦，果如林父之言。夫先蔑，卿也，林父勸其以攝卿代行，是此時嘗有位未至卿而攝卿以使者矣。

信

晋人書問，凡言信至或遣信者，皆指信爲使人也。今人以信爲書誤矣。《文十七年》，“鄭子家使執訊而與之書，以告趙宣子。”杜預曰:“執訊問之官爲書與宣子也。”則訊之與書，明爲二事，晋人之言有本矣。兵交，使在其間，故《詩》亦曰“執訊獲醜”也。

逐鹿

“秦失其鹿，天下共逐”，以天下喻鹿，語雖出於漢世，然《春秋》有其語矣。《襄十四年》,① 戎子駒支曰:②“殽之師，秦師不復，我諸戎實然。譬如捕鹿，晋人角之，諸戎掎之,③ 與晋踣之。”則其語尚矣，不獨是也。《六韜》:太公謂文王曰:“取天下若逐野鹿，而天下共分其肉。”則逐鹿之説

---

① “十”,原脱,據學津本、《左傳・襄十四年》補。

② “駒支”,嘉靖本、四庫本作“支駒”,據學津本、《左傳》改。

③ “戎”,原作“人”,據學津本、四庫本和《左傳》改。

久矣，不在漢世也。

浮橋

橋必有柱，浮橋以舟爲柱。《詩》云“造舟”是也。① 李巡注《爾雅》云：“比其船而度也。”郭云：“并舟爲橋。”《六經釋文·左氏·昭元年》。

大葷

湖州人事廣德張王者，不食猪肉。言張王曾現身爲猪，故并剛鬣一牲避之，不敢以祭，亦不敢食。陸德明曰：“鯀爲黄熊，② 東海人祭禹廟不用熊白及鱉。”亦此意也。

笠澤

越伐吴，軍于江南。注：“吴子禦之笠澤。”江，松江也。

---

① “是”上，學津本有“爲梁”二字。《詩·大雅·大明》：“造舟爲梁，不顯其光。”

② “黄熊”，《廣博物志》《搜神記》《法苑珠林》等作“黄能”。《左傳·昭七年》：“今夢黄熊入于寢門”，陸德明曰：“黄熊，音雄，獸名，亦作能，如字，一音奴来反，三足鼈也。解者云：獸非入水之物，故是鼈也。一曰：既爲神，何妨是獸？案，《説文》及《字林》皆云：能，熊屬，足似鹿。然則能既熊屬，又爲鼈類，今本作能者勝也。東海人祭禹廟，不用熊白及鼈爲膳，斯豈鯀化爲二物乎？”

内　子

《楚語》：“司馬子期欲以其妾爲内子。”注：“卿之適妻曰内子。”

桐　油

桐子之可爲油者，一名荏桐。見《本草衍義》。予在浙東，漆工稱當用荏油。予問荏油何種，工不能知。取油視之，乃桐油也。

烏　桕[1]

油可作燭者是。《衍義》。

槵子數珠

佛家貫患子爲數珠，俗書“患”爲“槵”。《衍義》云名

① “烏桕”，原作“烏拍”，據四庫本、學津本改。宋寇宗奭《本草衍義·烏桕》：“取子出油，燃燈及染髮。”

“無患子”，則當書爲患子。

複名單書一字

今人有複名而單書一字者，劉韶美名儀鳳，守蜀郡，嘗有公牘至省部，單書一“儀”字。予在禮部見之，以語同舍，皆笑之。定三年，[1] 祝鮀舉踐土之盟，其載書曰“王若曰：晋重、衛武”，注：“重，文公也；武，叔武也。”則複名而單書其一，亦有古也。

婿之父爲姻

晋荀寅之子娶范吉射之女，故《左氏·定十三年》曰：“荀寅，范吉射之姻也。”注：“婿父爲姻。”

彌甥從母

對父之舅氏，自稱彌甥。彌，遠也。《哀二十三年》。亦仍、昆之義也。從母即姨母也，言於母爲從。

① “定三年”，當作“定四年”。詳《左傳·定公四年》。

從孫甥

姊妹之孫爲從孫甥，言與孫同也。《哀二十五年》。

硯

晋人最重書學，然未嘗擇硯，故石林曰：“晋之善書者，不自研墨，使人研之成漿，乃以斗供。”其説不知何出。北齊試士，其惡濫者，飲墨水一升。在試而有墨水，可及一升，則石林之言信矣。故東坡詩曰：“麻衣如再著，墨水真可飲。”用此事也。唐以前多用瓦研，今天下通用石研，而猶概言研瓦也。至李肇《國史補》曰：“端溪之紫石硯，天下通用。”則其時已用端石矣。歙之龍尾研,① 乃江南李主創爲，唐世未之見也。見王中舍《研譜》。

漢酒薄

王莽時，酒一釀用粗米二斛，麴一斛，得成酒六斛六斗。

① “研”,四庫本、學津本作“硯”,是。《集韻·霰韻》:“硯,《説文》:‘石滑也。’或作研。”

此酤賣之齊也。用此數計之，米麴通用三斛，取酒三斛不啻也。故漢世通米酒計之，其米多而酒少者爲上尊也。

税契

晋自過江，至於梁、陳，凡貨賣奴婢、馬牛、田宅有文券，率錢一萬輸估四百入官。賣者三百，買者一百，名爲散估，即今田宅報券輸錢之數也。建炎時，每券之直及一千，則其税四十，今爲百餘，殆十一矣，方滋建增也。

騗馬

嘗見藥肆鬻脚藥者，榜曰“騗馬丹”，歸檢字書，其音爲“匹”轉，且曰“躍而上馬”。已，又見唐人武懿宗將兵，遇敵而遁，人爲之語曰“長弓度短箭，蜀馬臨階騗”。言蜀馬既已低小而又臨階爲高，乃能躍上，始悟騗之爲義。《通典》曰：“武舉，制土木馬於里閭間，教人習騗。”

下官

《通典·封爵門》曰：“凡郡縣内史、相，并於國主稱臣。宋孝武建中始革此制，不得稱臣，宜云下官而已。”

續集卷之六　談助

殿　下

蕭梁之制："諸侯王之言曰今,[1] 境内稱之曰殿下。"南朝人皆稱其國王爲殿下。

社　公

勾龍、周棄爲社稷，故日食，伐鼓於社，責上公也。今俗猶言社公者，上公之義也。杜佑駁之云："公者尊稱，以人尊社，故曰社公。"王肅言："社公爲上公。"俗言天公、雷公，豈上公乎?

---

① "今",當作"令",《隋志》《通志·職官略第六》《通典·職官十三》等皆作"令"。《隋書·百官志》:"諸王言曰令,境内稱之曰殿下。"

豆粉餈

《周禮·籩人》："羞籩之實，糗餌、粉餈。"注："粉稻米、黍米，合蒸之爲餌今之米粉果也，餅之則爲餈音粢，即今人書爲糍。"恐餌、餈粘，故粉大豆以傅之。糗，熬大豆也即今人以豆粉傅餈也。"

脾　析

牛百葉也。同上。百葉既爲牛脾，而片片分析，故云脾析也。同上。醢掌薦。

兵厨設廳　設厨

今人謂公庫酒爲兵厨酒，言公庫之酒，因犒軍而醞也。太守正廳爲設廳，公厨爲設厨，皆以此也。漢有步兵校尉，掌上林苑屯兵。晋阮籍聞步兵厨營人善釀，有貯酒三百斛，乃求爲之，則亦兵厨之祖也。

土山頭

韋述《兩京記》:“省郎有不歷員外郎而拜省郎者，謂之土山頭果毅。”果毅，兵官也，言從兵士便作兵官也。唐有不歷員外而徑爲省郎者，或嘲之曰:“誰言粉省裏，卻有土山頭。”用此謔也。其爲外郎者酬之曰:“錦帳隨時設，金爐任意熏。惟慚員外置，不應列星文。”

蕭　寺

《國史補》曰:“梁武帝造寺，令蕭子雲飛帛大書‘蕭’字,① 至今一字猶在。李約竭産自江南買之，并洛建水亭，目曰蕭齋。”按，此則蕭寺者乃因“蕭”字而名也。劉禹錫集二十九《送如智法師》曰:“前日過蕭寺，看師上法筵。”則是概以僧寺爲蕭寺，恐不然也，今人亦多誤用。

---

① “飛帛”,《國史補》作“飛白”。諸書所引亦無作“飛帛”者。飛白是書法中的一種特殊筆法,相傳是書法家蔡邕創造的,東漢靈帝時匠人用刷白粉的帚寫字裝飾鴻都門,蔡邕見後,歸作“飛白書”。

保長

韓延壽守東海，置正、伍長。師古曰："正若今之鄉正、里正也。伍長，同伍之中置一人爲長也。"

吕溱

吕溱舉進士，爲天下第一。《涑水記聞》云"歙人也"，汪彦章亦云。然歐陽公記溱父士元墓，乃曰江陵人。

歐陽曄

歐陽曄，文忠之叔也，乃教文忠讀書者。《六一文》二十七。

孫明復

石介爲弟子，孔道輔見孫明復，介執杖屨侍左右，先生坐則立，升降拜則扶之，魯人由是始識弟子禮。

字以表德

《西京雜記》四卷曰："梁孝王子賈從朝，年少，竇太后强欲冠之。王謝曰：'禮二十而冠，冠而字，字以表德。安可强勉之哉！'"《後漢·傳》亦以字爲表德。

竄　名

《王莽傳》："哀章作銅匱，書莽大臣八人，又取令名王興、王盛，章因自竄姓名，凡十一人。"師古曰："竄謂厠著也。"本無其名，而私置名其中也。今人以列名歌詩文記者，亦用"竄名"字，恐不美也。韓退之則曰："辭列三王之右，① 有榮耀焉。"

潢　匠

秘書省吏有裝潢匠。《廣韻》引《釋名》云："染書

① "右"，魏仲舉編《五百家注昌黎文集》、李昉《文苑英華》皆作"次"。

也，[1] 又音潢。”[2]

惟師曾是百年人[3]

唐天寶間，有真上人者，至杜牧之時，其人年已近百歲，故題其寺曰：“清羸已近百年身，古寺風烟又一春。寰海自成戎馬地，惟師曾是太平人。”此意最遠，不言其道行，獨以其年多，嘗見天寶時事也。元祐間，東坡典外制，有百歲得官者，曰“緊此百年之故老，曾爲四世之遺民”，與此意合而皆有味。《杜外集》。

拜

許叔重曰：“拜，首至地也。”《甘棠》“勿剪”“勿拜”，三章皆曰勿剪。剪者，斷也。勿拜，則不止不剪，且不敢屈其枝而垂之，敬之至也。孟子論天下易事曰“爲長者折枝”，即肢體之肢與木枝一義。則拜者，折枝之謂也。

---

① “書”，四庫本、學津本作“紙”，可。

② “潢”，當作“黄”。《原本廣韻》：“潢，染書也，又音黄。”《重修廣韻》“潢”引“《釋名》云：‘染紙也。’又音晆”。

③ “百年人”，學津本作“太平人”，是。

悔

《東坡奏議》十四卷《論知定州不得上殿》曰："自古英睿之君，勇於立事，未有不悔者。景帝之悔速，故變而復安。武帝之悔遲，故幾至於亂。雖遲速、安危小異，然比之常靜無心，終始不悔，如孝文帝者，不可同語矣。"①

蒸　餅

《釋名》曰："餅，併也。溲麥使合并也。"② 蒸餅、湯餅之屬，隨形而名之，束晳《餅賦》曰起溲、牢丸。③ "何曾蒸餅，不拆作十字不吃"。④ 蕭子顯《齊書》曰："詔太廟四時祭薦宣皇帝麵起餅。"起者，入教麵中俗書"教"爲"酵"，令鬆鬆然也。本朝讀蒸爲炊，以"蒸"字近仁宗御諱故也。

---

① "不可同語"，《朝辭赴定州論事狀》作"不可同年而語"。

② "麥"，《釋名·釋言語》作"麵"。

③ "牢丸"，原作"牢九"，缺筆避諱，避宋欽宗趙桓諱（"丸"與"桓"音近）。"牢丸"即湯糰，一説爲蒸餅。

④ "拆"，《晋書·何曾傳》作"坼"。同"坼"，裂開，綻開。《集韻·陌韻》："塝，《説文》："裂也。或從手，亦作坼、拆。"按，"不拆作十字不吃"，意即蒸餅上不蒸出十字裂紋就不吃。有十字裂紋的饅頭酥軟適口。

下馬錢

《令狐楚傳》:“始,汴、鄆帥每至,以州錢二百萬入私藏,楚獨卻不取。”案,此即今世郡守下馬錢也。

回面避家妓

“宋顔師伯豪貴,王琨過之,傳酒行炙,皆悉内妓。琨以男女無親,傳授每至,令置牀上,回面避之,然後取。”《南史》十三。

庶姓作揚州

王景文彧領揚州刺史,辭。明帝曰:“庶姓作揚州,徐干木輩皆處之不辭。”

秘書有競

“王敬弘之子恢之召爲秘書郎，[①]敬弘令求爲奉朝請，與書曰：‘彼秘書有限，故有競；朝請無限，故無競。吾欲使汝處不競之地。’文帝許之。”十四。

鈴下威儀

《晋書》：“楊方爲郡鈴下威儀，諸葛恢待以門人之禮。”案，鈴下威儀，殆今典客之吏耶。《覽》四百四十三。[②]

被　受

今人受朝命者，或曰備受。備，言有司登載事目備具而吾得之也。或曰“備當爲被，非備也”，此説有本。南海尉任囂召趙佗，被書行南海尉事。杜佑曰：“被，受也。”[③]《通

---

① “王敬弘”，原作“王敬洪”。王敬弘（360—447）：本名王裕之，避宋武帝劉裕諱改，以字行，又避趙弘殷諱改爲王敬洪。琅邪臨沂（今屬山東省）人，歷官天門太守、桓偉安西長史、南平太守。

② “《覽》”，學津本作“《御覽》”，是。

③ “受”，《通典》百八十八杜佑注作“加”，是。

鑑》百八十八。①

樂天知蘇州久方開宴

《白樂天集二十一·蘇州郡宴呈同僚》曰："下車已二月，開筵始今晨。"以樂天風流詩酒，而閱兩月方燕飲，可謂知本末也已。

李　娟

李義山詩曰"隨宜教李娟"，②《樂天集二十·霓裳詩》曰："妍蚩優劣寧相遠，大都只在人擡舉。李娟張態君莫嫌，亦擬隨宜教歌舞。"③ 注："娟、態，蘇妓也。"

下檐得替例物④

介父《送王介知湖州》詩曰："遥想郡人迎下檐。""下

① "《通鑑》"，當作"《通典》"。

② "李義山"，當作"蘇軾"，詩見蘇軾《至真州再和二首》最後一句。

③ "教歌舞"，《白氏長慶集》等書作"且教取"。

④ "下檐"，《全宋詩》卷三百七十五及《詩話總龜》卷四十"詼諧門上"作"下檐"。下同。

檐”猶古之“下車”也。《會要六十九》曰：大中五年奏，刺史交割及初到任下檐，得替後資裝，天下州郡自有規制，自今後應刺史下檐什物及除替後資送錢物，但不率斂官吏，不科配百姓，一任各守州郡舊例。

磔棄市

漢景帝罷“磔”曰“棄市”，止令就死於市，不磔。磔者，陳其尸。① 《通典·刑法》。

弔　服

温公著論士夫弔喪可服公服。案，孔子謂“羔裘玄冠不以弔”，則恐公服之説未穩。北魏大和中，文明太后崩，齊遣裴昭明往弔，欲以朝服行事。孝文遣成淹論執，昭明言：“不聽朝服行禮，義出何典？”淹言：“‘羔裘玄冠不以弔’，童孺共聞。”昭明説屈，乃借衣帢以申國命。則夫吉服而弔，似與夫子之説異也。

---

① “尸”，原作“户”，據學津本、四庫本改，并詳《通典》卷一百六十三。

不識草書

《唐傳二十七》：李玄道佐王君廓御名同音，[①] 玄道寄書於房玄齡，君廓御名同音。發其書，不識草字，疑其謀己，遂反。玄道坐是流筠州。”[②]

唐憲銜使頭使下

唐世節度、觀察等使辟置官屬，許理年轉入臺官，至侍御史止。其御史中丞，須有軍功乃得轉入。已上皆名憲銜。所帶憲銜者，得按本道州縣，出《李夷簡傳》百二。故宇文融括田，多假御史以張其威。出本傳。其曰假者，以貞觀元年嘗有旨，見任御史，不得奏請任使，故假其名以威所部也。唐世既許在外爲使者兼帶憲銜，故化外諸國世襲爵封者，仍不廢削，爲其習見，不容驟削也。是以交趾加恩，至今猶帶御史大夫，是其例也。又唐制有使下御史，謂仕於使幕之下，亦猶帶郎中而爲使屬。如杜甫在嚴武幕爲參謀，而帶檢校工部

① “廓”，嘉靖本、學津本原缺，因“廓”與“擴”同音，避南宋寧宗趙擴諱，下同。王君廓（？—627），并州石艾（今山西平定）人，唐朝開國功臣之一。爲人狡桀多變，後不得善終。

② “筠州”，當作“巂州”，見《新唐書》《舊唐書》。

員外郎，是爲使下郎官也。其又仕在使幕之下者，既名使下，故謂之使者，名爲使頭也。大中五年敕："如聞江淮之間，多有水陸兩路。或使頭陸路，即隨從船行；或使頭乘舟，即隨從登陸。一道牒券，兩處支供。用今以後，委出使郎官、御史覺察。"《唐會要》六十一。

御史，周官也。其初但掌天子所御之書，故曰御史。至秦漢，爲糾察之任。秦以御史監郡。漢叔孫通新定禮儀，以"御史執法，舉不如儀者輒引去"是也。《通典》二十四。惠帝初，遣御史監三輔、郡，又置監御史。出同上。《漢官儀》曰："侍御史出督州郡盜賊，還漕軍糧，言督軍糧御史。"① 同上。武帝之置侍御綉衣直指者，出討奸猾，理大獄，而不常置。隋煬帝始置監察御史十六員，掌出使檢校。《唐會要七十八》貞觀元年敕："中書、門下兩省供奉官、御史臺見任郎官、御史，更不得奏請任使。"《通典》七十八。乾元二年敕："令御史大夫充纊騎使，令御史充判官。"《唐傳一百二》《高元裕傳》："故事，三司監院帶御史者，號外臺，得察風俗，舉不法。元和中，李夷簡因請按察本道州是。② 後益不職。元裕請監院御史隸本臺，得專督察。詔可。"開成元年，中書門下奏："准大和七年，敕諸道節度使下，都押衙、都虞候轉押衙兵馬

---

① "督軍糧御史"，《通典》作"督軍糧侍御史"。

② "是"，當作"縣"，《新唐書·高元裕傳》作"縣"。

使，其序遷止於侍御史。其御史中丞以上官，并須因立戰功，方得奏請。諸道團練已下萬人已上軍，所奏請不得過殿中侍御史。未有戰功者，不在奏限。旨依。”開成二年，中書、門下奏：准貞元二年敕，諸道節度、觀察、團練使，不得奏請見任御史。①

淳熙丁未，高廟上僊，有赴總護使司辟命者，堂帖稱“使下某官”。一日會沈德遠，德遠舉似大笑之，爲今世俗之語，以“僕使”爲“使下”故也。予曰：“此固行帖者欲并古以爲之稱，然唐時實有此制，通奏檄皆嘗用之，非今創也。”案，《唐會要六十一》曰：“大中五年敕，如聞江淮之間，多有水陸兩路。近日乘券牒，兩處祇供。”此則使頭、②使下之文聚著一處者也。若其它言使下者甚多。蓋使頭，爲使之人也，③首也；使下者，爲某使所辟而隸屬其下者也。取其事之顯者而言之，節度使者，今之安撫使也。安撫之屬有御史、有郎官，故朝列文移明曰“使下御史”，或曰“使下郎官”，以别於在朝之御史、郎官也。既嘗命使屬以爲使下，故後人因緣命“使下”爲“僕從”，如今人以“僕從”爲“僕射”及“軍長”爲“司徒”之類。

---

① “御史，周官也”至“不得奏請見任御史”共三百八十二字，底本縮進一格，今提行。

② “則”，學津本作“銜”。

③ “爲”，學津本作“銜”。

水精宫奏天樂

遂州蕭翰林家乳母初生，遭亂，父母棄之。有飼以松柏露者，遂活，能飛。後因其父母以果栗食之，與俱來之兒唱曰："水精宫奏天樂，可聽否？"踴欲飛，又墮於地。群兒曰："吃了俗物，不能升矣。"遂爲乳母。張君房《逸史》。

語　訛

難容州人去知無良縣。容州加"南"字，以其在南也。無良縣，饒州浮梁縣也。難容、無良，皆不循謹之名也。

樂府雜録

瑟中有賀若，乃文宗時賀若夷，善琴也。

矢貫左右目

王建將秦承厚攻西縣，矢貫左目，達于右目，鏃不出，建自舐其創，膿潰鏃出。

外　舅

母之兄弟爲舅，妻之父爲舅，“謂我舅者，吾謂之甥”。

鄭玄牛識字

白樂天詩“鄭牛識字吾常嘆”，注云：“諺云‘鄭玄家牛觸牆成八字’。”五十六。

會心處不在遠

簡文謂華林園曰：“翳然林水，便有濠濮間想。”

正朝酒從小起

李膺《家録》：膺坐黨事，與杜密、荀翊同繫獄時，歲日引杯曰：“正朝酒從小起。”膺曰：‘死，人所惡，子無吝色。’”

附　録

一、宋陳應行跋（儒學警悟本後、嘉靖本續集後邊、學津本正集後）

閣學尚書程公博極群書，古今之事無不稽考，其所以辨疑解惑以示後學者，無一字無來處。應行庚子夏分教温陵，始得其《禹貢圖論》，時獲請益，而公方究心郡政，不能奉客盡叩。間與其倩丁教授叔聞游，丁蓋同年進士也，最相善。且言公之好學，不以寒暑晝夜易其志，裁決之餘，即研核古事，未嘗去手。因力求其所得於公者，久之，乃出其所録二書，曰《考古編》，曰《演繁露》。乃密請以歸，披讀展玩，曠若發蒙，始嘆曰："人之有疑不決者，得其書，豈不大有開明乎？"即亟命繕寫鋟木，以傳與天下之疑者爲蓍龜，亦一快也。淳熙辛丑季秋朔日，迪功郎充泉州，州學教授陳應行謹跋。

二、龍圖閣學士宣奉大夫贈特進程公大昌神道碑慶元三年（周必大《文忠集》卷六十二，校以明・程敏政《新安文獻志》卷六十八）

故吏部尚書程公以龍圖閣學士就第，踰年而卒，其子準等持兵部侍郎楊公大法所狀行實屬某以銘。予與公同年進士，數嘗同僚，厚我莫如公，知公莫如我，其何敢辭？恭惟孝宗皇帝聖學高妙，勵精政事，尤有知人之明。惟公歷兩省六曹，以該洽直諒見知，相與論道，統評政體，在廷少比。公亦忘身徇國，思爲朝廷植悠久之計。其在外則心乎愛民，長慮却顧，未嘗便文自營，士大夫皆以不大用爲恨。及事壽康皇帝，興念舊僚，叠加恩禮，而左右乏裹言，公亦老矣，無意仕進，得謝于家。盡發所藴，著書立言，啓迪後生。蓋其自幼至老，禨祥卜祝無所信，玩好技藝無所嗜，惟通經評史，考古驗今，一事未詳，一理未窮，弗措也。其始終大概如此。若乃爵里議論，則可一二數矣。公諱大昌，字泰之。按程氏其先出自重黎，周有休父封於程，地在關中，子孫散居西北。有開府儀同三司靈洗者，效節蕭梁，著功於陳，封忠壯公。《南史》以爲新安海寧人，即今徽州休寧也。厥後或北歸，或遂留，故公爲休寧人也。曾祖晟，娶洪氏，祖士彦，娶金氏。父畎，累贈正奉大夫，妣淑人陳氏。世積善尚義，孜孜教子。至公穎悟殊常兒，十歲能爲文。紹興癸亥重立太學，年甫冠矣，一試即預選，學官争爲延譽。二十一年，登進士第，以左廸功郎主吴縣簿。丁正奉憂。服除，獻文於朝，宰府奇之。二十六年，除太平州教授，明年召爲太學正。三十年，詔館職必試乃除，初召朱熙載等，再召劉儀鳳等，皆辭。上命宰執擇人，不許辭。以公應詔，仍諭上旨，遂除秘書省正字，改左宣教郎。三十二年六月，孝宗受禅，擢著作佐郎。初政鋭意事功，命令四出，貴近或預密議，公因輪對及之。尋命百官條弊事，公又極言："漢石顯知元帝信已，先請夜開宮門之詔。他日故投夜還，稱詔啓關。或言顯矯制，帝笑以前詔示之。自是顯真矯制，人不復言。國朝命令必由三省，防此弊也。請自今被御前直降文書，皆申省審奏乃得行，以合祖宗之規，以防石顯之奸。"又論："去歲完顏亮入寇。[1] 無一士死守，而兵将至今策勛未已。惟李寶捷膠西，虞允文戰采石，實屠亮之階，[2] 今寶罷兵，允文守夔，此公論所不平也。"上韙其言。三皇子就傅，遴擇官僚，九月以公爲尚書駕部員外郎，兼恭王府贊讀，又兼兵部郎官。隆興元年，兼慶王府直講。十二月，丁母憂，乾道二年春服闋，召爲考功員外郎，六月復兼恭邸贊讀，八月選國子司業。[3] 三年十二月，兼權禮部侍郎，一時文柄舉屬公。其成就人才不可計，凡今老師宿儒多公門生也。五年正月，兼權直學士院，宣對選德殿。上曰："朕治道不進，如何？"公知上志在恢復，迎合者多，即奏："陛下勤儉過古帝王，金人自通和知尊中國，不可謂無效。但當求賢納諫，使政事日修，則大有爲之業在其中，不必用迎合之言，求奇策以幸速成。"又言："（淮上）築城太

① "完顏亮入寇"，明程敏政《新安文獻志》作"海陵王南侵"。
② "屠亮之階"，明程敏政《新安文獻志》作"不世之功"。
③ "選"，明程敏政《新安文獻志》作"遷"。

多，緩急何人可守？臣謂設險莫如練卒，練卒則在選將。”上深然之。後數日再召對，上曰：“卿前言朕儉是也，獨病風俗太奢，用度不足，今早與大臣議，立法以止之。”公奏：“居室衣服、吉凶之禮，皆由著令，要在上之人持久以化之耳。”上又問：“卿更有何事爲朕言之？”公曰：“事有大小，有先後。今四方獄案必經聖覽，大臣因是亦困省閱，[1] 何暇議大事、急先務乎？往陛下嘗增左右司爲四員，若漸復減員，分以委之，中書之務清矣。”後數年，迄如公言。八月除直龍圖閣、江東轉運副使，盖公求試民事，故以鄉部寵之。公引嫌改浙東提點刑獄。越帥多大僚，適歲豐，酒税溢額，漕臺不敢問，[2] 乘公攝帥，遣其屬挾朝命括羨財，且將增額。公力拒之，曰：“某寧罪去，不可增也。”越人迄今德公。七年，復徙江東運副，詔勿引嫌。公猶不自安，逾年乞祠，就徙江西路。公曰：“可以興利除害，行吾志矣。”九年，歲儉，出錢十餘萬緡代輸贛、吉、臨江、南安四郡五等夏税折帛，遏飢民爲盜之原；又遷吉州造船塲於臺治，以省費革弊，凡吉舊欠皆捐之。清江縣有破坑、桐塘兩堰，堤江四十里，護田三千七百頃，民居陸地又三百頃。堰壞四十年，歲罹水患，公力復其舊。又奏，漕臣遇代，積累欠數病州縣，乞行蠲削。

① “省閱”，原缺，據明程敏政《新安文獻志》補。

② “臺”，嘉靖本作“臺”，據明程敏政《新安文獻志》改。

淳熙元年各詔可，凡乾道七年、八年諸路欠税賦丁役及他錢物併除之。由公一言，上恩及天下矣。歲滿再任，進告不下，宰執問其故，上曰："程大昌職事修舉，自合加職。"乃陞秘閣修撰。二年四月，召爲秘書少監，九月兼權中書舍人。六和塔僧以鎮潮爲功，求内降給賜所置田産，仍免科徭。公奏："二税外和預買折帛正額、額外科借皆科也。保正長、身丁雜役皆徭也。僧寺既違法置田，復移科徭於民，奈何許之？況自紹興二十二年修塔之後，潮果其不齧岸乎？"御前置忠鋭、忠武軍，以浙西路鈐轄李師古兼統制帶御器械，戚世明兼訓練，① 援例增請給。公執不可，其命俱寢。俄兼崇政院説書。三年四月除權刑部侍郎，升侍講，五月兼國子祭酒。公言："辟以止辟，未聞縱有罪爲仁也。今四方讞獄例擬貸死，臣謂有司當守法，人主察其可貸則貸之，如此則法伸乎下，仁歸乎上矣。"上以爲然。舊法宰執初除、轉廳，皆有給賜減半。其後太尉、使相、三少而上往往取旨視樞密使都官用例，浸失法意。公請自侍從而執政、自執政而相則爲初除，法當全與；餘爲轉廳，皆減其半，遂爲定制。上知公特立不避怨，滋欲用之。四年八月兼給事中。江陵統制官率逢原縱部曲毆百姓，守帥辛棄疾謂曲在軍人，坐徙豫章。公極論不可，上曰："朕治軍民一體，逢原已削兩官，降本軍副将矣。"康與

---

① "戚",原缺,據明程敏政《新安文獻志》補。

之在紹興時以談諧進，後坐事長流廣南，至是有與爲地，刊除舊犯。還其資歷，公封還勅黄。上喜曰："待遷擢卿，其益盡心，毋避忌。"十月落權字。五年正月同知禮部貢舉，御製《原道辨》，尋易名《三教論》，獨公與聞之。六月進吏部右侍郎，兼同修國史。舊小使臣注令尉若監鎮兼烟火者，驗老病而已，公以其親民，面令讀律，具詰其大旨，[1] 不通者輒罷遣。八月兼權尚書。六年夏，正除權吏部尚書。公遇事啓請，知無不言。如論軍中強壯子弟及西北伉健之人不可輕聽離軍，禁衛不以膂力進，今率三年輒補外官，用違所長，宜留置三衙。又欲酌紹興舊制，命諸軍挽強轉資，稍示勸誘。又請究歸正僞冒，裁減添差，以寬州郡。面奏堂白，累萬餘言。會舉行中外更迭之制，公力請郡，是冬除敷文閣直學士、知泉州。陛辭，上諭曰："凡有見，悉奏來。"自南渡後，泉爲台、信、建昌、邵武四郡代輸銀二萬二千兩，諸縣并緣苛歛預借。公條便民事，具言本末，有司待之未下。明年首爲民代輸一年，且乞禁絶後日預借，又蠲前歲秋苗之未輸者。八年春，汀賊沈師作亂，[2] 詔併剿其徒。公請罪止渠魁，赦其脅從，仍許徒中相糾，可使亡命解散，不然數州據亂，是堅其附賊也。宰相然公言，奏行之。是冬，沈師獨與死黨竄

① "詰"，原缺，據明程敏政《新安文獻志》補。

② "亂"，原作"過"，據明程敏政《新安文獻志》改。

伏漳州山谷間,[1] 距城百餘里。州有左翼軍戍将蕭統領者卷甲赴之，逮夜力疲，搏賊不勝，死焉。閩中大震，漕檄左翼統制裴師武出兵。師武置司在泉，謂帥符未下，不敢擅興。公手書趣之，曰："事急矣，有如帥責,[2] 君可持吾書自解。"又取前得釋脅從之旨，散榜以間其黨。師武至漳，群情頓安，捕獲諜者十餘曹，皆櫝藏兵器，謀刻日縱火爲賊内應。微公先事從權趣師武行，漳且屬矣。[3] 太守劉立義、郡人今左司郎中鄭公顗馳書謝公曰："城邑獲全，公之賜也。"終更提舉江州太平興國宫。十三年秋起知建寧府，十四年復提舉南京鴻慶宫。自公爲郎，首侍壽康於王邸，多所宏益，其後間謁東宫，必款語移時，嘗用家人禮許見，今上及公主親取賨器酌酒飲公。受禪之初，與宫僚一等推恩。紹熙元年加寶文閣直學士，旋知明州，示将復用，遽以祠歸。四年，超進龍圖閣直學士。明年請老，進本閣學士致仕，皆非常典也。慶元改元，十一月甲申，以疾不起，享年七十三。積官先奉大夫，爵新安郡開國公，食邑二千一百户，食實封一百户，贈特進。公自宦游去鄉里，樂吴興溪山之勝而卜居焉。晚得安吉縣梅谿鄉邸閣山，規營塋域，未成而卒。淑人陳氏，公母之從兄女，生百日，值方臘亂，父母携匿谷中，祝曰："兒若貴，勿

① "與",原作"興",據明程敏政《新安文獻志》改。
② "如",原缺,據明程敏政《新安文獻志》補。
③ "屬",明程敏政《新安文獻志》作"屠"。

啼。”自是悄然。既長歸公，事舅姑以孝聞，生諸子躬自鞠育。公嗜書，未嘗省家事，賓祭孔時，淑人力也。年七十六遭公喪，謂諸子曰：“吾得從而父足矣。”病不服藥。後公四十七日安然而逝，遂合葬焉，二年四月辛酉也。四男：準，朝散郎、新通判太平州；本，早世；皐，朝奉郎、知上元縣；覃，宣教郎、[1] 新浙西茶鹽司幹辦公事。三女：適承直郎、監行在文思院都門鄭汝止；次適奉議郎、新知湖州武康縣丁大聲；季，早亡。孫三人：端復，登仕郎；端節、端履以遺澤補官。女三人。公有文集若干卷，别著《禹貢論》五十二篇，辨江、河、淮、濟、漢、弱水、黑水甚詳，凡諸儒拴經泥傳注失禹本旨者一皆正之。又爲《山川地理圖》，[2] 端明殿學士汪公應辰博洽重許可，讀之大嘆服，謂不可及。公在講筵，遂以進御，天語嘉奬，今行於世。别有《演蕃露》六卷；《考古編》《易老通言》《易原》《雍録》四書各十卷；《北邊備對》六卷；《書譜》二十卷，取五十八篇互相發明，篇爲一論，抉隱正譌，尤有功於學者。嗚呼！公可謂博學篤志者矣！銘曰：

浩浩千古，孰知其津？擾擾萬生，孰致其身？偉歟程公，絶類離倫。氣以直養，業以勤精。士之指南，國之寶臣。其

① “郎”，原缺，據明程敏政《新安文獻志》補。
② “理”，原作“里”，據明程敏政《新安文獻志》改。

在兩禁，昌言復君。使於四方，仁心庇民。胡不弼諧，迄其經綸，歸而著書，極道之貞。既没言立，庶幾不泯。自歙而湖，肇自於今。有式新阡，尚考斯銘。

三、宋俞成跋（儒學警悟本後、嘉靖本續集後）

右書承命刊布久矣，方次纂成倫類，其可負先生之托哉？謹用鏤版以廣程氏先生之學，使學者由其言而得其書。蓋自陳公廣文之用心，兹所以兩全其美也。門弟俞成，故識諸卷末。

四、宋程覃跋（嘉靖本續集後、學津本續集後）

先君文簡公嘗著《演繁露》一書，泉南郡博士刊于泮宫，歲久字漫。覃侍伯仲氏家居，遂以所藏繕本刻於家塾。先君晚得閒寓里，復爲續編，近方鋟木。覃自惟材譾識陋，不能仰紹先世致知格物之學，手澤滿前，徒泚顙流涕耳。覃將指饟師，敬携是板，留諸京口總所。嘉定庚辰十月既望，男覃敬書。

五、明陳塏刻《演繁露》序（原嘉靖本卷一前）

漢董子著《繁露》，於天人事物備矣，宋新安程文簡公因之爲《演繁露》，今其族裔孫國子生煦雕梓以傳。夫知先祖之美而傳之，禮之所賢也。煦嘗從予游走，使丐予爲之序。予惟君子之學以一物不知爲己病，故博綜而詳説之，會其歸以爲道，先儒云：灑掃應對是其然，必有所以然。夫其然者，迹也；所以然者，道也。故草木蟲魚，非道也，而所以生息，則道也；器數名物，非道也；而所以作爲，則道也。精粗無二致，見其所以然，則無適而非道矣。自禪教流布，於是始有談空守寂之學。格物之要，目爲支離；冥心之致，詭爲原本。歸儒于禪，是反爲吾道病。文簡之學非役役訓詁而弊弊於涉獵者。説經則探其原、盡其變，真見其所以然。《繁露》之演固窮經之餘事，涉海之支流焉耳，天人事物無復遺論，洞識周而精，義出非能會歸於一者邪?！是可以謂之見道，周益公稱其篤志，汪文定遜其博，陳定宇尚其窮經考古之高，蓋皆心服之矣。若高續古爲《繁露》之詰，周公謹議其六么、羽調之不協爲未考，王厚伯議其潘尼太僕箴之誤、搏黍爲鶯之未詳所出，蓋得其千百之一二，固足爲《演繁露》之助，又何足爲文簡公病乎？抑文簡不見《繁露》之全，予得見其全於文簡之後，而又得見《演繁露》於文簡之裔孫，綴言於今刻，幸何如哉！故不辭而附其説。嘉靖已酉八月下旬日，賜進士湖廣布政使司右參政前奉敕提督廣東學校按察司副使後學餘姚陳塏撰。

六、明程煦跋（嘉靖本續集後、學津本續集後）

右《演繁露》十六卷、《續集》六卷，宋族祖文簡公所著。公學博洽，爲時所宗，雖朱子亦加敬重。舊本歲久湮没，抄録又皆訛舛，多失公之本旨，因校梓以廣其傳，庶公格致之精不致淪泯，俾後之人有所稽式焉耳。若夫著書命名之意，已見于公自序矣。顧煦何人，敢復贅云！

嘉靖歲次辛亥夏六月既望，族裔孫煦頓首拜書于思泉精舍。

七、明鄧渼序（載四庫全書本《演繁露》、程大昌自序後）

董仲舒有《春秋繁露》十卷，書名《演繁露》本此。然《繁露》專主釋經而時時雜以已見，穿鑿附會，可謂公羊之忠臣，未可謂尼山之素臣也。而其文亦骫靡不振，或是贋書不可知，是编義取校勘體雜訓詁頗傷煩碎。然其辨名正誤，出史入經，證據精覈，好古者所必資之，董書亦猶玉卮無當，不如土缶康瓠之適於用也。晏有言予恨不得請命於天，延年累百，博極羣書，予每讀其語而悲之。夫人之生有涯而知無涯，以有涯窮無涯，殆已。博物若張平子而豐城劒氣必諮之雷令，嵩山竹簡亦訪之束生，然後神物爲開，亥豕無訛，況學謝三餘、書慚半豹者乎！予少有嗜古癖，久而健忘，每讀書至會心處，有所欲語，取筆書之而尋以懶棄去，年紀蹉跎，恐此事便廢，徒欲窮搜古人已成書而讀之，彼則溉種而我乃食其實，亦巧拙勞佚之效也。是書得自友人謝耳伯，予愛其錯綜義理，不冗不浮，在諸小説家最爲可憙，恨世不甚傳，因刻置文逺堂中以貽同好，至於是書撰述大旨，業詳程大昌自序，余故可毋論也。時萬曆丁巳端午簫曲山人鄧渼題。

八、《四庫全書總目·演繁露》提要

臣等謹案《演繁露》十六卷、《續演繁露》六卷，宋程大昌撰。紹興中，《春秋繁露》初出，其本不完，大昌證以《通典》所引“劍之在左”諸條，《太平御覽》所引“禾實於野”諸條，辨其爲僞，因謂仲舒原書必句用一物，以發己意，乃自爲一編擬之，而名之以《演繁露》。後樓鑰參校諸家復得《繁露》原本，凡諸書所引者具在，譏大昌所見不廣，誤以仲舒爲小説家。其論良是。然大昌所演，雖非仲舒本意，而名物典故，考證詳明，實有資於小學。所引諸書，用李匡乂《資暇集》引《通典》例，多注出某書某卷。倘有訛舛，易於尋檢，亦可爲援據之法。其書正編不分類，續編分制度、文類、詩事、談助四門。中如謂“衛士扈駕清道”“等子”當爲“鼎子”一條，岳珂《愧郯録》引吴仁傑《鹽石新論》甲編，謂魏典韋傳有“等人”之稱，洪翰林云“等人”猶候人，蓋軍制如此。大昌所疑，未爲詳允。然書中似此偶疏者，不過一二條，其他實多精確，足爲典據。周密《齊東野語》云，程文簡《演繁露》初成，高文虎嘗假觀之，稱其博贍。文虎子似孫，時年尚少，因竊窺之。越日，程索回原書，似孫因出一帙曰《繁露詰》，其間多文簡所未載，而辨證尤詳。今其書不傳，諸家亦不著於録。考似孫所著《緯略》，其精博不能勝大昌，或傳聞者過，周密誤載之歟？乾隆四十六年十一月恭校上。

總纂官臣紀昀、臣陸錫熊、臣孫士毅。

總校官臣陸費墀。

九、清彭元瑞跋（見《知聖道齋讀書跋尾》）

借《春秋繁露》以自名其書，固屬誤見，《容齋》已駁之。且其中或騖遠遺近，事出正經、無煩紀録者。高似孫《演繁露詰》，惜其書不存。宋末言博學者，以王伯厚、程泰之并稱，是書遜《困學紀聞》遠甚，大約其學博而寡要，其議論廣而不堅，於考證中時墮類書窠臼。分别觀之，亦責賢者備之意耳。

十、葉德輝跋（《郎園讀書志》卷五）

宋程大昌《演繁露》十六卷、續六卷。世傳宋本，惟嘉慶時汪閬源士鍾藝芸精舍藏有不全本，僅存前十卷。顧千里廣圻取校於明抄本上，其書後歸陸存齋心源皕宋樓。存齋歿後，其子儘以所藏售之日本，并此宋本之半亦絶矣。此爲明萬曆丁巳鄧渼刻本，世亦希見，惟常熟瞿仲雍鏞鐵琴銅劍樓、仁和丁崧生丙善本書室兩《書目》載之。蓋雖明刻，其珍貴無異於宋、元矣。

伏讀《四庫全書總目提要》云："大昌所演，雖非董仲舒本意，而名物典故，考證詳明，實有資於小學。所引諸書，用李匡乂《資暇集》引《通典》例，多注出某書某卷。倘有訛舛，易於尋檢，亦可爲援據之法。"由此觀之，今人考據之學，注明原書，其派别原出於宋。不知者動以空疏譏宋人，未免使宋人受屈也。周密《齊東野語》謂程書初成，高文虎嘗假觀之，稱其博贍。文虎子似孫，年尚少，因竊窺之。越日，出一帙曰《繁露詁》，多程書未載，而辨證尤詳。今其書不傳，惟所著《緯略》行世。《提要》云“精博未必勝於大昌”，誠爲定論。然亦見宋時風氣，士務博通，彼此相持，正未可以枵腹白戰也。

壬子小滿，葉德輝記。

十一、張元濟跋（續古逸叢書後）

陳氏《書録解題·雜家類》，程大昌《演蕃露》十四卷、續六卷，《宋史·藝文志》入“雜事類”，卷數同，《四庫總目》正編增爲十六卷、續編六卷。此爲宋刻，無續編、正編之稱，僅存十卷必非完本，特不知所闕者尚有如干卷。張氏《學津討原》所刊者十六卷取校是本，分卷大略相合，然余決其非同出一源，何以言之？是本卷十，嘉慶李、天鹿辟邪二條，學津本乃見於十五、十六卷内，此不同者一；是本卷四旌節、梅雨、佛骨，卷十笄、時臺、臺榭、吴牛喘月、韋弦、養和凡九條，學津本均無之，即續編亦不載，此不同者二；尤異者，卷九箭貫耳一條，卷十金吾、百丈、先馬三條，學津與是本同而又重現於十四十五卷内，是必爲後人所竄亂而非程氏原書可知，四庫本余爲獲見，倘編次與學津本同，則所謂十六卷者亦未必可信。惜此僅存十卷，恐已不足爲證耳。《儒學警悟》有是書六卷，適當學津本之十一至十六卷，然其卷六之玉食一條則見於學津本之第一卷，壓角、銅柱二條則見於第十卷，而玉食、銅柱二條文字全不相合，又嶓冢、立仗馬、漢闕三條均不見於學津本，然則儒學本僅存之六卷亦必有所竄亂，而非程氏之原書矣。卷三北虜於達魯河鈎魚條、虜字學津本均改契丹或北，卷四父之稱呼條，虜字又改回，此則純避清代之忌諱。今欲睹程書真面非是本莫屬，雖有殘缺，亦可珍已。民國紀元二十有六年秋月海鹽張元濟。

十二、傅增湘宋本《演蕃露》跋（載《藏園群書題記》）

此書藏劉君惠之家，余丙子秋南游，道出上海，就其家見之。版式闊大，高約八寸，字體方整，鐫工精雅，在宋本中可推爲上駟，惜衹存十卷。其書半葉十一行，每行二十字，間有二十一字。白口，左右雙闌，版心魚尾下記"蕃露"幾，下記葉數，最下記刊工姓名。可辨者有吴鉉、龐知惠二人，或記張、吴二姓。收藏有"蔣揚孫考藏記""平陽汪氏藏書印""大琛""民部尚書郎""汪士鐘印""顧千里經眼記"諸印，其卷首"宋本"朱文橢圓印亦汪氏所鈐也。

按，程氏此書宋時始刻於泉州泮宫，所謂泉南本也。再刻於家塾，即其子覃與續編合刻，板留京口者也。此本鐫工渾厚，與閩中風氣不類，或即家塾本歟?

是書明代有二刻本，一爲嘉靖三十年裔孫煦所刻也，一爲萬曆四十五年建武鄧渼所刻也。此二本余皆先後得而藏之，曾經手勘。嘉靖本視宋刻爲近，萬曆本則奪失弘多，余别有題識，此不具詳。至《學津討源》本，則從鄧氏本出，沿訛襲謬，更不足言矣。余昔年校此書時，未得見此宋刻，然所據二抄本皆依宋刻校定者。一本毛斧季手校，爲涵芬樓所藏，余以鄧渼本移録之，惜衹存前八卷。一本何心友所校，余以學津本移録之。其原本爲明抄，有茶夢散人姚舜咨藏印，僅存十卷，其下則後人依明刻補之。此爲其源出宋刻之證，然據此推知宋刻之殘缺自明代中葉已然矣。

宋刻之佳勝自不待言。取《學津》本校之，舉其最著者，如卷四多“旌節”“梅雨”“佛骨”三條；卷十多“笄”“時臺”“臺榭”“吴牛喘月”“韋弦”“養和”等六條，凡二千餘言。其他字句小有差訃者尚不可計。最難索解者，“嘉慶李”“天禄辟邪”兩條，宋刻在卷十，而學津本乃羼入卷十五、卷十六中，蓋其誤乃自鄧氏本始也。

近見張君菊生此書跋尾，謂卷九之“箭貫耳”、卷十之“金吾”“百丈”“先馬”三條皆於學津本卷十四、十五内複出，頗疑“爲後人所竄亂，而非程氏原書”。以余考之，恐宋本即屬如此。今宋本自卷十以後雖不可見，然嘉靖本固存也。按其次第文字，前十卷與宋刻悉符，是其出於宋刻可知。取複出各條審之，其文字前後詳略殊不盡同。或敘一事實，而於後引者加詳，或考一名物，而知前所徵者未確，遂分别存諸卷中。至授梓時，未能薈萃以歸於一是，故參差歧出，致啟後人之疑竇，非無故也。即舉“金吾”一條言之，卷十衹引揚子雲“金吾箴”而粗加詮釋數語耳。卷十四則兼引《漢志》《古今注》及今制不同，多至百五十字。可知原本如是，非後人竄改明矣。且各卷題目複見者正多，如“玉食”見於卷一，又見卷十六；“護駕”“六帖”見於卷二，又見卷十六；“屋楹數”見於卷十，又見卷十四；皆同一題而前後詳略不同，或論辨迥異。疑其雕板時稿非手定，後人不復訂正，遂過而存之也。

惟宋本最異於今本者一事，爲前人所未發。卷一首題爲“秘書省書繁露後”，後有淳熙乙未跋，言《太平御覽》引《春秋繁露》各條。此乃作者撰述此書之第一條，以辨正今本《繁露》之非真。因與本書之名相關，故取以冠首。後人摘出，别列於序後，以爲是書之跋，而更取第二條“牛車”爲首。此大非程氏之本旨，然自嘉靖刊本已然，萬曆以後遂沿而不改，若非親見宋刻，又烏能知之耶！前人校此書者有毛斧季、何仲子、顧千里三人，皆目睹宋刻，而不發此覆，斯又不可解矣。

又，頃檢涉園陶氏新刻《儒學警悟》，其卷十一至十六正全采此書十一至十六卷。然其前正録“書繁露”一條，與此下標題同式，可知其決非跋語别出矣。又，今宋刻存卷爲卷一至十，《儒學警悟》所取爲卷十一至十六。俞氏所見自爲宋刻，則合而觀之，宋刻全書面目宛然具存。然以俞氏本考之，則“金吾”“箭貫耳”二條正複見於卷十四，“百丈”“先馬”二條正複見於卷十六。其“嘉慶李”“天禄辟邪”二條亦然。是宋刻原本重複，失於釐正，不得謂爲後來竄亂而然。此可爲是書得一確證，無所庸其疑慮者矣。

至宋刻流轉之迹，余見聞所及，頗有足紀。此書鈐有“蔣揚孫考藏記”一印，揚孫即蔣文肅公廷錫之别號也，世居海虞，家富藏書。康熙初，公以下第滯京師，流落殆不能歸，因出行篋中宋板書三百餘册，將藉措資斧。時吉水李宗伯振裕方貴顯，聞而取之，索直不得，竟攘爲己有。文肅坐是幾不能還鄉。未幾，宗伯奄逝，子孫不肖，獻其書于巡撫，以干媚求進。時撫江右者爲白潢，方奉勅纂修《通志》，因禮聘查編修夏仲爲總纂。即初白也，志凡二百卷，題爲《西江通志》，同修者有陸太史奎勳，書成而夏仲以其弟閏木之獄連累入請室，《通志》遂未敢進呈。其書詳贍有法，前後諸志皆不及。以流傳極罕，人士多不之見。余曾收得一部，旋歸於北京圖書館，今亦不易尋求矣。夏仲從巡撫許見其書，因就中殘編小帙爲所不愛重者，乞得數十册以歸。此《演蕃露》十卷即殘本之一也。嗣後夏仲舉此書以贈之馬寒中。余昔年得見何仲子校本，始知仲子所校宋本乃從寒中得之。其先後豪奪巧取之情狀，亦皆仲子記諸卷尾者也。嗟夫！以百餘葉之殘編蠹簡，不及百年，流轉五姓，門族之盛衰，人情之變幻，皆托此戔戔者留其遺迹，以供後人感歎之資，斯亦足異矣。

據仲子所記，夏仲所得者尚有《新唐書糾繆》《唐書直筆》、蔡幼學《育德堂奏議》《育德堂外制》諸書。《育德堂奏議》及《外制》余前歲曾一見之。《奏議》自寒中售諸李秉誠，李舊有殘卷，合之竟爲完書。其書近年歸於魯人張提督懷芝家，聞今方懸價求售。《外制》則不知所往矣。兵興以來，文物凋喪，殆難以意計。偶披此書，因追憶舊事，不辭瑣屑，詳識於篇，非徒侈述異聞，資人談助，亦冀他時文治聿興，俾陳農、苗發之徒，據此爲訪求之張本云爾。己卯六月初九日，藏園老人識于抱蜀廬。

十三、傅增湘明嘉靖本《演繁露》跋（載《藏園群書題記》）

此爲明嘉靖辛亥裔孫煦刻本，半葉十一行，每行二十一字，白口，雙闌。前有嘉靖己酉湖廣布政使司參議陳塏序，後有嘉靖辛亥煦跋，蓋合續編六卷同刻者也。據煦跋言，舊本歲久湮没，抄録又皆訛舛，因校梓以廣其傳，是明之中葉，宋刻已不可見。此刻雖出於抄本，而雕工雅飭，行格精整，頗爲悦目。

今以殘宋本前十卷勘正，各卷次第悉符，文字殊罕奪誤，其後來萬曆本及"學津"本所脱各條，如卷四之"旌節""梅雨""佛骨"，卷十之"揖"此條脱後半。"笄""時台""台榭""吴牛喘月""韋弦""養和"凡十條此本咸宛然具存，是其源出於宋刻可斷言也。惟宋本卷十有"天禄辟邪""嘉慶李"二條，此本獨不載。詳稽其故，則"天禄"條見於卷十六、"嘉慶李"條見於卷十五，文字悉同，顯然複出，故刊落之。其他如"箭貫耳""金吾""百丈""先馬"四條雖亦先後重見，而詞旨詳略迥異，故悉仍之。其去取皆極矜慎，非漫然從事，亦可謂善本矣。

是刻流傳極罕，近世收藏家如虞山瞿氏、錢塘丁氏、長沙葉氏所著録者皆萬曆鄧渼刻本，皕宋樓陸氏、抱經樓盧氏則皆抄本，惟繆藝風前輩所藏獨題嘉靖校刻，與此本正同，其爲珍奇稀有之品亦可見矣。惟宋本卷一首條爲“秘書省書繁露後”，下以“牛車”次之，今此本乃取此條刊諸自序後，而以“牛車”冠首，斯爲巨繆。蓋視標題辨《繁露》真僞誤認爲此書之附跋，然檢首卷刊目，其“牛車”前獨留空白一行，則移出之迹猶存，一披卷而瑕隙宛然，讀者靜觀之，亦可知其故矣。卷中鈐有“周亮工印”“衡齋藏書”“新安戴氏家藏”三印，并附誌之。己卯六月十一日，沅叔記于藏園之池北書堂。

十四、傅增湘明萬曆鄧渼刻《演繁露》跋（載《藏園群書題記》）

嘉靖辛亥程煦刻此書，後跋謂“舊本湮没，抄録訛舛，故校梓以傳”，蓋宋時京口、泉州兩刻明代已不可得。逮及萬曆丁巳，相距不過六十餘年，而程刻亦復稀見，於是建武鄧渼又重刻之。渼言得其本于謝耳伯，恨世不甚傳，因刻置文遠堂，以貽同好。然輾轉傳抄，沿訛襲謬，而脱誤滋甚，視嘉靖本乃大不如。如卷四之“旌節”“梅雨”“佛骨”三則，卷十之“笄”“時臺”“臺榭”“吴牛喘月”“韋弦”“養和”六則，卷十六之“嶓冢”“立杖馬”“銅柱”“兩漢闕”“玉食”五則，

“續編”卷一之“永厚陵方中”“台諫官許與不許言事”二則，卷二之“唐世疆境”一則，凡十數則，嘉靖本赫然具在，而鄧氏重刻乃全失之。至近世照曠閣本，又依鄧本以覆刊，而漏失差訛乃益失其真，洵有刻如不刻之歎矣。顧鄧刻雖未爲善本，而此書流布乃端賴此一綫之延，嘉靖本既不可見，則得此亦聊以慰情，故近代收藏家如瞿氏鐵琴銅劍樓、丁氏善本書室皆以此本著録，在此陋本亦幾稀如星鳳矣。

余獲此于南中，爲獨山莫氏舊藏，有“莫友芝圖書記”“莫彝孫印”“莫繩孫印”，書根標題識爲郘亭先生手迹。此外鈐印累累，有“濟陽經訓堂查氏圖書”“查日華”“日華私印”“體才樝子穆父秘笈印”“子穆流覽所及”“查子穆閲過”“古猷州查子穆藏書印”“涇川查氏紫藤華館藏書之印”“五峰朱氏收藏”“南湖袁氏之書”“西山手校”“穀芳手校”“小萬卷書樓”“松森居士家藏”諸印，蓋前人咸以秘笈視之，物罕見珍，其信然耶。

卷中舊有朱筆校字，亦隨意勘正，初無舊本可據。余乙丑閏秋南游，假得毛斧季校宋本于涵芬樓，因於西湖山中移校一過，卷八以後，又以家藏抄本補校之，其續編六卷翊年又得秦氏石研齋本勘正，全書遂得訖功，耗數載之功勤，遂成此完善之定本。茲取校時二跋，附綴於後，俾後人閲吾書者知訪求舊本之不易，庶懃懃世守於勿替云爾。己卯六月伏暑，藏園老人書。

十五、余嘉锡跋（見《四庫提要辨證》第二册）

“周密《齊東野語》云：‘程文簡《演繁露》初成，高文虎嘗假觀之，稱其博贍。文虎子似孫，時年尚少，因竊窺之。越日，程索回原書，似孫因出一帙曰《繁露詰》，其間多文簡所未載，而辨證尤詳。今其書不傳，諸家亦不著於録。’考似孫所著《緯略》，其精博不能勝大昌，或傳聞者過，周密誤載之歟？”

嘉錫案，楊守敬《日本訪書志》卷七載其所得影宋本《緯略》，有嘉定乙亥似孫自序（四庫及《守山閣》本均無自序）一首，略云：“嘉定壬申春，程氏準新刊尚書公《演繁露》成，以寄先公，先公得書，晝夜看不休。似孫從旁問曰：‘書何爲奇古而耽視若此？’先公曰：‘是皆吾所欲志者，筆不及耳。’似孫晝夜之力省侍旁見聞者，抄作二卷，曉以呈先公。先公翻閲再三，且曰：‘此書好於《演繁露》，何人所作？’對曰：‘似孫嘗聞尊訓，有所慾志，而筆不及，是乃夜來旋加輯録者。’先公喜曰：‘吾志也，宜增廣卷帙，庶幾成書。’一月後，甫得卷十二，而先公已捐館，展卷輒墮淚。”周密所載，蓋即因此，而傳聞異辭。據似孫所自言，則《緯略》乃仿《演繁露》而作，而非所以詰難《演繁露》，自不當有《繁露詰》之名，周密殆亦未見似孫自序也。

後　記

《演繁露》十六卷，續集六卷，是南宋著名學者程大昌撰寫的一部學術筆記。校注整理《演繁露》是國家社科基金重大委托專案“子海整理與研究”的子課題，筆者自2012立項以來的七年時間幾乎全都投入到這項工作中，儘管非常辛苦，但經常是痛並快樂着，因爲校注的過程就是從不知到知的過程。

我在校注之前認爲校注工作是輕而易舉的事情，但校注之後纔知道校注是最考驗一個人的綜合實力的工作，它需要一個人有廣博的歷史、地理、天文、社會、文化知識，同時也需要作者扎實的語言文字功底，包括音韻、訓詁、文字，以及準確到位的概括能力、文字組織能力。此次校注我以程氏治學精神爲追求目標，力爭做到校勘精準、注解精要，以期拙作能廣先生之學，傳先生之言。校注過程中我幾乎翻遍了四庫全書和書中出現的經、史、子、集文獻資料，對每一句話、每一個字都進行了落實和文獻互證，往往一個字要閲讀多篇文獻，費半天甚至是幾天時間。

《演繁露》是程大昌多年讀書心得的結晶。程氏一生主要在掌管國家圖書的秘書省和負責教學的太學、國子監任職，雖然做過地方官，勤於政事，但政績難説輝煌。他名垂青史，主要是因爲篤學求真的學者品質和他所寫出的多部精研覃思的學術著作，宋陳應行在爲《演繁露》所寫的跋中是這樣評價程氏及其《演繁露》的："博極群書，古今之事無不稽考"，"其所以辨疑解惑，以示後學者，無一字無來處"。其嚴謹的治學態度給後世治學者樹立了榜樣。此書像百科全書一樣使諸多歷史制度、草木蟲魚、訓詁音韻等知識得以保存，爲後世學者的研究工作提供了極大的便利。

竇秀艷教授於本書校注過程中伴隨始終，並親自操刀詳細校正，很多問題因竇教授的指點而得以解決，給了我莫大幫助，在此對其表示衷心感謝。我的研究生吕萱等同學幫助我做了不少校對和協助工作，還有衆多的親人朋友們在我寫作過程中給予過關心和支持，在此一並表示感謝。

二〇一八年五月二十八日